# 江戸の実用書

## ペット・園芸・くらしの本

近衛典子
福田安典
宮本祐規子
【編】

ぺりかん社

# 江戸の実用書——ペット・園芸・くらしの本——＊目次

# はじめに

本書は「江戸の実用書」というタイトルであるが、内容をご覧いただければおわかりのように、いわゆる「実用書」の解説本ではない。むしろ実用に役立たない（わかりやすくいえば文学部で扱うような）作品や内容である。それでいて、この本に「実用書」と銘打ったのには理由がある。

江戸時代の書物には、現代の基準でいうところの実用書／文学書の区別が明確でないものが多い。それらはかなりの点数を数えることができるが、文系の側からも理系の側からも振り向きもされない現実がある。また、明らかな理系の書物、医学・工学・農学も、その内容が漢文やくずし字というものので書かれていることが多いため、その読解技術は文学部の学修内容である。そのそれぞれの専門性の高さゆえに、その壁が乗り越えられず、両方の分野から取りこぼされてしまっている。

一例をあげる。江戸時代を代表する百科辞典は、寺島良安が正徳二年（一七一二）に著した『和漢《わかん》三才図会《さんさいずえ》』である。中国の「三才図会」にならい、漢文の解説文で図解したもので、一〇五巻に及ぶ〈図1・2、巻四十より。個人蔵〉。江戸期から近代にいたっても広く読まれた。その人気にあやかるパロディ戯作も多く制作された（『無飽三財図会《あかんさんざいずえ》』〈嘉永三年刊、暁鐘成、日本女子大学蔵〉など）。そのパロディ本の一つが暁鐘成《あかつきのかねなり》（14ページ参照）『和談三細図会』（天保十三年刊、河内屋政七、塩屋喜兵衛板）である。表

図1

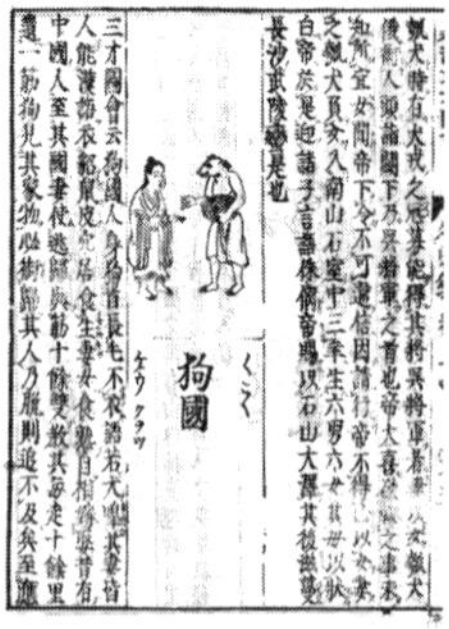

図2

図3

紙（図3）、中身（図4）ともに三才図会のパロディであることは明瞭である。中身も三才図会の天体図のパロディであって、取るに足りない戯作の代表に一見思われる。

ところが、その冒頭の口絵（図5）を読んでみると印象が変わるかもしれない。

当時、大阪を中心に水害が多かった。そのためたびたび飢饉に見舞われた。様々な天変地異に翻弄された人々は、その改善を神や仏、そして天に願うしかなかった、といえば、これは昔の迷信深い人々の姿のことであろうか。それとも現代を生きるわれわれにも通じる習性なのであろうか。『和談三細図会』はそのような状況の中で生まれたのである。

星〳〵天帝へ申上げます。このたび下界日本浪速の津において、暁鐘成と申しまする戯作者、天・地・人の三才を浮世の滑稽洒落にこじつけ、『和談三細図会』と題し世に出《い》だしますやうでござります。もつとも初篇より二篇三篇に至るまで残らず天の部でござりまするが、いかゞはからひませふ。

まず星の神が天帝へ本書の企画の許諾を得る。星の神、天帝が擬人化された戯作なのである。ついで擬人化された雷神や風神たちも登場する（図6・7）。

荒唐無稽なこじつけの戯作であるようだが、天候不順、洪水、雷、それゆえの飢饉に苦しんでいた当時の情勢を考えれば、次の星の神の台詞は見過ごせないものがある。

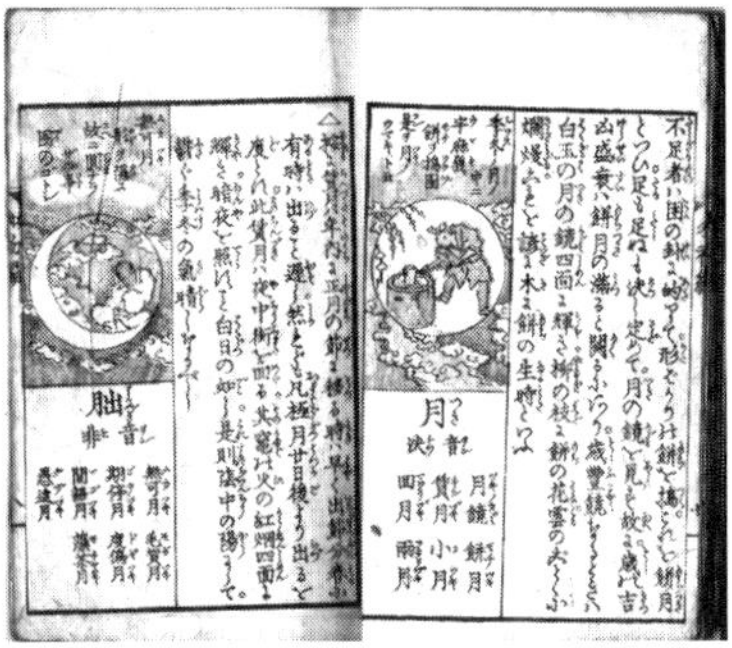

図4

図5

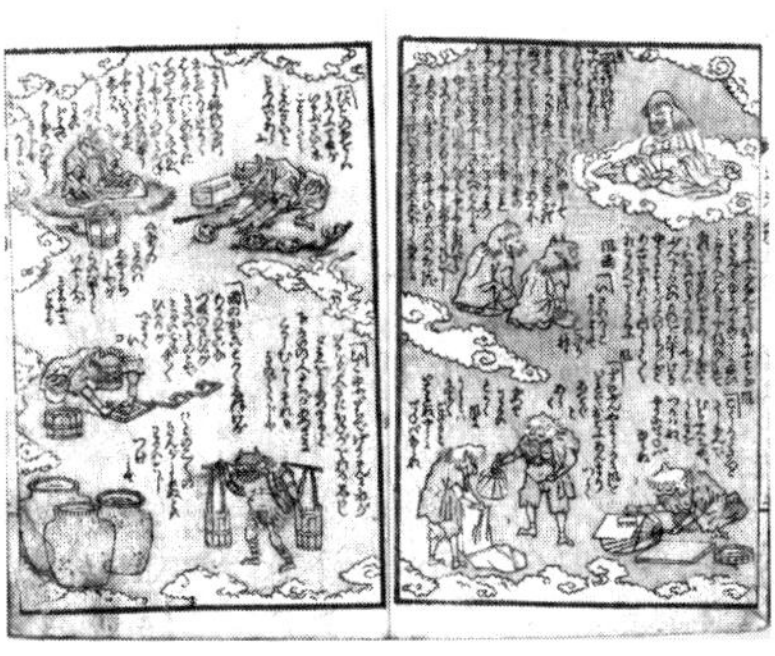

図6

星〽雷神風神どもに申しわたす趣き、確かに聞け。そもそも太平の代は五日に一度の風、十日に一たびの雨にしてもと厄介なるゆへ、風、枝を鳴らさず、雨、土くれを破らずといふことあり。今すでに太平の御代なるに、風雨の順気はなはだふつがふ（不都合）なり。これまつたくその方どもが怠りよりおこる所なるべし。この上は万事に油断なく風雨、寒暖不順なきやう、きっと心得、五穀成就なさしむべし。もつとも風雨ともに年中の紋日はかならず遠慮すべし。紋日が天気の悪しくなると、商人が難渋におよぶ。すなはち金銀融通の差し構ひとなる。人、困窮すれば悪事をなす。たゞ世間は賑はゝしうないとよい事はできんものじや。ずいぶん下界のものを助けるやうにするが天の道じやと仰せ出されたによつて、よくよく相心得てよからふ。

風・雨〽委細、畏まりましてござります。

星のいう通り、風雨の順気こそが人を助ける「天の道」なのだ。それを風神、雷神が怠るゆえに人が迷惑する。五穀豊穣のために正しく雨を降らせよ。ただし紋日（物日とも。五節供などの記念日は商家の決算日でもあった）は降らせてはならない、商人が困るから。経済を潤滑に回してこそ人は善をなすのだ、と指示が細かい。叱られた風神、雷神どもは反省する……。風神の弁明。

〽今年からきつとたしなんで、むちやくちやに団扇を使はぬやうにせねばならぬ。

〽ずいぶん柔らかに風を入れておこふ。あんまり強く仰ぐと荒くなつて悪い。とかく風に恨みは

**数々ござると言はれぬやうにせねばならぬ。**

「金に恨みは数々ござる」のダジャレをまじえて今年の風は柔らかくすると言う。雷神も、

**〽雨の水にはとかく塩気があるので、稲妻のさびがきつい。とのこで磨いても中々光が出にくい。**

などといいながら、道具の手入れに精を出している（図8）。水害に苦しむ下界のわれわれは、逆に雨

図7

図8

図9　雷鳥

が降らないとなれば、それはそれで困ってしまう。

〽ひと夕立でげうさんに水が要るから、大きに骨が折れる。しかし夕立を始末すると下界の人たちが暑さに苦しむから、それも気の毒じや。

というセリフには、そんな人間のために塩梅せねばならない雷神の本音が記されている。

ついで、雷にゆかりある動物と食べ物がユーモラスに描かれる。

〽雷鳥を飼ふには餌がたくさんに要つてたまらんことじや（図9　雷鳥）

〽手すきな間に雷干しをしておこふ（雷干し、白瓜などを螺旋状に切って干したもの）

〽雷豆腐はいつ食ふてもうまいことじや（図10　雷豆腐、豆腐料理のひとつ）

〽雷獣にごろ〳〵煎餅を食わしてやらふ。どんと言へ。〳〵。（図11　雷獣）

〽ごろ〳〵煎餅は大ぶん焼きにくいものじや。鬼にせんべいと言ふやうに心安くはゆかん。（図12　ごろごろ煎餅、住吉の名物だった煎餅）

雷獣はピカチュウのモデルだが、なんとも愛らしい。これらの雷にまつわるものを飼い慣らし、食べ尽くすことで災害に立ち向かおうとした庶民の勇気を、この戯作から読み取ってもよいのではないだろうか。その読みが認められるとすれば、この戯作は災害を前にして無力な「文学」なのであろうか、それとも現実に立ち向かう勇気を与えてくれる有益の書物なのであろうか。

繰り返すが、この戯作を正しく読むには、当時の気象状況や自然災害を正しく把握する必要があり、この戯作はその自然災害に人々がいかに対応したのかを示す生活資料でもあるのである。その把握は現在の理系／文系のどちらの領域が成すべきなのか、もしくは成さざるべきなのか。本書ではかかる書物を「江戸の実用書」と名づけ、以下の内容を収めている。

改めて紹介するが、暁《あかつきの》鐘成《かねなり》（寛政五年〈一七九三〉–万延元年〈一八六一〉）は江戸後期の人気作家である。その作品の一つに『犬の草紙』がある。正しくは『和漢今昔犬の草紙』、別名『古今霊獣譚奇《ここんれいじゅうたんき》』

図 10　雷豆腐

図 11　雷獣

図 12　ごろごろ煎餅

と言い、嘉永七年（一八五四）に大坂（江戸時代は「大阪」ではなく「大坂」と書くことが多い。本書では両様を用いる）の岡田群鳳堂と、京都の藤井文政堂を中心に江戸・京都・大坂の三都で出版された。

この作品は一般的には近世小説のジャンルに分類される。つまり古典文学作品とみなされているのである。

しかしながら、この本は不思議な体裁と内容を持つ。まず、表紙が通常の書物に用いられるものではない。そう、犬の毛皮を模しているのである。犬の毛皮の触感を持つ書物、稀書といってよいであろう。

内容も古今の犬についての話を、文献を渉猟して載せている。そして最後に「犬狗《けんく》を養《やしな》ふ慈愛《じあい》の心得《こゝろへ》」として犬の飼い方が記される。この作品は現代の感覚では「古典文学」の枠に押し込められてしまい、愛犬家が目にすることは少ないが、その現代的な括り方では収まらない書物であると言えよう。むしろ江戸の「ペット本」として評価されるべきものであり、そこに記される犬についてのあれこれは、読書家ではなく愛犬家にこそ読まれることを待っている。

犬と日本人との付き合いは長い。ずっと友達であったはずである。しかしながら、現代の日本で日常的に見聞きする「お座り（SIT）」「待て（WAIT）」という付き合い方は、どうも西洋じみてはいないだろうか。首輪、リード、ともに古語が見出しがたい。長い付き合いのはずの犬との生活であるにも関わらず、意外にもわれわれは近代以前の犬との接し方を知らないのではないだろうか。

そこで、第一章は暁鐘成の『犬の草紙』を取り上げ、その一部の翻刻や注釈に解説を付して全体像を見ていく。『犬の草紙』に大きく関わるのは同じく暁鐘成の『犬狗養畜伝《けんくようちくでん》』という書物で、こちらは純然たるペット本である。近年、西尾市岩瀬文庫に刊本が確認されたので、この『犬狗養畜伝』もからませて江戸のペット本を読み解いてみたい。

第二章は園芸をテーマとする。江戸期はガーデニングがブームとなった。その流行は菊、椿、楓など多岐にわたるが、本書ではアサガオを取り上げる。先ほどの犬と日本人との関係もそうだが、われわれが日常と認識しているものの中には、意外と知らない歴史やドラマがある。アサガオと日本文化はその好例で、いかに今のアサガオ文化が創られたのか、その真相に迫ってみたい。

第三章は中国清《しん》代の陳扶養《ちんふよう》が著した『秘伝花鏡《ひでんかきょう》』（一六八八）を取り上げる。『秘伝花鏡』は日本の園芸書に大きな影響を与えたのだが、そのきっかけとなったのが安永二年（一七七三）に平賀源内が本書に訓を付して刊行したことである。源内は現代でいうところの薬学や医学に通じる本草学《ほんぞうがく》を専門としたので、この『秘伝花鏡』も実用書として刊行したと思われる。ところがこの『秘伝花鏡』作者は一癖も二癖もある風流人で、その世界は単なる園芸書を越えている。本書ではその内容紹介と同時に、彼の風流世界の拡がりを、日本絵画に影響を与えた『芥子園画伝《かいしえんがでん》』、上田秋成の『雨月物語』に影響を与えた『西湖佳話《せいこかわ》』も視野に入れて論じる。

第四章では江戸の実用書と文学書との区別がつきにくい現象や作品をいくつか取り上げたい。江戸の女性向け実用書の代表としては書法や行儀作法などを説く「女訓書」をあげることができる。それに対して漢籍類を典拠とする「読本《よみほん》」は「男」の文事であるように説かれることがある。しかし、その「女性（男性）向け」の実態を証明する資料はなく、なかば現代人の思い込みによる認識の部分も少なくない。そのことを、読本を代表する都賀庭鐘《つがていしよう》の『英草紙《はなぶさそうし》』を例に見てみたい。また、実用書としての世界を、北尾辰宣画『女用文章糸車』を中心につまみ読みしてみる。

その合間に、コラムとして、災害に立ち向かう江戸戯作『麻疹御伽草紙』を始め、実用書と文学書の境界の定まらないものを紹介する。

本書で扱った書物、執筆陣はすべて日本古典「文学」関係者であるが、そこから紡ぎ出された世界は果たして「江戸の実用書」と銘打てるものなのか、看官のご意見を賜りたく、口上を終わりたい。

【暁鐘成】

暁《あかつきの》鐘成《かねなり》（寛政五年〈一七九三〉－万延元年〈一八六一〉）は江戸時代を代表する作家である。その生涯は長友千代治『近世上方作家・書肆研究』（東京堂出版、一九九四年）に詳しい。長友の著述に沿って鐘成の生涯をまとめる。

鐘成は大坂の人、姓は木村、名は明啓、通称弥四郎、大坂西横堀福井町の醤油所、泉屋茂兵衛の四男として生まれる。生業に就かず、文政十三年に本町四丁目から心斎橋博労町北に移るに至り、土産物雅器店、鹿之屋を営んだ。天保十三年四月にその豪華な宅が咎められて天王寺南平野町に移住、少しこぶりにしたサロン「美可利家」を営み、その後に難波村瑞龍寺前に移住し、著述に努めた。鶏鳴舎、暁晴翁、味曾しる坊一禅などの多くの戯名を持つ。ジャンルも読本、演劇関係、滑稽本、洒落本、名所図会、狂歌本、随筆、実用書、画業と多岐にわたる。その編著は百を越える。当時の大坂ではもっとも人気ある作家であった。その死因については不明な点が多いが、妻の親類を訪ねて丹波国福知山に遊び、朽木騒動《くちきそうどう》なるものに巻き込まれ入牢し、急死したとの俗説がある。

## 【コラム1】
## 江戸の流行病と戦う戯作

コロナ禍での生活が続いている現代社会。科学や医学は江戸時代に比べて飛躍的に進歩し、大学進学率も上昇、インターネットも普及し、現代人はもはや江戸時代の迷信は信じなくなっていたはずである。ところが江戸時代に疫病を退治したとする妖怪「アマビエ」が流行した。人類というのは、急には変われるものではないのだろうか。

江戸期でも麻疹やコロリのような疫病は何度も流行した。対処法がわからない江戸庶民はただおろおろするばかりであった。麻疹を例にすると、鈴木則子は文久麻疹クライシスの折に麻疹出版物が量産された事実を報告している（『江戸の流行り病』）。いわゆる麻疹絵や真っ赤な印刷物、麻疹本がよく知られている。掲載図版は麻疹絵で、中央に当時の医聖・神農の軸を持った男性とその家族が描かれている（図1）。「麻疹禁忌《はしかのいましめ》」として酒・辛き物・麺類・餅などが記され、ついで「同じく宜しき品」として、ゆり・ふき・かんぴょうなどが列記されるが、もちろん科学的根拠はない。それでも何かにすがりたいということで、このような麻疹絵が多量に出回った。この麻疹絵は人々の心に安らぎ

図1　麻疹絵（個人蔵）

図2　浮世絵（個人蔵）

を与えたという意味では「実用書」といっても許されるであろう。

次いで、まったく実用に向かないと思われる浮世絵の一枚を取り上げる（図2）。豊原国周《くにちか》が「小せん」という女性と朝顔とを並べて描いたものである。明治初期の制作である。

右の麻疹絵と浮世絵は制作された時代も違うし、共通点はないように一見思われる。

しかし、麻疹絵の左上の画像と、浮世絵の女性の着物の柄に注目していただきたい。両者は同一人物であろうかと思われる（図3・4）。では、この人物は誰なのであろうか。

この人物の名を鍾馗《しょうき》という。中国の道教系のランクの低い神であるが、日本に渡来してより、古くは「辟邪絵」に描かれるような疫鬼を払う頼もしい神として崇められてきた。疫の流行を防ぐ五月人形にもなり、関西では外部からの疫鬼の侵入を防ぐための鍾馗の焼き物が屋根の上に置かれる風景が今もある。

その鍾馗はどうやら麻疹にも睨みがきくとされたので、右の麻疹絵に登場とあいなったのである。では、浮世絵の女性の袖に鍾馗が描かれる意味とは何であろうか。もちろんデザインや意匠としての効果はあったであろうが、やはり麻疹流行の恐怖の記憶が生々しい明治初期にあって、やっぱり鍾馗さんをどこかで描いておきたい、われわれを守って欲しいという願いがあったのではないだろうか。

図３　鍾馗

図４　鍾馗（個人蔵）

# 第一章　江戸のペット本

## 第一節　『犬の草紙』を読む

暁鐘成は大坂を代表する戯作者であったが、大の犬好きであったようで、『犬の草紙』とともに、江戸期唯一のペット飼育本『犬狗養畜伝』（刊年未詳）が注目されてきた。本章はこの二作品を中心に読み解いていきたい。

『犬の草紙』とはまさに犬の本であって、和漢古今の書籍から犬の記事を選び出して構成されている。本章ではその中からいくつかの記事を取り上げる。取り上げるに際し、現代語で梗概を示した後に解説を付している。巻末に原文をあげておくので、随時ご参照いただきたい。

### 1　犬の献身――「田犬《でんけん》、毒蛇《どくじゃ》を咬《か》んで主《しゅ》を助《たす》く」（巻一の三）

【あらすじ】陸奥国（現在の福島県・宮城県・岩手県・青森県）に住んでいた男は、多くの犬を飼い、山に入って猪や鹿を狩ることを仕事としていた。ある時、山中の大木の洞で一夜を明かそうとした際、深夜に特に賢い犬がいきなり起きて主人に向かい吠え続けた。しかし周囲には何も見当たらず、犬が自分を食い殺そうとしていると考えた主人は、犬を切り殺そうと洞の外へ出る。すると犬が樹上に跳躍し何か大きい物に食い付き落下したところを見ると、二丈（約六メートル）の大蛇であった。主人を飲み込もうとしていた大蛇に気付き、救うために吠えたことを知る。主人は、すばらしい忠犬であると、特に可愛がったということだ（『今昔物語』より）。

　これは愛知の犬頭神社の故事や、大阪の犬鳴山の由来に似ている。犬が主人を思うことはよくあることである。

狩りの途中、木の洞で就寝中、深夜にいきなり犬が吠え出したのを、自分を害そうとしているのだと考えた主人。傍らにあるのは弓・胡籙《やなぐい》（腰につけて矢を入れて持ち運んだ道具）・刀。狭い洞穴は危険だと外に出たら、犬は洞の上にいた大蛇に噛みつき離れない。大蛇に気付いていなかった主人の身を守ろうとした犬の献身を知り感動する（図1）。

　ここで、鐘成が似ている、と挙げた二つの故事について見ておこう。

　参州犬頭の社とは、現在の愛知県豊川市にある犬頭神社のこと。『今昔物語集』巻二十六「参河国始犬頭糸語」に見える犬頭神社の故事とは、「三河国の郡司の本妻の蚕が全滅してしまい、夫も訪れなくなり、家は貧しくなった。妻は、ある日一匹の蚕を見つけて飼うことにしたが、飼い犬が食べてしまう。嘆き悲しむと、くしゃみをした犬の鼻の穴から二本の糸が出てきた。この糸を巻き終わった時、犬も死んだ。妻は桑の木の根元に犬を埋葬した。ある日、たまたま夫が訪ねて来て、荒れた家の中の大量の生糸と妻を見る。夫は、仏の加護がある人を粗末に扱ったことを後悔し、新しい妻に通わず本妻の家に留まった。犬を埋めた桑には沢山の蚕がついて素晴らしい糸が採れた。この話は国司を通じ朝廷に報告され、三河国から納める「犬頭」という糸で天皇の衣服が織られた」というものである。この犬を祀ったのが犬頭神社だが、どちらかといえば、犬の献身より、夫の反省に焦点が当てら

図１ 『犬の草紙』（国立国会図書館蔵）

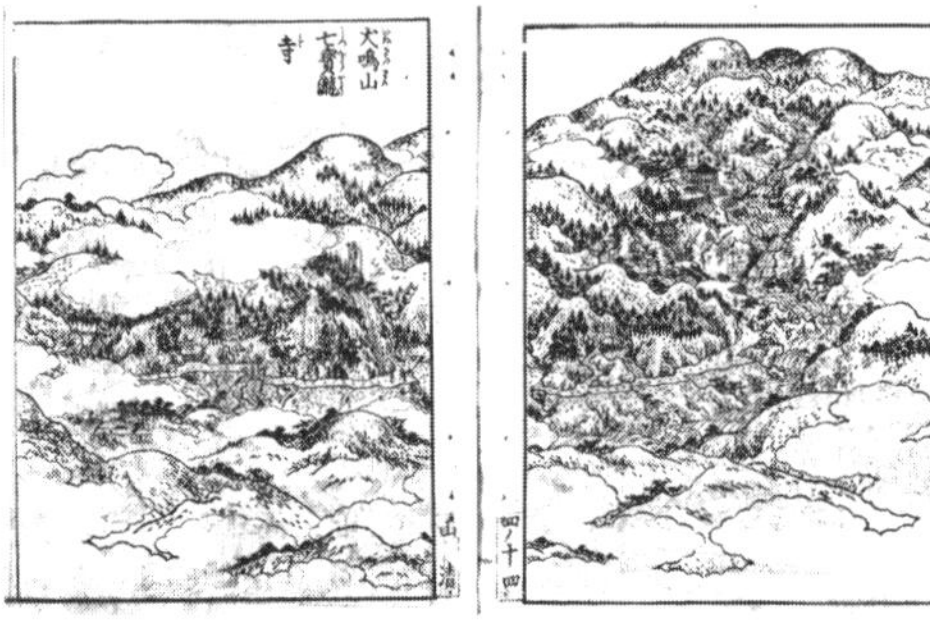

図２ 『和泉名所図会』寛政八年刊（国立国会図書館蔵）

図３ イヌナキン ©ゆでたまご／泉佐野市

れている。

　また、泉州犬鳴山は、現在の大阪府泉佐野市大木犬鳴の犬鳴川渓谷を中心とした山域全体の総称。犬鳴山という名前は、七宝瀧寺の山号である「いぬなきさん」に由来したものだ（図2）。由来になった義犬伝説は、ほぼ今回のお話と共通する。「天徳年間（九五七〜九六一年）紀州のある猟師が鹿を追って滝のあたりに来た時、連れていた愛犬が吠えたてた。そのせいで獲物を取り逃がした猟師は、怒って犬の首をはねると、犬の首はそのまま踊り上がって、猟師を呑もうと狙っていた大蛇にかみつき、蛇とともに息絶えた。犬が吠えたのは、主人を救おうとしたからだった、と知った猟師は悔いて七宝滝寺の僧となった。このため宇多帝より犬鳴山と勅号を賜うた」。まさに、犬の命を懸けた主への報恩譚である。

　この二話とも、実は犬は死んでいる。当然、犬の死を描く方がその恩義も分かりやすく強調されるわけだが、鐘成はそれを選ばず、

**我為《わがため》には無双忠《ならびなきちう》ある犬《いぬ》なりとて伴《ともな》ひ家《いゑ》に帰《かへ》りて、殊更《ことさら》に愛《あい》しける。**

という ハッピーエンドにしている。もちろん、この結末の方が後味は良いが、それよりもなるべく犬の死を描きたくない鐘成の犬好きの一面を見るような気がする。
　ちなみに、泉佐野市の公式キャラクター、イヌナキンは、この犬鳴山の伝説を元に作成されている。

公式プロフィールによれば、犬鳴山の義犬伝説主人公の末裔で、犬鳴山にて修業中。泉佐野市を悪の帝国にしようとするヘビ軍団と戦っている、かなりマッチョなキャラクター。口癖は「一生犬鳴《いつしようけんめい》」で、「犬鳴」という地名と、主人のために命を賭けた犬とが掛けてあり、応援したくなる。

2 子育てする犬――「達智門外《たつちもんがい》に、犬《いぬ》、人子《ひとのこ》を育《はぐく》む」(巻二の一)

**【あらすじ】** 昔、都に住む男がいて、嵯峨の辺りに行くことがあった。その道中、一條大路達智《たつち》門の下にて、まだ生まれて間もない可愛らしい男の赤ん坊が捨てられているのを見かけた。赤ん坊がしきりに泣く様子を見て、男は憐れに思いながら、どうすることもできず見て見ぬふりをして通り過ぎた。

翌朝、男が嵯峨から帰る時、昨日の赤ん坊は変わりなく達智門の下にいた。昨日見た時に「赤ん坊は野犬に喰われるだろうな」と思っていたが、赤ん坊が無事でいるので不思議に思った。気になった男は翌朝も様子を見に行ったが、なお変わりない。そこで、男は夜に再度そこへ行ってみることにした。

こっそりと門の塀の崩れたところから隠れて見ていると、辺りには野犬が多くうろついているのに、赤ん坊には近寄るそぶりがない。どうしてだろうと思いながらなお見ていると、どこからともなく大きな犬が現れて、例の赤ん坊に近寄っていく。男は、「今夜こそ赤ん坊はこの大きな犬に喰い殺されるな」と思ったが、予想に反して、大きな犬は赤ん坊に寄り添い、なんと乳を飲ませた。赤ん坊は犬の乳をよく飲み、すやすやと眠ってしまった。男はその光景を見、赤ん坊が野犬に喰われもせず、衰弱もせずにいた理由を悟ったのだった（図4）。

それからまた別の日の夜、男は同じ光景を見たが、そのうち大きな犬は何者かに見られていることを悟ったものか、赤ん坊共々行方が知れなくなってしまった。

後に、男は考える。「あの大きな犬は只者ではない、実は仏か菩薩が変化したもので、赤ん坊に恵みを与えてくださったのではないか。きっと、赤ん坊は無事に成長したことだろう」と。

この話は、『今昔物語集』巻十九、第四十四話に、「達智門棄子狗密来令飲乳語」（達智門の棄て子に狗が密かに来て乳を飲ましむること）として収められている。

達智門は、平安京大内裏を囲む外郭の十二ある門の一つで、北面東側に位置する。一条大路に面しており、西に進むと嵯峨に通じる。

主人公の「男」は、平安京の東から嵯峨に向かう途中で達智門の前を通った。そこで、産まれて十日ばかりになろうかという可愛らしい男の赤ん坊が捨てられているのを見つける。赤ん坊が筵《むしろ》（竹やわらなどで編んだ敷物）の上に置かれているところに、捨てた親のせめてもの愛情が感じられる。「男」は泣き続けている赤ん坊をとても哀れには思うけれども、何もせずに見過ごしてしまう。

この時「男」は赤ん坊に対して、「さだめし狗にや喰われなん」と思っている。赤ん坊が野犬に喰われてしまうと半ば確信しているのであった。当時、捨て子も人が犬に襲われることも、そう珍しくはなかったのだろう。

現代的な感覚で言えば、赤ん坊を助けない「男」に対して薄情だと思うところなのかもしれない。しかし、『今昔物語集』の巻二十九第十八話に「羅城門登上層見死人盗人話」（羅城門の上層に登りて死人を見る盗人のこと）がある。荒廃した京都にて、死体捨て場と化した羅城門に、死んだ女の髪を抜いて売ろうとする老婆がおり、そこに行き合った男はその老婆の身ぐるみを剥いでしまうという話で、弱肉強食の殺伐とした当時の様子が垣間見える。芥川龍之介の『羅生門』の原話としても知られる話だが、明日をもしれない身では、他者を思いやる気持ちは二の次三の次になってしまうものなのであろう。翻って、主人公の「男」は、捨てられた赤ん坊に対し積極的に関与しないまでも、気にかけて憐れむ気持ちがある。生活に余裕はなくとも人の心は失っていないだけ、まだ救いがあるのかもしれない。

図4

さて、捨てられた赤ん坊はどうなったのであろうか。赤ん坊が気になった「男」は翌朝様子を見に行くが、赤ん坊は健在である。なんと、大きな犬が赤ん坊を他の野犬から守り、乳まで与えていたのだった。「犬畜生」などと貶める言葉があるが、赤ん坊を救う真に慈悲深く心ある者は犬なのであった。「男」は、大きな犬が実は仏の化身だったのではないかと考えている。犬を神聖視する発想は、現代にも根付いていよう。身近なところでは神社の狛犬がある。この話では特に犬の毛色への言及がないが、我々は殊に白い犬を神格化してきた。

スタジオジブリ「もののけ姫」にも白い大きな山犬が登場する。犬は人から山の神として恐れられているのだが、ヒロインのサンは赤ん坊の時に人間の親に捨てられ、この山犬に育てられているという設定だった。我々は、犬と共に歩み、犬に凶暴性への畏れを抱きながら、同時に母性や慈悲の心を感じるのである。

行方の知れなくなった大きな犬と赤ん坊とは、この後どうなったのであろうか。主人公の「男」も想像を巡らせているところであるが、きっと赤ん坊はどこかで無事に長じ、またそれを大きな犬が見守っていたと信じたいところである。

### 3　子猫の命を救った犬――「主《しゅ》の頼《たのみ》を聞《きゝ》て、犬《いぬ》、猫《ねこ》の子《こ》を養《やしな》ふ」（巻三の七）

【あらすじ】「生まれて間もない子猫を置いたまま母猫が戻ってこない。このままだと子猫たちは飢え死にしてしまう。一体どうすれば……！」悩んだ飼い主は、可愛がっている牝犬に子が生まれたことを思い出し、犬にこう頼んだ。「母猫はきっと外で命を落としたのだろう。犬と猫は仇敵のようなものだが、どうか母猫の思いを汲んで、おまえが子猫を助けてやってくれ」。

その言葉を聞いた牝犬は、我が子と同じように子猫に乳を分け与え、愛情を注いで面倒を見た。そうして成長した子猫たちは、みな顔が犬にそっくりであったという。――このような話を、ある大名の京屋敷の留守居役が語りなさった。（『閑度雑談《かんどざつだん》』）

「母のいない子猫たちの命を救ってやってくれ」。竜野何某《なにがし》は子を産んだばかりの愛犬に懇願した。そして、その言葉を聞き入れた犬が、子猫たちを養育した——この話の出典は、京の儒者中村弘毅《ひろたけ》の随筆『閑度雑談』（嘉永元年刊）である。暁鐘成は、この随筆の中巻にある「狗、猫の子を育す」という話を、『犬の草紙』巻三の七において、ほぼ原文通りに紹介している。

この話の第一の見どころは、「種を越えた慈愛」である。飼い主の竜野も述べていた通り、犬と猫は元来「仇敵《あだがたき》」の間柄である。犬と猫が対立することはよく知られ、当時の人気作『南総里見八犬伝』（曲亭馬琴作）にも、八犬士の一人が庚申山の化け猫を退治する名場面が組み込まれている（第六十回）。ところが、この話に登場する犬は、子猫を我が子同様に慈しんで養育し、犬と猫が「仇敵」であるという固定観念を見事に覆した。この犬は飼い主への恩を知り、その頼みを聞き入れる点において忠義な犬であるが、ただそれだけではない。自らの子への情から推して「母猫《はゝねこ》が心《こゝろ》を察《さつ》」することができる、賢く愛情深い犬であったのだ。

そして、第二の見どころは、犬猫の飼い主、竜野の仁徳である。竜野は「すぐれて情深《なさけふか》く、ものを憐《あわれ》む人《ひと》」であった。そして、動物にも惜しみない愛情を寄せていた。竜野はまず、戻ってこない母猫について「いかで我子《わがこ》を捨《すて》て帰《かへ》らざる事《こと》の有《ある》べき。思《おも》ふに外《ほか》にて殺害《せつがい》せられしものならんか」と考え、その死を察して胸を痛めている。そして、せめて子猫の命だけは何としても救いたいと願い、その思いを切々と愛犬に訴えた。そんな姿から思い起こされるのは、『犬の草紙』の著者、暁鐘成が『犬狗養畜伝』に書いていた次の言葉である。「夫生《それいけ》るを愛《あひ》し、死《し》を悼《いた》むハ仁《じん》の道《みち》なり」。親猫の死を悼み、遺された小さな命を救おうとする竜野は、鐘成が理想とする仁道の実践者であったといえよう。

さらに、最も注目すべき第三の見どころは、竜野の犬への接し方である。日本には「犬に論語（犬に道理を説いても無駄だ）」という諺がある。この諺は、近松門左衛門作の浄瑠璃『本領曾我』（宝永三年初演）第五で、畠山重忠が俣野景久の浅ましい申し入れに対し「『犬に論語』といふたとへ、とかふの返答にも及ばず」という態度を取る場面にも用いられている。すなわち、「犬に論語」は、江戸時代にはよく知られた諺であり、「犬に道理を説いても無駄だ」というのが世間一般の常識だったのである。しかし、愛犬家竜野の辞書にその諺はなかった。竜野は、犬が「道理《だうり》をも粗聞分《ほゞきゝわく》る獣《けもの》」であると確信し、犬が自分の話を理解して子猫の命を救うことを期待した。その訴えは「人《ひと》に対《たい》しいふ如《ごと》く」、懇切丁寧に繰り返されたという。犬を決して侮ることなく、わが子や弟子に対するかのように、言葉でもってその心を動かそうとした竜野。彼のそうした働きかけがあったからこそ、母犬が子猫をわが子と隔てなく愛育するという奇跡が起こったのである。

人間と犬、そして猫――。この話には、生物が「種」を越えて家族となるドラマが描かれている。その立役者となったのが、動物を心から愛し、信頼する竜野であった。

『犬の草紙』の著者、暁鐘成は、『犬狗養畜伝』の中でこう述べている。

此世《このよ》に生《しやう》を受《う》るもの、禽獣《とりけだもの》に至《いたる》まで皆兄弟《みなけいてい》なり。憐《あわれ》まずんバあるべからず。況《いはん》や家《いへ》に養《やしなふ》て朝夕《あさゆふ》狎《なれ》て随者《したがふもの》に於《おい》てをや。

「動物たちを家族とみなし、慈愛を注ぐべし」。こう説いた鐘成は、『閑度雑談』に伝えられた竜野の姿に自分自身の面影を見たのではなかろうか。

4　主人の子供を育てる犬――「義《ぎ》を守《まも》つて、犬《いぬ》、主《しゆ》の子《こ》を育《はぐく》む」（巻四の五）

【あらすじ】浪華の名呉《なご》町に、紙屑屋として生計を立てる夫婦がいた。ある時、妻が妊娠し出産した。時を同じくして、日頃夫婦の家に居ついていた雌犬も子を産んだ。それからわずか六日も経たないうちに、妻は産後の肥立ちが悪く亡くなってしまった。乳飲み子を抱えて途方に暮れた男は、犬に涙ながらに語りかけるのだった。

「お前に人の気持ちを解《かい》する心があるなら、私の頼みを聞いて欲しい。私の妻はこの子を残して死んでしまった。私の家は貧しく、よそから乳をもらってこの子を養い育てることは、とてもできない。かといって、捨てることも哀れでできないのだ。お前は、長年私の家の庭で暮らして、偶然にも私の妻と同時期に子を産んだ。こうした縁は、皆前世からの因縁であろう。なんとかして、今夜からお前の乳を我が子に分け与えてくれまいか。そうすれば、私は仕事をして生きていくことができる」と。

男の必死の懇願を、犬はうなだれ涙を流して聞いていた。そして、男の願いを聞き届けてくれたものか、犬は男の子を自分の側に寄せて、自らの乳を飲ませたのだった。男は大いに喜び安堵して、その日の夜は心安らかに眠ることができた。

翌朝、男が我が子の様子を見ると、犬は男の子を大切に抱いて乳を飲ませてくれていた。しかし、不思議なことに子犬の鳴き声が全く聞こえない。よく見ると、犬の子は皆死んでしまっている。男は仰天して、そして悟った。「お前は大切な自らの子達を殺して私の願いを聞き届けてくれたのか」。男は犬を抱きしめて涙にくれた。

それから後、犬は長いことその子を養育して、子はとうとう無事に長じたのであった。

本話は『犬の草紙』作者の母が語った話で、作者が子供だった頃の出来事だということであるから、江戸時代中期頃の設定である。大阪の「名呉（護）町」とは長町ともいい、大阪日本橋から南北に一直線に伸びる長い町であることが名前の由来ともなっている。

さて、主人公の「男」は名呉町の裏通りに住み紙屑屋を営んでいた。紙屑屋とは天秤棒を担いで家を回り、不要な紙を買い取って古紙問屋に売る仕事である。その古紙は古紙問屋から漉き返し業者に売られ、再生紙が作られた。ただ、回収できる紙の量は日々変動するもので、

**男《をのこ》は日毎《ひごと》に市中《まちまち》をめぐりて紙屑《かみくず》を買《か》ひ集《あつ》め、紙屑《かみくず》の寄屋《よせや》に持行《もちゆき》て、聊《いささ》かの利《り》を得《え》て細《ほそ》き煙《けぶり》を立《たて》け**

る。

図5

とあるように、利益は「聊か」で細々とした暮らしだったようである。

主人公の「男」には妻があり、子供が産まれる。可愛がっていた飼い犬も同じ時期に子が生まれ、男は妻の介抱をしつつ合間に犬の面倒をみるなど、忙しくも幸せな時を過ごしていた（図5）。しかし、悲劇が起こる。産後の肥立ちが悪く、妻が亡くなってしまうのである。

妻を亡くした「男」は嘆き悲しむ。しかし、悲しみに浸ってばかりもいられない。残された赤ん坊をどうやって育てていけばよいのかと、「男」は途方に暮れる。本話とは時代こそ違うものの、前項「達智門外に、犬、人子を育む」（22ページ）において、赤ん坊が親に捨てられた理由はかくやと想像されよう。

悩みに悩み、追い詰められた「男」は、日頃可愛がっていた飼い犬が子を産んで乳をやっているところを目にしたのだろう、もうこれしかないとばかりに犬に向かって涙ながらに切羽詰まった状況を説明し、犬が長年「男」の庭で暮らし、「男」の妻と時を同じくして出産したという縁があることを説く。そして、その縁ある「男」の赤ん坊に乳を与えてはくれまいかと、必死に訴えかけた。

「男」の懇願を聞いた犬もまた涙を流し、「男」の赤ん坊に乳を分けてくれる。この犬の涙は、主人の子を思う心に打たれた涙であろうと、「男」は思ったことだろう。読者も、思う。これでめでたしと安堵するも束の間、翌朝、衝撃的な事実が発覚するのである。

「男」が我が子の様子を見に犬のところへ行くと、犬は「男」の子を大切に抱えて乳をやっているのだが、子犬の鳴き声が全くしない。どうしたことかとよく見ると、なんと犬の子は残らず死んで傍《かたわ》らに転がっていたのであった。

「男」は、自分が子の養育を頼んだばかりに、母犬自ら子犬を殺してしまったことを悟る。挿絵で見るに、可愛らしい子犬が三匹。犬にとっても我が子は何にも代えがたいほどに大切な存在であろうに。思い返せば、うなだれて流した母犬の涙は、自らの子を犠牲にする覚悟を決めたが故のものだったのかもしれない。

そして「男」は犬に子の面倒を任せて仕事に専念できた。そのおかげで、「男」の子は無事に成長することができたのだった。『犬の草紙』筆者が「犬の忠義は人にも勝る」と結ぶのも深く頷ける、なんとも孝行な犬の話である。

5　犬の恩返し――「茶道坊《さどうのぼう》を助《たす》けて、犬《いぬ》、恩《をん》を報《ほう》ず」（巻四の三）

【あらすじ】寛文三年、酒井伊予守殿は駿府の在番をしていらっしゃった。小屋にいた白犬は、常に酒井伊予守殿の前に出て歩くので、小坊主に命じて物を食べさせなさった。ある時、伊予守殿が当目《とうめ》という所にお出になった。一緒に参った小坊主が、誤って谷へ落ちてしまうと、その白犬が走り寄り、小坊主の着物の帯をくわえて吠えたので、おのおのこれに驚き、引きあげて小坊主を助けた（図6）。この話を見聞した者で感心しない者はいなかったということだ。（『新著聞集』）

本話の典拠は、『新著聞集』（寛延二年刊）酬恩篇第三「犬嶮難を救ふ」に収められている。それ以外には、『続著聞集』（宝永元年序）酬恩篇第五「犬救嶮難」が同内容として挙げられる。本話は、現在の静岡県焼津市岡当目で起きた、酒井伊予守の忠犬の話である。

忠犬説話は、とりわけ白犬と特記されている例が多い。古くは『日本書紀』巻二十一に、捕鳥部《ととりべの》万《よろず》が飼っていた白犬が、屍になった万の首をくわえて塚に納め、その側で餓死したという忠犬の話がある。また、『宇治拾遺物語』巻第十四の十「御堂関白の御犬、晴明等、奇特の事」には、藤原道長が法成寺に赴いたとき、愛犬の白犬が道長の歩行を阻んだので晴明に占わせたところ、道長を呪詛する犯人の道摩法師の居所を当てたという話がある（『古事談』第六「犬告危難于道長事」、『十訓抄』第七の二十一、『東斎随筆』鳥獣類、『昔物語治聞集』巻一第十七「御堂関白殿の犬晴明等きとくの事」も同話）。愛犬の白犬によって道長が危難回避した話はよく知られている。

では、道長や酒井伊予守の愛犬のように、なぜ白犬は危険を予見できるのであろうか。その理由は、以下の白犬の話に示されているといえよう。『諸州奇事談』（寛延三年刊）巻四「白犬知怪」には、百姓の勘右衛門が常に可愛がっていた八十八《やそはち》という白犬が、化け猫の怪異から主人を救うために吠えて知らせ、そのおかげで主人の命が助かったという話が載る。そこには、白犬について「誠に白犬はよく怪を知ると言伝へたり」と記す。「白犬」は怪を察知する力を備えているからこそ、危険を予見・回避できたというわけである。話の末尾には「犬はよく主を知りて恩をわすれぬ物なり」と記している。まさに本話の「茶道坊を助けて、犬、恩を報ず」も、その例に洩れない。

酒井伊予守殿（酒井忠綱）については、『寛政重修諸家譜』によれば、寛文三年六月七日、御書院の番頭となり、四年十二月二十八日従五位下伊予守に叙任。致仕号、竹巌、法名、道節とある。

さて、酒井伊予守には、犬にまつわる興味深い話が伝わっている。武蔵国比企郡伊草村大聖寺の宝物「土玉」一顆を納めた器の蓋の裏面には、「予州太守竹巌道節大居士、元禄七甲戌十月二十五日、犬運来土玉一顆含命奉納」と書かれている。加えて、予州殿（酒井伊予守）が日頃より犬を可愛がっていたこと、犬が運んだ土玉の中から古銭十余も出て来たこと、それが五年も続いて古銭が数万に達し、それを集めて仏像を鋳造したこと、残った数十顆を紀伊国高野山及び諸山霊地に納めたことが、高野山沙門尊海によって記され、逸話として残されている（『新編武蔵国風土記稿』巻一八八・比企郡巻三）。

図6

恩を知って、恩に報いようとする忠義なる犬の存在は、犬好きで知られた酒井伊予守の逸話からも確認することができよう。

## 6　その軍犬、有能につき。――「主命《しゆのめい》に随《したが》つて、犬《いぬ》、敵《てき》の警衛《けいゑい》を窺《うかゞ》ふ」（巻四の六）

【あらすじ】名将、畑時能《はたときよし》はピンチに陥った。時能の主君である新田義貞《につたよしさだ》が足利尊氏軍との戦いで敗死し、味方の軍はみるみるうちに劣勢となった。結果、残る拠点は、時能が身を寄せる鷹巣城のみとなってしまった。敵は七千余騎、味方はたったの二十七人。城はすでに包囲され、敵軍の砦が三十以上もそびえ立つ――もはや最悪の戦況である。そんな中、時能軍に希望を与えたのが一匹の犬であった。時能が養うこの犬は名を「犬獅子《けんじし》」といい、主の言葉を解する優秀な軍犬であった。時能たちはまず、闇夜に城を抜け出て敵陣へと赴き、犬獅子をその砦に入らせた。そして、出て来た時の犬獅子の一声や尻尾の動きを合図に敵の様子を把握し、確実に落とせる砦へと果敢に攻め入った。この作戦により時能の夜襲はことごとく成功した。人と違って褒賞への欲もなく、ただ主への恩を感じて忠を尽くした犬獅子。軍功はもちろん、その真っ直ぐな心に感動せずにはいられない。（『太平記』）

主人に忠を尽くすハイスペック軍犬、犬獅子《けんじし》。その飼い主である畑時能は、鎌倉末期・南北朝時代の武将新田義貞の側近であり、智略と勇力に長《た》けた男である。『太平記』巻二十二には、鷹巣城に籠った畑時能が戦死するまでの経緯が詳しく描かれているが、その中に、彼の愛犬「犬獅子」が活躍するエピソードがある。暁鐘成は、この話を『犬の草紙』巻四の六に取り上げたのであった。

ただし、鐘成はこの話の出典を『太平記』と明記しつつも、文章そのものは『和漢三才図会』「鷹巣城　畑六郎左衛門（時能）此ニ戦死ス」（巻七十・越前）を下敷きとしていたようである。たとえば、『太平記』では「足利尾張守高経、高上野介師重」が「三十余箇所の向陣をぞ取つたりける」と記すのに対し、『和漢三才図会』では「尾州ノ刺吏高経」が「三十余営ヲ分チ、壁ヲ堅クシ塹《ホリ》ヲ深クス」としている。一方、『犬の草紙』の原文には「尾州刺吏高経」が「三十余の陣営を分ち、壁を堅くし塹を深くす」とある。これは明らかに『和漢三才図会』の表現を踏襲したものである。

また、『犬の草紙』巻四の六には、戦功を立てた人間が私欲に走ることを挙げ、無欲な犬獅子の尊さを強調する箇所がある。本文には「天下《てんが》の衆軍幾万《しゆぐんいくまん》といふ事《こと》を知《しら》ず。たゞ糧《かて》に飽《あく》ことを貴《たつと》し、功《こう》を貪《むさぼ》る者多《ものおほ》し。此犬《このいぬ》に対《たい》せば、豈《あに》その額《ひたい》に泚《あせ》せざらんやと言《いへ》り」とあるが、実はこれもまた『太平記』にはない『和漢三才図会』の独自表現（天下ノ官軍其幾万トモ知ズ也、徒ニ糧飽ヲ貴ヒ、首功ヲ貪ル者多シ。此ノ犬ニ対セハ豈其額ニ泚セザランヤ）をふまえたものである。

「天保年間　犬狗養畜伝」（『日本農業全集』60巻）白水完児の解題によると、鐘成は『犬狗養畜伝』の執筆に際して『和漢三才図会』を参照していたという。また、『和漢三才図会』では、『太平記』における畑時能の話をコンパクトに要約し、なおかつ犬獅子の活躍に焦点を当てる書き方になっている。鐘成が『和漢三才図会』の叙述を土台としたのは、こうした背景によるものだろう。

また、さらに注目されるのは、鐘成が『和漢三才図会』の文章を利用しつつも、犬獅子の活躍をより際立たせるための加除修正を行っていたことである。まず、原話である『太平記』巻二十二では、鷹巣城の戦いでの主役はあくまで畑時能であり、時能の武勇伝がかなり詳細に描かれている。また、彼の両腕として、甥の大夫房快舜と中間《ちゆうげん》の悪太郎が登場し、「三人と犬一匹」が絶妙のチームワークで敵の砦を夜襲する様がドラマチックに描き出されている。このモチーフは『和漢三才図会』の記事においても温存されている。ところが、『犬の草紙』巻四の六では、時能の武勇伝や二人の側近にまつわる叙述が全てカットされている。つまり、鐘成は元の話にあった「人」にまつわる内容を意図的に割愛し、「犬」が話の主役となるよう手を加えていたのである。

『和漢三才図会』には「犬獅子ハ無智之畜獣ニシテ、其主ニ忠アリ」との一文が見られるが、鐘成はこれを『犬の草紙』巻四の六に取り入れるにあたって、「無智之」という表現のみを削除している。こうした点にも、犬の才智を高く評価する、鐘成のゆるぎない信念をうかがうことができよう。

さらに、鐘成が次のような独自の文言を付け足して本話を締めくくっている点も見逃せない。

**実《げに》や畜類《ちくるい》は人《ひと》と異《こと》にして功《こう》を立《たつ》るといへども誇《ほこ》らず〈略〉其心《そのこゝろ》の正直《せいちよく》なること感《かん》ずべし。**

鐘成は『犬の草紙』巻五の十でも犬の忠義に触れ、「正直《せいちよく》にして怠《おこた》らざる事《こと》、人《ひと》も耻《はづ》る所《ところ》なり」と述べている。彼の視線は、常に犬の内なる「心の尊さ」にまで向けられていたのである。

### 7　走れ黄耳――「黄耳《わうじ》、呉国《ごこく》に使《つかひ》す」（巻四の八）

【あらすじ】昔、震旦呉国のそばにいた陸機（晋の詩人）は常に猟を好むため、ある客が良犬を贈った。これを黄耳と名付け、陸機はいつも可愛がっていた。その後、都に出て仕官する身となり、黄耳も連れて行った。ある時、陸機は黄耳に向かって、「長い間、連絡が途絶えている故郷の家まで、走って使いに行くことができるか」と聞くと、黄耳は尾を動かして人が答えるかの如くであった。陸機が竹筒に手紙を入れ、黄耳の肩に結びつけると、黄耳は忽《たちま》ち呉国を目指して走っていった（図7）。

飢えたときは道中で草を喰い、水を飲み、大河では渡し守に尾を振って便船を乞い、終に陸機の家に到着した。故郷の人々は大いに喜び、竹筒の中の手紙を読み終えると、黄耳が返書を乞う様子なので、まず黄耳に食事を与えて休息させている間に、手紙の返事を書き認めた。竹筒の中に入れて肩に結びつけると、黄耳はすぐに走って都に戻った。陸機は黄耳が無事にかえってきたのを喜び、返書を披いて黄耳の功を讃え、なお可愛がって養った。人が行くには容易ではない遠路を、黄耳は僅か半月で往復した。何年か後、寿命が尽きて黄耳が亡くなったので、棺に納めて故郷へ送り、厚く葬らせ、黄耳塚と名付けたという。その塚は陸機の家から二百歩離れたところにある。（『述異記』）

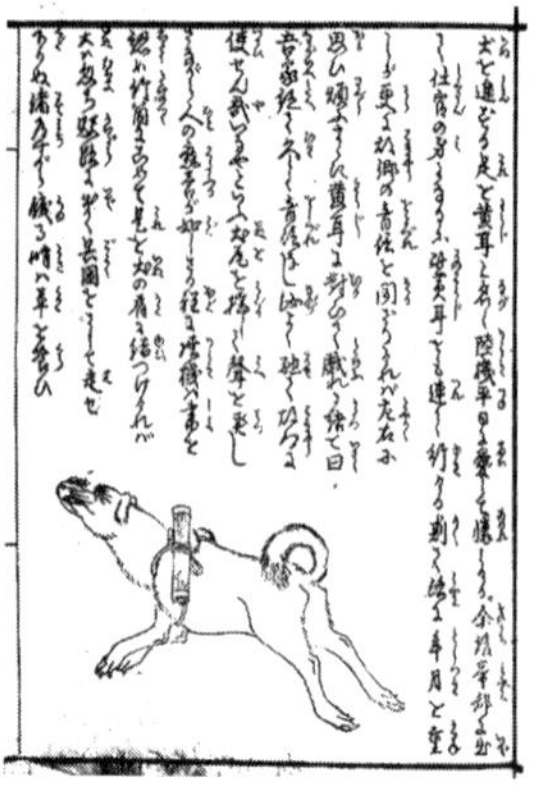

図7

本話の典拠は、作中に記す『述異記』に拠る。その他、「黄耳」の説話が掲載されているのは、以下の通り。『芸文類聚』巻九十四、『新編古今事文類聚』（寛文六年）後集巻之四十「黄耳伝フレ書ヲ」、『訓蒙故事要言』（元禄七年）巻八の二〇六「黄耳伝書」、『絵本故事談』（正徳四年）巻八の四「陸機附黄耳」、『霊魂得脱篇』（宝暦六年）巻之下「犬の霊こん前身の物語して息たへし事」、『斎諧俗談』（宝暦八年）巻四など。これら多くの文献に記され、「黄耳」の説話が広く受容されていたことがわかる。「黄耳」の説話を引いて作中で利用している作品もある。曲亭馬琴の読本『小説比翼文』（文化元年）上巻第二編には、権八の妹おつまが、平井右内の親族である本所助太夫の弟助市と恋仲で、右内の飼犬の三四《みよ》白《し》に文使いをさせる場面があり、犬が重要な一役を担っている。

それ以外には、軍記や往来物、随筆にも「黄耳」と似た賢い犬の逸話がある。例えば、『甲陽軍鑑』巻二には、幼少から犬好きだった大田の源五郎（後に大田美濃）が、竹筒に手紙を入れ、犬の首に結いつけて放すと、犬が手紙を運んだ、という話が記されている。その他に、「江戸の黄耳」の例として、『絵本風俗往来』（上編、三月）には、「伊勢参宮の犬」が紹介されている。竹筒を犬の顎へ結いつけ、その筒の中に若干の銭を入れて与えると、犬の思う通りに駅路を辿り、日が暮れると人家の前に至る。家の者は、参宮の犬だと承知して、家の中に入れて食事も与え、竹筒の中から食事代を取り出して、また心ばかりの銭を入れて置くと、翌日、朝食を貰った犬は、出発していく。こうした日々を繰り返し、伊勢参宮を果たしたという。「黄耳」のような賢き忠犬は日本にもいたのである。

## 8　シロと鐘成――犬塚

**【あらすじ】**河内国の暗峠《くらがりとうげ》に犬塚がある。豊浦村《とよらむら》のなかで、塚の前は旅籠の山口屋である。かつて別の場所に建立したが、訳あってここに移した。春と秋には傍らに植え置いた桜と紅葉が盛観である。硯屏《けんじょう》の形の碑の前には犬の像を据えている。碑文は次の通りである。

暁鐘成の愛犬は皓《しろ》といい、八月二十一日の明け方、野外で狗賊《くぞく》に殺された。主人は悲しみに堪えず、皓の亡骸を山の麓に葬り、他の殺された犬たちもあわせて弔った。

天保六年九月二十一日、暁鐘成建立。

暗峠は大阪府と奈良県の境にある生駒山地の中央にあり、暗峠を越える奈良街道は大阪と奈良を結ぶ最短経路として発展した。『河内名所図会』（秋里籬島作、享和元年刊）には、暗峠を「椋ケ嶺峠《くらがねとうげ》」として、「世に暗峠というのは誤りである。この街道は大坂より大和および伊勢参宮への道で、茶店や旅舎が多く、東の端に河内・大和の国境がある。生駒山からの山続きを小椋山《おぐらやま》と言うため、椋ケ根の名がある。また一説に、この山の松と杉が繁茂して暗いのでこのように名付けたともいう。天正の頃に豊臣秀長が郡山の城を築いた時、悉く大木を伐ったので今なお大樹が少ない」と解説している。犬

図8

写真　現存する犬塚

塚の碑の形を言う「硯屏」とは、硯の前に立てて塵などを防ぐ小さな衝立のことである。碑の外観は、挿絵「闇上峠《くらがりとうげ》犬墳《いぬづか》」左頁中央に描かれており（図8）、東大阪市東豊浦町の寺院、観成院の境内に現存する（写真）。

碑文では、鐘成の愛犬、皓《しろ》が狗賊に殺されたとしている。狗賊とは、本作巻三の一「犬讐を訴へて恩を報ず」に「浪華に生れる犬が、天寿を保たずに悉く狗賊によって殺されるのは、不憫極まるところである。狗賊というのは、俗に犬取《いぬとり》あるいは犬殺しと呼ばれて、浪華の地に多く、他国においては聞くことがない」という。鐘成は『犬《けん》狗《く》養畜《ようちく》伝《でん》』において、「犬が夜が明けるのを待ちかねて外に出ようと主人にせがんでも、決して夜明け前から外に出してはならない。近年、狗賊が多く徘徊し、撃ち取ることが横行しているから、日が東に高く昇り、通行人が多くなってから外に出すようにしなくてはならない。私のかわいがっていた白犬も、先年の秋、狗賊に殺されて死んだ」と、皓の死に触れて諭している。碑文に、犬塚建立に際して皓だけでなく他の殺された犬もあわせて弔ったとあるのは、『犬狗養畜伝』に「もし近辺に飼い主が無く寝所不定の犬がいたら慈悲をかけ、日暮れから朝遅くまでは家内に居させ、賊難から守ってやってほしい」とあるところと通じ、鐘成が動物に向けた博愛精神と、当時の狗賊の実態とが読み取れる。

この皓《しろ》の死について観成院の沿革「日蓮宗梅龍山観成院之記」には、「これ（犬塚の碑）は大阪の文人一世暁鐘成が愛犬皓《しろ》を連れて天保六年〈一八三五〉八月二十一日奈良への途次、暗峠で賊に会い、愛犬皓が身代りとなり殺されたことを悼み同年九月二十一日に天保山下に建てたものを翌年秋八月この地に再移したものである」とあり、皓は暗峠で賊徒に出くわした主人を庇って死んだ忠犬として伝えられている。

なお、この話にあるような「暗峠で賊徒に出くわす」ことについては、井原西鶴の小説『世間胸算用』（元禄五年刊）巻四「奈良の庭竈《にわかまど》」に、困窮した浪人たちが、銀荷を狙って暗峠で大阪から帰る商人を待ち伏せて襲う場面が描かれている。一方、元禄七年（一六九四）九月九日の重陽の節句に、この暗峠を奈良から大阪へ抜けた芭蕉は、「菊の香にくらがりのぼる節句かな」という一句を残した。芭蕉が世を去るのは、この約一ヶ月後である。『河内名所図会』には、寛政十一年（一七九九）十二月、豊浦村の中村耒耜《らいし》が芭蕉の百回忌追福として、この句の句碑を峠の街道の傍らに建てたことが述べられている。この句碑の所在については、「日蓮宗梅龍山観成院之記」（前出）に、「もと峠の街道筋にあったが、いつしか埋没行方不明になっていたものが大正二年八月十七日の大雨で出現、観成院の境内に移し建てられた」と紹介されており、これも境内に現存している。

この暗峠でさまざまなドラマがあったのである。鐘成と愛犬皓との永遠の別れもその一つであった。

## 9　犬の愛し方――「犬狗をやしなひ育つる慈愛の心得」（巻六附録）

人と犬との関係を大きく変えた出来事と言えば、貞享四年（一六八七）の徳川綱吉による生類憐みの令を思い浮かべる人も多いであろう。宝永七年までの二十四年間にわたって続いたこの法令は、社会を混乱させた。庶民や猟師などは許可を得て害獣駆除を継続できたが、武士階級では鳥獣を殺めたことで死罪や遠島となった者もいる。このような極端な動物愛護の強制は、人々に犬への反感を植え付けるだけの結果となり、綱吉死去に伴って法令廃止となった途端、犬への虐待が再開されたと言われている。

多くの日本人には犬を飼う事への「西洋的な飼育責任」の感覚すら無かったことが事実としてある。放し飼いし、不要になれば捨て犬にするのが当たり前だったため、その結果として無数の野犬の群れが町々を徘徊し、彼等を原因とする咬傷事件や狂犬病が頻発していた。

江戸時代に編み出された犬の治療法も、その後、明治時代に至るまで民間療法として伝えられる。主たる治療法は「小豆を煮て食わせる」、「小豆を患部に塗る」、「それでダメなら諦める」というものであり、専門的な学をつけた獣医はいない。それでも、幕末に動物愛護の精神、飼育責任の考えが西洋から流れ込む前に、少なくとも鐘成の様に犬を愛し養っていた人々もいたことを忘れてはいけない。

『犬の草紙』は末尾に附録として「犬狗《けんく》をやしなひ育つる慈愛の心得」を載せる。次節の『犬狗養畜伝』と重なるものが多く、犬の飼い方のコツを載せたペット本としても読まれたようである。いくつか摘読してみる。

近年、予が愛せし牝犬の子を産みて後、煩ひたりしが、種々に心を尽くし遣りしかども、畜齢の尽くる所にや、産後廿日ばかりにして死せり。さる程に、いまだ乳《ち》の放れざる狗児《いぬのこ》なれば、白粥を煮て魚の味噌汁に和し、掌に盛りて片手にて抱きかゝへて養ひしが、食する事をよく覚へし程に、世話なる事は言ふばかりも有らざれども、育つるには難からず見へたり。

鐘成の愛犬（メス）が子犬を産んだ後に病を患い、産後二十日ばかりで死んでしまった。そこで乳離れできていない子犬を鐘成夫婦が育てることとなった。当然ミルクも哺乳瓶もない。彼らは、白粥を煮て魚の味噌汁に混ぜ、これを片手の掌に持ち、もう片方の手に抱いて食べさせたところ、食事を覚えたという。貴重な乳児保育の証言である。

たとへいささかの科《とが》ありとも打擲《ちようちやく》すべきにあらず。（中略）唐土《もろこし》の聖代には罪人《つみんど》を打つ鞭を蒲《がま》にて作り、打ち擲《たた》けども音のみにして、身を痛めずとぞ。かかる仁心深き君なりし程に、国民《くにたみ》感じ伏して悪事をなさず。益々泰平にしてかの刑罰の蒲の鞭さへも打つべき罪人もあらざりしかば、終には朽ちたりしとなん。故に「刑鞭蒲くちて蛍となる」と詩にも作れり。仁道には人さへも斯《か》くのごとし。況《いはん》や愚痴なる畜生に於てをや。寛宥《くわんいう》のはからひ有らずんばあるべからず。

唐土の聖代には、罪人を打つ鞭を蒲に代え、打っても音だけがして身を痛めないようにしたところ、国民は感服し、悪行をせず、益々泰平となり、罪人もいなくなったために、刑具の蒲は遂に朽ちることとなった。その例にならって人だけではなく愚痴なる畜生にも寛大な心を持ち、打擲してはならないと説く。従うべきであろう。

**生餅《なまもち》の和《やは》らなるを喰はすべからず。口中《くちのうち》に粘り着き、あるひは咽喉に詰めて苦しむ者なり。また、堅く乾《から》びたるは咬み砕きて食するゆへ、苦しからず。**

これは餅の与え方指南である。

**凡《およ》そ犬の諸病には、唐の烏薬《うやく》を末《まつ》にして食物にまぜ飲ますべし。是に過ぎたる薬なし。しかれども、薬の香気するゆへ、嫌ひて喰わざるものなり。鰹《かつを》の粉にまぜて飲ますもよし。また、鰹の末にまぜて丸薬のごとくして飲ますもよし。**

犬にとっての特効薬は中国から輸入する烏薬であるという。しかし、犬はその香を嗅ぎ取るので、あれこれ工夫して与えよ、という現代にも通じる秘訣が記されている。

必ず喉を乾かしむることなかれ。市中に於ゐては暑《しょ》に至れば軒に施水《ほどこしみづ》を出す事、専ら也。しかれども、犬の施水《せすい》をなす者はなし。故に暑さに堪へかね溝《みぞ》の泥水を飲み、霤《あまだり》の腐水《くさりみづ》を飲むこと、最もいたまし。

当時の大坂は夏の暑いときには軒に施し水が用意されていた。町人たちの相互助け合いである。鐘成はそれを犬にもせよと提案している。実際に鐘成自身は犬への施水を実践していた。のみならず、

もし主なくして臥所《ふしどころ》も定めぬ狗あらば、慈悲を加へて夜は晩刻《くれどき》より内に入れて庭の隅《すみ》にも臥さしめ、朝は心をつけて遅く出して、狗賊《くぞく》の難を救ふべし。

とあって、野良犬にも寝どころを提供していた。というのも、当時の大坂は怪しげな薬を作るために飼い犬を含めて犬を掠《さら》う「狗賊」が横行しており、鐘成の愛犬もその被害にあったからである。

鐘成の犬への過多な愛情は、次の文章に尽きよう。

狗、睡《ねむ》る時、夢を見て襲わるること常にあり。これなん、人に打ち叩かれ怖《をそ》ろしき目に遭ひしを忘れずして夢に見て襲はれるなるべし。かかる思ひ、いささかも人に変わることなし。これらの

**事を想像《おもひやり》て、必ず打擲《うちたゝき》すべからず。**

寝ている愛犬が何か足をピクピクさせているのを目撃した方も多いであろう。鐘成に言わせれば、これは人間に打擲されたことを犬が忘れず、夢で思い出してうなされているのだというのである。医学の進んだ近代獣医学ではどのような分析がされるのだろうか。

## 【コラム2】
## 鐘成による大坂案内

暁鐘成はきわめて多作な文学者であるが、その著述の一角をなすものとして地誌がある。『西国三十三所名所図会《めいしょずえ》』（嘉永六年刊）などの名所図会をはじめ、鐘成が手がけた地誌は十四点が伝わり、うち半数が大坂に関するものである。『天保山名所図会』（天保六年刊）、『浪華の賑《にぎわ》ひ』（嘉永四年序）、『摂津名所図会大成』（稿本、安政年間か）、『澱川《よどがわ》両岸一覧』（文久元年刊）等である。このうち『天保山名所図会』と『摂津名所図会大成』から、鐘成による大坂の地誌の著述態度を見てみたい。

天保山は、天保二年の安治川《あじがわ》の浚渫で出た土砂を盛り上げて築いた小山である。廻船が入港する際の目印とされ、勝景の地にもなった。鐘成は『天保山名所図会』の趣意に関して次のように述べている。

もつとも古跡旧地の名所にあらざれば、古事伝記の談話《ものがたり》を記するの縁由《よし》なし。されば名所図会と題すといへども、先版『摂津名所図会』十巻の書に聊《いささか》も拘はるべき冊巻にあらず。いはゆる新規の別物《べつぶつ》なり。

近来の大坂地誌の大著である秋里籬島《あきさとりとう》著『摂津名所図会』（寛政八・一〇年刊）を念頭に置きながらも、当代の新規の名所を打ち出すことを目指している。作中で目を引くのは、天保山を擬《なぞら》えて周の文王《ぶんおう》が物見台の霊台《れいだい》を営んだ故事を語ることと、天保山の形が亀甲に似るとする説に筆を費やしていることである。

霊台の故事を語る真意については、

（霊台は）西伯《せいはく》文王の賢慮より出でて、遠く災祥《さいしょう》を察せんために築かれたる看楼《ものみ》の台《うてな》なり。今また浪華に天保山のなれることは民の憂苦を救はせたまふ所にして、その御仁恵の高きことは遙《はるか》に勝《まさ》りしこ

図1　『天保山名所図会』（国文学研究資料館蔵）

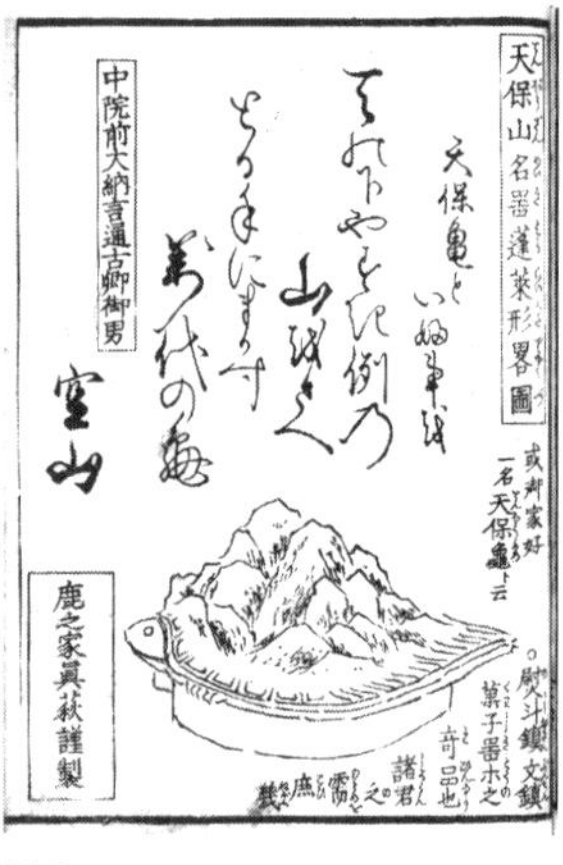


図2

の義に粗《ほぼ》相似たる（下略）

となれども、下民《かみん》御恩沢を仰ぎ歓び楽しみて、土砂を運び、川を掘り、石を築ける形勢《ありさま》、霊台経営の義に粗《ほぼ》相似たる（下略）

と言う。すなわち、『詩経』大雅・霊台に描かれる文王の仁政のもと、人民が集まり来て日を経ず完成したとされる霊台の建設に、この安治川の河口工事に携わる人々の有り様を擬えている（図1）。天保山は、着工以降これに纏《まつ》わる書が続出した（うち複数が鐘成の作）、当代大坂の一大関心事とされるが、この擬えには、その情景を活写する意欲と、中国故事の世界とイメージを重ねて文芸性を高める工夫とが込められている。

終末部の「天保山地形《ちぎょう》之説」では、亀甲に似る形を図示（図2）、古来の霊亀の記録や大亀出現の伝承を掲げてそのめでたさを説き、亀甲の上にあるという蓬莱山《ほうらいさん》（中国の伝説で不老不死の仙人が住むと伝えられる）に類するものと天保山を位置付ける。

ここに至つて花に遊び、月にうそむき雪を愛《めで》なば、実《げ》に蓬莱の仙境に入りて、長生《ちょうせい》不老の寿《じゅ》をたもち、老顔変じて美少年のごとくなる心地すべし

とした結びが象徴するように、亀甲の地形の説は、この新規の名所および本作に文学的雅趣をもたらす恰好の素材であった。

もう一つの作品『摂津名所図会大成』を見てみよう。本作は稿本のみ残るが、十三巻十五冊におよぶ大部の作である。鐘成は大坂の地誌の集大成を目指してこれを執筆したとみられる。その内容形成にあたっては、『摂陽群談』（岡田溪志著、元禄十四年刊）、『摂津志』（関祖衡《せきそこう》編、享保二〇年刊）、『難波旧地考《なにわきゅうちこう》』（荒木田久老《ひさおゆ》著、寛政十二年刊）といった重きをなす先行地誌を引拠とすることや、諸所で秋里籬島の『摂津名所図会』に言及し、その記事内容を挙げて考証や批判を述べるといった特質がある。

また、明確に引用した部分に限らず『摂津名所図会』と重なるところがある。『摂津名所図会大成』には籬島の俳諧・狂歌・漢詩を六点収載しているが、これらは全て『摂津名所図会』に収められた籬島自詠の作である。また「四天王寺」の項に掲げている大典・龍草蘆《りゅうそうろ》・熊谷尚之の漢詩も同様に『摂津名所図会』の同所の項に収載されるものである。ほかにも『摂津名所図会大成』には、源華城《かじょう》・田中金峰・荒井鳴門《めいもん》といった同時代漢詩人の作を多数収載するが、このうち全二十六首ある荒井鳴門の詩は、鳴門作の大坂の名所風俗詠の竹枝集『浪華四時雑興百首《なにわしじざつきょうひゃくしゅ》』（文化十三年刊）所載のものである。

こうしたところには、鐘成の大坂関連書への目配りとその積極的な活用の姿勢がうかがえよう。

## 第二節　『犬狗養畜伝』を読む

『犬狗養畜伝』は、鐘成に医学の心得がさほどあったわけではなく、大の犬好きゆえの著述であるが、江戸期では珍しいペット本であるのであちこちで紹介されている。全文は斎藤弘吉、白水完児が紹介している。その位置づけも白水の、

科学的な獣医学書としての価値はさほど高いものではない。しかし、当時の人々はどのような動物愛護精神を持っていたのか、一体江戸時代の人々はどんな風にして犬を飼育していたのだろうか？　犬の病気とそれに対する考え方、さらにそれらを取り巻く日々の町人の暮らしと人情を垣間見るとき、江戸時代・浪速の風俗の記録として高い価値を持つものであろう。

という解説に尽きる。また白水の詳細な注釈と現代語訳も備わっている。

本書の刊本は愛知県西尾市の岩瀬文庫本と東京大学本が知られている。その他、国会図書館に写本が残されている。両書ともに刊記は記されていないが、白水は、鐘成の愛犬シロの死亡が記されるので、愛犬の命日である天保六年（一八三五）八月二十一日以降の成立であるとされている。また末尾に「大坂心斎ばし通博労町北入二けん目　清水谷滄海堂製（明啓印）」とあり、「滄海堂」は檜造りで

「御殿のさま」を模した豪華な鐘成の店で、その驕奢ゆえに天保十三年（一八四二）四月に幕府の倹約令により咎を受けて取り壊されたので、本書の成立は天保六年から十三年の間とされている。斎藤弘吉氏が「本冊子は全くの自家板行で、恐らく少数印行して友人知己の愛犬家に分贈したものと考えられる」と述べられた通りであろう。

この第二節では白水、斎藤の仕事に導かれながら、その中からいくつかの記述を抜き出して、解説を加えながら概観してみたい。全文は本書末尾に掲載している。

## 1　犬の飼い方

白水氏が「骨格を『和漢三才図会』に借りる」と指摘しているように、『犬狗養畜伝』は江戸時代の百科事典、寺島良安『和漢三才図会』巻第三十七「狗」の記事に拠ることが多い。「はじめに」でも記したように、鐘成は『和漢三才図会』の利用が得意であった。

表紙の「南都法華寺土犬之図」は法華寺で今も作られる、かわいらしい「御守り犬」である（図9）。

図9　表紙（西尾市岩瀬文庫蔵）

続いて序文、鐘成の動物への愛があふれている（以下大意。文章は適宜用字を改めた。原文は末尾に掲載）。

おおかた生ける物を殺し、痛め闘わしめて遊び楽しむような人は畜生残害の類である。すべての鳥獣や小さい虫までも心を留めて有様を見ると、子を思い親を大切にし、夫婦仲良く、また妬みや怒りや欲多く、身を守り命を惜しむことは、動物は愚かなので人以上である。その愚かで一生懸命な彼らに苦しみを与え命を奪うようなことは悲しむべきことである。すべての生き物に慈悲の心がない人は「人倫」にあらずと云々。

次いで、「およそ犬は三月を以て生む」以下の『和漢三才図会』の記事を引き、「ぬししらぬ岡部の里を来てとへばこたへぬ先に犬ぞとがむる」という、京極良経の家集『秋篠月清集《あきしのげつせいしゅう》』の和歌を挙げる。やや日本古典文学的に言えば、この『秋篠月清集』には「獣」という部立《ぶだて》（和歌のテーマ）が設けられていることが面白がられたのであろう。その後に『和漢三才図会』では『周礼』『論語』『続高僧伝《ぞくこうそうでん》』『楞厳釋要鈔《りょうげんしゃくようしょう》』『徒然草』などを挙げて、古来より犬は人を守るので「守狗《しゅく》」と呼ばれていたなどの知識が披露されるのであるが、『犬狗養畜伝』では「史載こと多しといへども、事しげければ略之」とあって、その史載の記事は鐘成が著述の用意をしていた『犬の草紙』に掲載されることとなる。『犬狗養畜伝』では、犬の飼い方についての記事のみがあげられる。

○馬銭《まちん》の毒にあたるときは急いで冷水を呑ませる。

「馬銭」はマチン、有毒植物として知られている。その種子から生成して殺鼠薬に使われたが、犬にも効果てきめんであって、『和漢三才図会』の冒頭注意、本書でも犬の飼い方の第一注意事項、決して犬に食わせてはならないものとされている。

○狗が癩病《らいびょう》を発病したときは、桃の木の葉を搗《つ》き爛《ただ》らし、その皮毛に擦りつけ、しばらくして洗い去る。複数回繰り返せば治る。

○癬疥瘡《ひぜん》を生じたときは、好い茶を煎じて一夜冷やして後、洗う。

これらは『和漢三才図会』をそのまま引き写したものである。以下がそれに対して、鐘成独自の記事である。

○傷を受けたる時は、急いで小豆を煮て食わせよ。もし粒を嫌って食べなければ、よく煮えている汁だけでも飲ませる。ただし、よく冷して飲ませよ。総じて熱いものは犬には悪く、、冷えた物がよいとされる。かつ火傷・打瘍などにも小豆を用いてもよい。小さな傷は自分で舐りて直るけれども、舐ることができない所は癒えがたい。いずれにせよ、傷を受けたら小豆を煮てはやく痛苦を救ってやりなさい。犬が小豆を嫌うようであれば、鰹節をかき入れて食わせよ。

図10　たばこの軸

傷を治すにはまず「小豆」、しかも煮汁も必要である。現代では小豆はおもに利尿剤などとして使われると思うが、鐘成は傷を治す特効薬としている。しかも熱いのはかわいそうなので冷ましてやること、犬が小豆を嫌う時は鰹節をまぶしておけ、などきめ細かな指示がある。

犬を屋外で飼うとすれば、今も昔もダニ（壁蝨《だに》）、ノミ・シラミ（蚤蝨《のみしらみ》）、狗蝿《いぬばえ》に困るが、蝿の対処法として鐘成は次の処方を教えている。

> 多く老たる狗には犬蝿がつくものであって、およそ頸のまわりに蝿が群がる。この蝿を追い払うには、蝿は煙草のヤニを嫌うので、煙草の軸を編みて頸環《くびだま》（ネックレスのようなもの）を作り、犬の首に掛けよ。この趣向もっともよし。

とあって、たばこの軸で作ったネックレスを掛けるらしい。その図がなんともかわいらしい（図10）。

食べさせてはいけないものは「川鰕海鰕《かはゑびうみゑび》」。もちろん誤って食べた場合は「黒大豆の煮汁」を冷まして飲ませよ。ノドに魚の骨が刺されば飯のかたまりを食わせよ。「辛いもの」「酒粕」は夕ブーだ。

ベッドについては、「湿気を嫌うので莚《むしろ》、稈薦《わらごも》、明俵《あきだはら》の類を敷く」ということである。水は「鉢などに冷えたる水を湛《たた》へ置きて飲ましむべし」とある。現代でも関心が高い食事は、

平生の食用に強《こは》き飯ばかりを多く喰わせてはならない。なぜなら、犬は余った物を探し求めて喰う性質があるので、飽くまで生飯《きめし》（米だけで炊いたご飯）だけを食べさせていると病気になることがある。可能なら、お粥の冷めたものがよい。あるいは飯櫃《めしびつ》の洗い水、または新米の糠《ぬか》を水に練って与えるのがよい。豆腐のから、蕎麦《そば》、小豆粥《あずきがゆ》などもよい。

とする。もっとも気を遣うのが子犬の食事で、

生まれてしばらくの間は食事の「かけ引」に注意。小イヌの愛らしさに溺れて生飯ばかりを食べさせれば、上腹がはり出して、ついには病を発することがある。だからといって、餓えさせるのはまったくだめである。ただ程よく食を与えなさい。小イヌは人間の小児と同じだと心得なさい。

として、子犬の可愛らしさゆえに甘やかしてはならない、さりとて厳しすぎてもいけないという「駆

け引き」の心得が説かれている。

その他、過ちのない犬を虐めてはいけない、他の犬と喧嘩させてはいけないと、「梵網戒疏発隠」や慈鎮の和歌を引いて諭している。

## 2　犬の治療薬

そしていよいよ「瘈狗良方《きくりようほう》　犬の病を治す薬」が記される。古典世界で例を見ない犬の治療薬を執筆した理由を鐘成は、

> イヌを飼う人、多くはそのイヌが壮健の時は愛すけれども、病気になった時には治療したという話を聞いたことがない。そもそも、生きるものを愛し、その死を悼むのは仁の道なり。また、イヌに楽しみを与えることを「慈」といい、その苦を救うのを「悲」という。もっとも、人はこの慈悲の心は持ってはいるのだが、イヌの病苦を助けることができる良薬が簡単に手に入らないので、寵愛の犬が病に苦しんでいても、手を空しくして日を送ることになる。終には病が増長し、病苦に狂って人を咬んだりするようになる。この時になっては、飼い主さえもその愛犬を忌み嫌い、やむことを得ず遠き野に捨てたり、山に放ったりする。あるいは無慈悲にも撃ち殺したりするなど、哀れというも余りあり。

と語っている。至極もっともな動機であろう。動物病院とてなく、イヌの治療法や薬などの知識もない江戸期の愛犬家たちは、子犬の頃の可愛さを記憶しながらも、病にかかった老犬へ「やむことを得ず」無慈悲な対応をしてしまうのである。鐘成はそんな哀れな人間たちへも一定の理解を示しながら、イヌと人間の友情のために薬方を説くのである。まず「病犬の形状」が列挙されている。

○尾を垂れ下げるもの
○眼の色赤きもの
○舌黒く涎を流すもの
○鼻の先乾くもの
○頭《かしら》を傾け走るもの
○吠える声が出がたきもの
○眼《まなこ》昏《くら》むもの
○食欲のないもの
○人を避け、身を隠すもの
○舌を出して喘《あえ》ぐもの

最後の「舌を出して喘ぐ」イヌには注意が必要なようで、

ただし、夏の炎天に舌を出して喘ぐ事があるけれど、舌の色も黒くなく、目の色も赤くなく、ただ暑さに苦しむだけであれば、病気ではない。冷水を飲めば治る。

という注意がある。

以下が薬方である。

○瘈犬快生散《きけんくわいせいさん》

○用い方は、何にても食物にふりかけて飲ませる。もし食べなければ、鰹節の粉、生臭いものを少し入れて食べさせる。

○この薬は、イヌが時気不正の外邪を感じて、風犬・狂犬・癲犬《てんけん》・猘犬《せいけん》となるものを治療する妙薬である。先にあげた「病犬の形状」があるならば、重病にならないうちに急いでこの薬を用いて痛苦を救いなさい。ただし、病中の食物は小豆の粥を食べさせなさい。全快が速やかになる。

○猘犬潤和散《せいけんじゆんくわさん》

○用い方は、常の食物にふりかけて食べさせる。もし嫌って食べなければ鰹節の粉か、または生臭いものを入れて食べさせる。

○性質が短気で、ややもすれば人を咬もうとするイヌ、あるいは眼をつり上げてイラついた様

子で身をくるくる廻して、または少しの事でも外に行きたがるなど、総じて癇気が高ぶっている
と見えるものは、後には狂犬となることがある。前もってこの薬を与えてその性格を緩やかにし、
後の患苦を助けてあげなさい。

〇閉犬速開散《へいけんそくかいさん》

〇用い方は、食物にふりかけて食べさせる。もし食べなければ生臭いものを入れて食べさせる。
水で煎じて飲ませるのもよい。

〇犬が病気になってふさぎこみ、外に出ず、食物をも食べず、人にたとえれば無精気という形状
で、ただ何となく煩しそうに見えるイヌに用いる。速やかに閉じ塞いだ態度を開き、鬱を散じて
壮健となる。

〇柔狗《にうく》強壮散《きやうさうさん》

〇用い方は、常々の食物にふりかけて食べさせる。ただし一日に薬の目方を壱分ばかりずつ用い
る。

〇これはその性、質虚弱のイヌを健やかにし、痩せたイヌを太らせ、臆病な性格を治し、毛色の
悪いものは艶よく美しくする妙薬なり。ただし、風犬、狂犬のたぐいには用いてはいけない。

右四種、いずれも散薬のままでは食べないので、水で煎じたり食物にかけて飲ませよ。もっと
も、普通のイヌだけではなく、矮狗《ちん》、猫ともに用いてもよい。

以上が鐘成の記すところの犬の治療薬であるが、本書は最後に「瘈《き》犬《けん》咬《かう》傷《しやう》救《きう》愈《ゆ》散《さん》」という犬に咬まれた傷を速やかに治す薬の宣伝で締められている。「衆人かねて是を所持し給ふべし」や「生涯この薬が役に立たなければ、それはそれで僥倖だ」とか、「他人の嚙まれ傷を救はゞ陰徳だ」とか「山野にも咬む犬はいるので、他出旅行の客は携帯すべき重宝だ」との宣伝文句が並ぶ。もちろんその製造所は「大阪心斎橋通博労町北入二軒目　清水谷滄海堂精製」、すなわち鐘成自身であった。商魂たくましいと言わざるを得ない。加えるに、一切の痛みを止めるという妙薬の広告も載り、この日本最初のペット本は閉じられるのであった。

いかにも大阪人というお叱りを受けそうであるが、果たして現代のペット本にも商業広告はなきにしもあらず。是非この江戸時代のペット本をお読みいただいて、古今変わらぬ愛犬家たちのありかた、そして西洋医学に入る前の日本人とイヌとの接し方に思いを馳せていただきたい。

【コラム3】

# 流行り病との戦い――『麻疹御伽双紙』

麻疹絵《はしかえ》（コラム1の図1　15ページ参照）は文久クライシスの最中に刊行されたが、その少し前の文政六年（一八二三）にも麻疹は猛威を奮った。その時に刊行された戯作が『麻疹御伽双紙《はしかおとぎそうし》』（文政七年、江戸蔦屋十三郎、鶴屋喜右衛門・金助、山田佐助版、個人蔵）である。この文政の流行は文久クライシスに比べて軽度ではあったが、元禄三年（一六九〇）から四年末、宝永五年（一七〇八）、享保十五年（一七三〇）、宝暦三年（一七五三）、安永五年（一七七六）、享和三年（一八〇三）と一定間隔をあけて流行する麻疹への恐怖はあった。そこで登場したのが本書である。序文の代わりに作者が書肆山田佐助に宛てた二月二日付け手紙が冒頭にある。「尚々、廿七日出之御状昨日到来」「その夜、稿を起し」「発兌（発売のこと）急ぎ候事、肝心」とあり、一月二十七日に本屋から依頼されたこの作品を一夜にして仕上げたという事情を記す。戯作故の誇張はあろうが、それでも急いで作ったものであろう。それほど麻疹は恐怖であったのである。

御伽草子には異類合戦物と呼ばれるジャンルがある。鳥と獣が戦うなどの他愛もないものであるが、それを本書では「麻疹の神」と「薬種方」との戦いに転じたのである。

天上から麻疹神が降りてくる（図1）。当時の人々は麻疹神をこのように擬人化した。確かにヤバそうな面つきをしている。

麻疹神、人間世界へ来たり、人を悩まさんと西の海にて勢揃いして風雲に乗りたる図
大団扇は風を引かせるに用ゆ

「槌は頭痛をさせ腰ひきをいたませるに用ゆ」、「槖鑰《ふいご》、これは口中をかはかし、いききれ、せきを出しくさめをさせるに用ゆ」、「水《みつ》砲《てつほう》は腹を下すに用ゆ」、「縄は人の手足をしばりうごかぬよふにするに用ゆ」、「火床《ほど》、これは大熱を出す道具なり」という麻疹鬼たちの道具の説明がある。

麻疹鬼、風雲に乗りて世界を見おろし人を悩ます評議の図（図2）。

雲の上で麻疹鬼が「アノ娘は十六七と見へる　つけこめ〳〵」など恐ろしい相談をしており、望遠鏡で獲物を探す鬼は「この頃、嫁

図1　麻疹神

図2　麻疹鬼

図3　人に取り付く

図3の拡大図

相談があるが、おらが押し込むと延びとなるじゃ」と人様の不幸を願っている。そうとは知らず、人間達は「なにか今日はまだ寒い」とか「どふかぞつといふ気味だ。風でもひきはせぬか」と不安を語るが、迫りつつある不幸にまだ気がつかない。

はしかかみ下界へ来り人にとりつく図（図3）

麻疹鬼が下界に降りて人に取り憑こうとしている。取り憑かれた者は「折助どん、ぞつとする気味はなひか」と体調の不良を訴えだした。よく見ればこの麻疹鬼はコラム1で鍾馗にひっつかまっていた異形とよく似ている。

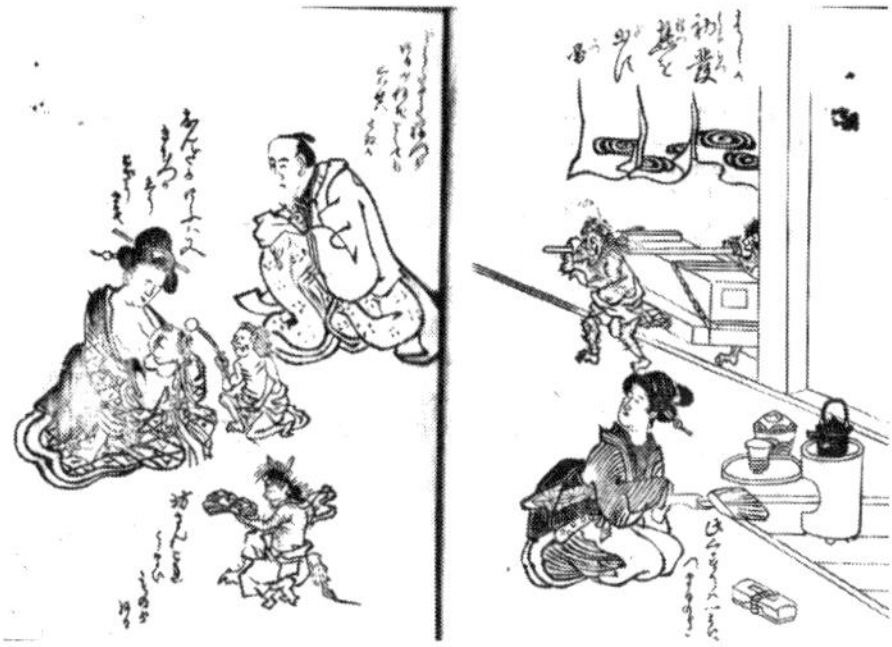

図4　発熱

図5　頭痛

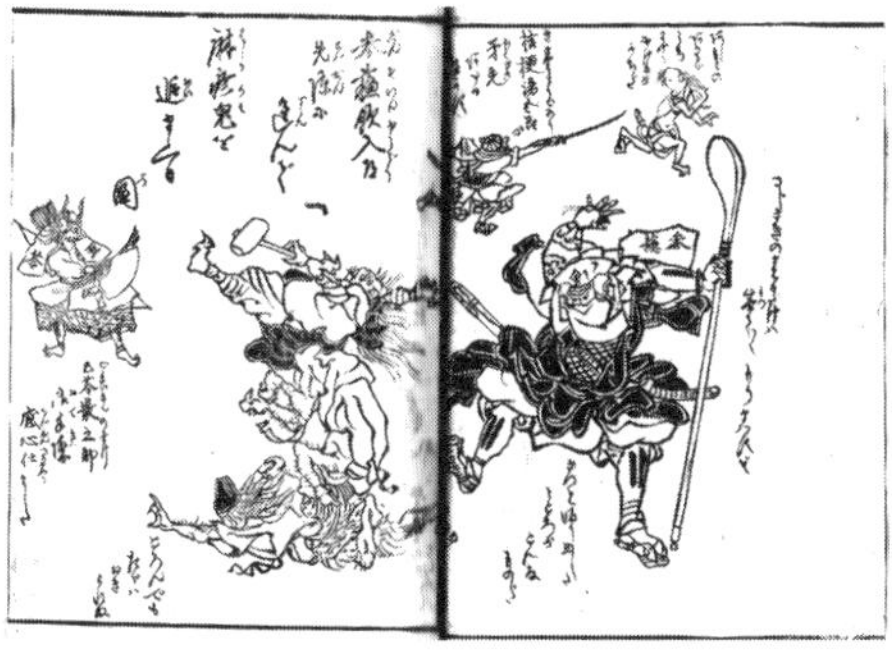

図6　参蘊飲入道

図7　涼膈剤助

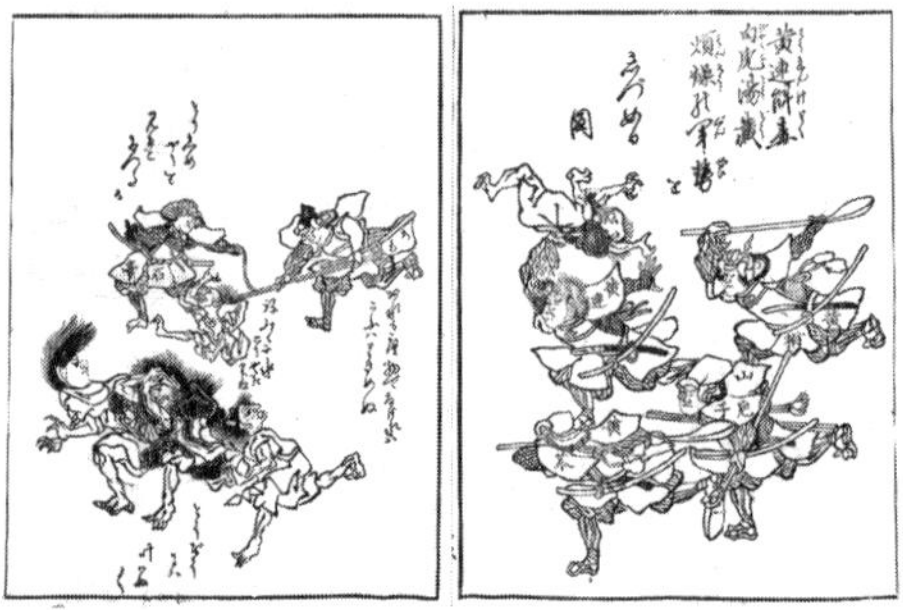

図8

はしか初《はじめ》　発熱《はつねつ》を出す図（図4）

いよいよ麻疹鬼が家に乱入する。しかも大量の道具まで運び入れる。乳をもらう赤ん坊にもとりつく鬼達。「坊さん、これうまいものがある」と鬼が差し出す手にあるものは天ぷらなどの当時のファーストフードで、麻疹流行の元凶とされていた。

麻疹鬼《はしかかみ》来《きたつ》て悪寒《おかん》頭痛《ずつう》をさせる図（図5）

「ぞくぞくして頭痛がいたします」という男性に取り憑く鬼たち、一匹は槌をふって「誰ぞ、ちつと代わつてくれろ」と熱心に頭痛をおこさせ、もう一匹は風邪を引かせるために扇いでいる。疫鬼が槌を持つのは古い大和絵の伝統である。

参蘊《じんそ》飲《いん》入道《にうどう》　先陣《せんぢん》に進んで麻疹鬼《はしかかみ》を追いまくる図（図6）

いよいよ薬種方の鬼退治。大将は升麻《しようま》葛根《かつこん》、まず先陣に参蘊が出た。桔梗湯と五苓散も。逃げ惑う鬼たち、小気味よい。

涼膈剤助《りうかくさいすけ》　大熱《たいねつ》の軍勢を退治する図（図7）

芒硝　山卮子　連翹　大黄、黄芩、甘草、はつかが鬼を駆逐する。鬼は「尻の穴から追い出されるのか、こいつは恐れる」とか「人をあまく見たらとんだ辛ひ目に遭った」と嘆いている。

黄連解毒《わうれんげどく》　白虎湯蔵《びやくことうぞう》　煩燥《はんそう》の軍勢をしづめる図（図8）

黄連　黄柏　山卮子　黄芩　石膏　もちがとどめを刺す。めでたし。めでたし。

# 第二章　江戸のガーデニング――近世における変化朝顔流行の諸相

変化朝顔とは、通常の朝顔とは異なり、花や葉や蔓が変化した変異種である。近世後期に二度、明治中期に一度、計三度の流行期を迎えた古典園芸植物で、近年でも国立歴史民俗博物館（佐倉市）の展示を契機に栽培人口が増えてきている。この変化朝顔の流行については、筆者（平野恵）は二十年以上前から研究を進めてきており、「朝顔品評会のはじまり」（『台東区史　通史編Ⅱ』）や国立歴史民俗博物館「伝統の朝顔」展（一九九九年・二〇〇〇年開催）において、近世における第一次流行期を文化・文政期、第二次流行期を嘉永・安政期として考察した。その後『十九世紀日本の園芸文化』において、近世における二度の流行期の区分に沿って朝顔図譜と番付を可能な限り提示し、さらに大坂・名古屋の状況も加えて考察した。このほかにも幾度となく変化朝顔に言及する機会を得ているため、本稿においては変化朝顔の流行の概略を述べるのにとどめ、近年入手した大坂の朝顔についての新出史料を加えて改めて変化朝顔の歴史を考察したい。

## 第一節　第一期変化朝顔流行――文化・文政年間

### 1　江戸における流行

変化朝顔の最初の流行は、文化・文政年間、十九世紀初頭に訪れた。代表的な史料に、文化十四年（一八一七）の『朝顔叢』（「あさかほ叢《そう》」）が挙げられる。本書により、朝顔流行が大坂で始まった後に江戸に伝わった点、江戸の「朝顔花合《はなあわせ》（品評会）」の開始時期、朝顔流行を担った文人の存在が確認できる。個々の朝顔を、形と色を示して図譜化したもので、十八世紀の上品な風合いをのこした史料である。その特徴は、白い花の輪郭を表現するために空摺《からずり》（版木に絵の具をつけずに強く刷って、彫り跡どおりの凹凸を出す技法）を用いるなどして、手間をかけた豪華な印刷技術である（図1）。ただし、朝顔図は載るものの品評会に出品した個人名が記されないので、栽培の担い手が不明である。これは大坂で既に板行されていた図譜、文化十二年刊『花壇朝顔通』、同年刊『牽牛品類図考』の形式に倣ったためであろう。大坂との類似は、序跋に文人の文章を添える点でも共通する。

本書の著者・四時庵形影《しじあんけいえい》は、畑銀鶏《ぎんけい》編、天保三年（一八三二）九月刊の人名録『書画薈粋《わいすい》』下巻に、次のように紹介される（図3）。

俳諧　名通卿 号滑稽道人　浅草広小路四時庵形影
伊予ノ人。元狂歌ヲ菅江ニマナヒ、中頃俳諧ニイリテ独歩ノ
蕉門ヲ唱フ。又仮名ノ詩ヲツヾル。

浅草広小路（現、東京都台東区雷門付近）に住んだ俳諧師で、狂歌を朱楽菅江に学び、独学で蕉門を名乗ったという。本書『あさかほ叢』の巻頭では次の句を寄せる。

朝顔や硯にはねる窓の露　四時庵老人

図1　『あさかほ叢』（架蔵）

このほか大田南畝も狂歌を寄せてはいるが、図も四時庵形影が描き、一人で作り上げた感が否めない趣味的な書物である。朝顔に限らず園芸書は、趣味本的な性格が強く、仲間内に配布するために豪華な装丁を持つ場合が多い。こうした点で『あさかほ叢』は、他の園芸書と装丁の点では同じである。しかしながら大坂の図譜『牽牛品』『牽牛品類図考』（図2）や、第二次流行期の図譜『三都一朝』などの場合、発行元が編者の「蔵板」、つまり私家版であるのに対し、本図譜は、書肆に請われて題言を付し山城屋佐兵衛、大羽屋弥七という江戸の本屋から発行されている。大坂の図譜は三軒の本屋が「製本書林」として名を連ね

ているので、純粋な私家版とはいえないが、本屋が出資したという時点である程度流通したであろう点は推測できる。

さて同じ頃、文政元年（一八一八）にはもう一つの朝顔図譜『丁丑朝顔譜』が江戸で出板された（図4）。文化十四年の序によると、筆者・与《よ》住《ずみ》秋水《しゅうすい》が主催した前年秋の浅草大円寺の花合の会が、江戸における最も早い朝顔花合の事例だと述べる。筆者自らが主催したので、左右に分け等級を定めた点など具体的な記述が目立ち、この秋（文化十四年）も浅草寺の花合など三度花合を主催し、出品朝顔を中心に、そのほか珍しい品種であれば採用し、友人濃淡斎に図を依頼して本書を作ったとある。

与住秋水は土浦の人で、浅草天王寺横町（現、東京都台東区蔵前）に住んだ医師である。秋水は、別に文政元年に『朝貝

図2　大坂の図譜『牽牛品類図考』（国立国会図書館蔵）

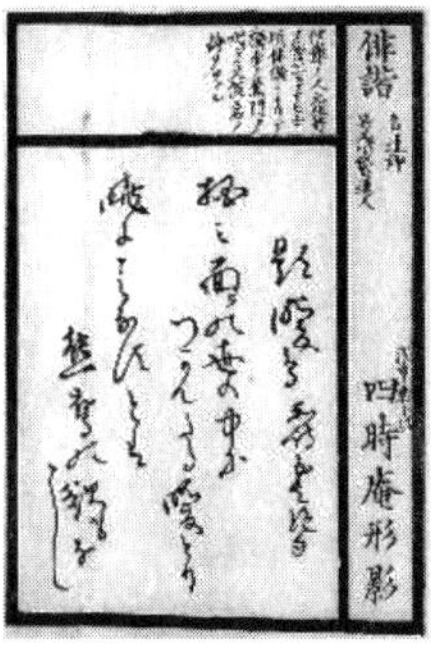


図3　四時庵形影（『書画薈酔』下巻。台東区立中央図書館蔵）

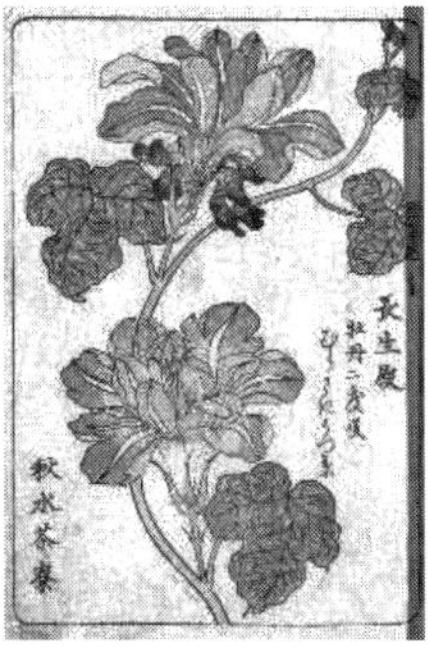


図4　秋水茶寮（与住秋水の号）の朝顔（『丁丑朝顔譜』国立国会図書館蔵）

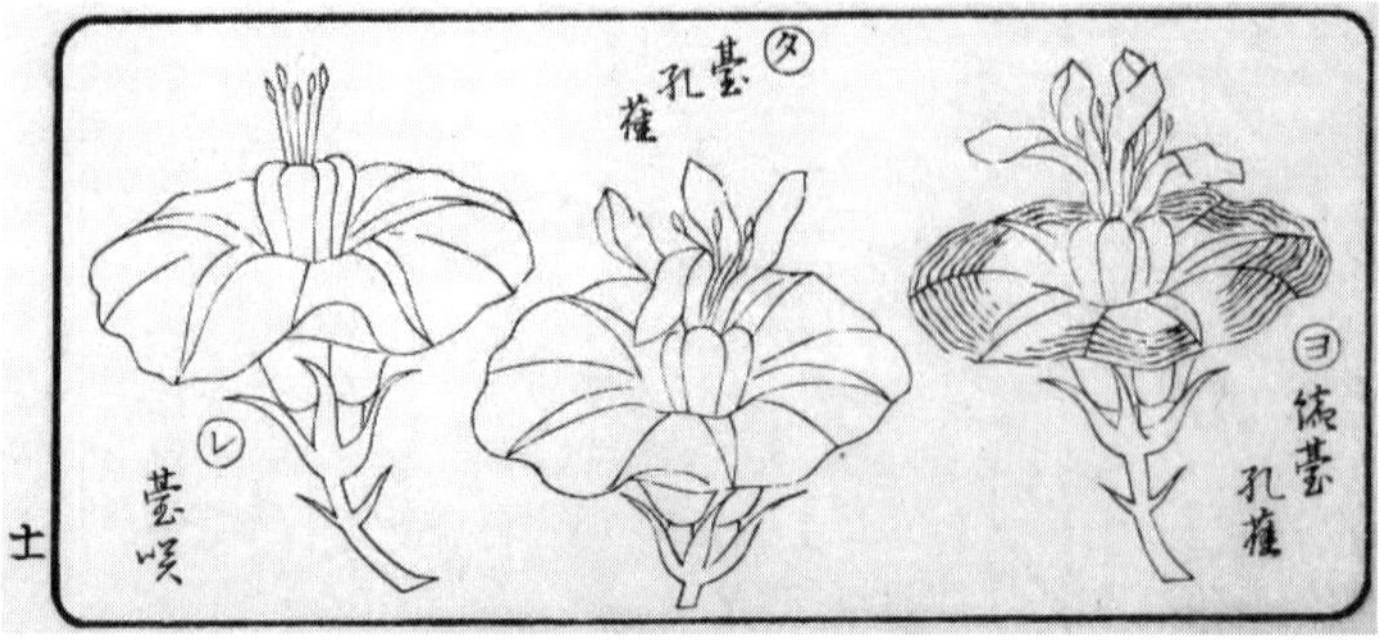


図5 『朝皃水鏡前編』（明治32年の復刻版。架蔵）

（牽牛花）水鏡前編』という朝顔栽培の手引書をも刊行している（図5）。図も『丁丑朝顔譜』と同じ濃淡斎洞水が手掛けた。『朝皃水鏡前編』にある伊沢蘭軒による序には、秋水はもともと自宅の庭で朝顔の栽培技術を研鑽し薬草栽培に熟練していたため、近年の流行に乗じて栽培を始めたばかりの人々の拙い技術を見るに見かねて、本書を著すに至ったとある。秋水は、『丁丑朝顔譜』に序を寄せる大田南畝とも交際し、『あさかほ叢』『丁丑朝顔譜』ともに、大田南畝や伊沢蘭軒など当代一流の文人や学者の力を借りて出板したことがわかる。

『丁丑朝顔譜』は『あさかほ叢』と違い、与住秋水や向島百花園など数名の名と居住地が判明し、また、植市・植金など、「植」を冠する名から植木屋と推測できる五名の出品者が認められる。『丁丑朝顔譜』にみられる出品者名、地域、朝顔名を載せるという形式は、大坂の図譜にはない新しい形式である。そしてこの形式は後々にまで影響を与えたため、以降に制作された朝顔図譜の模範的印刷物として位置付けられる。

ところで、朝顔は図譜と並行して品評会の文字情報だけの相撲

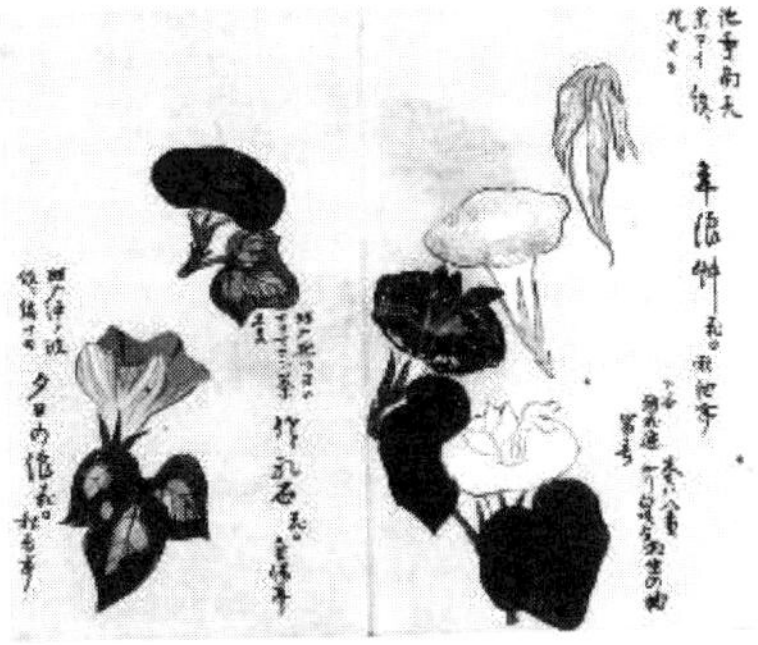

図6　朝顔連『朝顔図譜』（西尾市岩瀬文庫蔵）

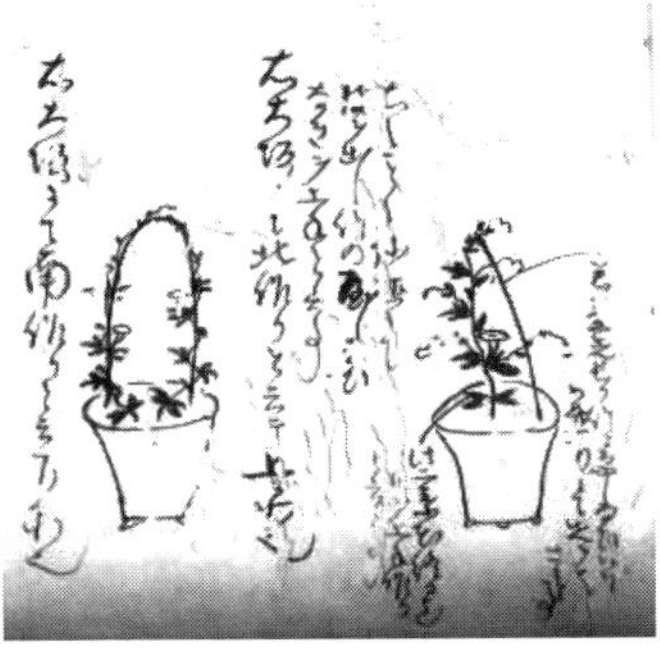

図7　『浪華朝顔作方聞書』（架蔵）

見立番付も板行された。江戸における早い例では、文化十四年六月二十三日開催「槿花合」や、文政元年七月五日「朝顔花合位附」、文政八年七月二十一日「朝顔花合」などがあるが、第二次流行期の番付に比較すると板行数は少ない。

第一次流行期の後半、文政七年成立の西尾市岩瀬文庫蔵『朝顔図譜』は、本所林町（現、東京都墨田区立川）の愛好家・朝笑堂《ちょうしょうどう》による朝顔図譜であり、前二書と異なり写本で伝わっている（図6）。序文には、『朝皃水鏡前編』や『丁丑朝顔譜』に漏れた花や葉があるのでかねがね珍しい花を図示したいと思っていたが、今年（文政七年）は例年になくよい朝顔が出来たので、自分は画家ではないが、花・葉の形、色彩を正確に写すことを心懸けたと述べる。

本図譜は、同好の士の集まりで、よく地域名を冠して結んだ党、「連」について説明がある点が最大の特徴である。序文には、花合の開始から文政七年の現在まで、年々珍しい花を作出した人々を選び「華丸の一連」を定めたとある。

「華丸の一連」は、図譜中で「花〇」と印が付された人物を指し、このうち住所がわかるのは、著者、本所林町の朝笑堂と他の番付で本所在住と判明する朝詠堂のみであった。しかし、「南水運」「下谷朝花連」の名も史料に登場し、「華丸の一連」のほかに朝顔の「連」の存在が複数確認でき、同好会が一定の地域で結ばれつつある過渡期の図譜といえる。

## 2　大坂における流行――『浪華朝顔作方聞書』

次に、近年筆者が入手した新出史料『浪華朝顔作方聞書』を紹介する。書写者、聞き取りの相手もともに不明であるが、板本ではわからなかった地域による栽培法の違いが判明する。わずか六丁の綴りなので、206ページ以下に全文を翻刻した。以下では、支柱の立て方と、分類の方法に着目して解説する。

支柱の立て方は、第三丁表に図とともに二種類が示されている（図7）。一つ目は、

**もし蔓先長ク竹ニ而やしな（養）ひ候ハヽ、如此□□（虫損）（「一本」カ）ニて先ヲはさミ候事。**

と、蔓が長く生長して、竹の支柱で支えれば、図のように蔓の先頭を（竹ひごなどで）挟むとよいとある。次に、

**此二葉花終る迠アルヲ上手作りト云候事。**

と、本葉が生い茂っても花が枯れるまで子葉を残し続けることを「上手作り」ということある。そして、右側の鉢植の仕立て方の大坂地域の呼称を紹介している。

**右のごとく鉢植ニて枝ヲ出し、竹のやしなひなきヲ上手と云事。右大坂ニて北作りと云テ上品也。**

図8　『花壇朝顔通』口絵（国立国会図書館蔵）

図9　『牽牛品』二編、鉢植之全図（国立国会図書館蔵）

説明文によると、枝（蔓）を生長させて、「竹のやしなひ」つまり支柱がないものを「上手」といい、大坂では「北作り」というとある。支柱そのものを取り払ってしまえば立つことさえままならないことから、支柱をなくすわけではなく枝に隠れて目立たないものをいうと筆者は解釈した。大坂の朝顔図譜、文化十二年（一八一五）刊『花壇朝顔通』の口絵（図8）にも、本書にある「北作り」と同じく、蔓が二方向に向いて仕立てられ、支柱そのものが目立たなくなっている。この支柱を隠す栽培法は、観賞に重点を置いた飾り方といえる。

左側に描く二つ目の支柱の様式は、アーチ状のものである。

右大坂ニて南作りと云、下品也。

細かい説明はなく、「南作り」といい、下品だと断定している。これも、『花壇朝顔通』の四年後の文政二年（一八一九）に刊行された『牽牛品』二編の「鉢植之全図」（図9）に、同様の形状の支柱が描かれている。このように、「北作り」「南作り」ともに、同時代の図譜との相似から、文化・文政期の大坂の仕立て方と考えられる。

次に、分類の記載に目を向けたい。第三丁裏から第四丁表にかけて、葉の変化（葉替り）と花の変化（花替り）をあらわす単語が列挙されている。意味を通じ易くするため、括弧内に漢字を付記した。

一、葉替之名大抵　常葉　紅葉は　黄葉　ふ（斑）入　細葉　ところ（萆薢）葉　いも（芋）　あふひ（葵）　かりがね　いさは（斑葉）　染分　ひらぎ（柊）　なんてん（南天）　七五三

一、花替之名大抵　丸咲　か丶へ（抱え）　しぼり（絞り）　かすり（絣）　台咲　ち丶み（縮）　ひうしく（不明）　ひよく（比翼）　りんどう（竜胆）　巻絹　梅　さくら（桜）　かざし（扇をかざすこと）　五手船《いずてぶね》又桔梗トモ　猩々頭　ちよく（猪口）　牡丹　獅子　みだれ　吹ぎれ　ひげ　孔雀　柳葉　古渓　防蘭（棒蘭）　うつ（宇頭）川

このように葉の変異と花の変異をそれぞれ列挙する記載形式は、文化・文政期の特徴である。同じ

記載形式の記事は、京の本草学者・小野蘭山が享和三年（一八〇三）から文化三年（一八〇六）にわたって出板した『本草綱目啓蒙』、江戸の本草学者・岩崎灌園による文政七年序刊『武江産物志』にも見られ、また前述の与住秋水の『朝皃水鏡前編』も、「花の部」「葉の部」に分けてその特徴を列挙している。これらの史料に共通する花形の分類名「牡丹」「獅子」は、現代でも分類名として用いられ、また例えば反物の形状から名付けられた「巻絹《まきぎぬ》」や、播磨の地名「宇頭川《うづがわ》」など雅語に由来する名は、文化十四年刊の朝顔図譜『あさかほ叢』にも見られるものである。さらに咲き方を表現するのに、「梅」「桜」など他の植物の名を借りるのも当時の通用であった。幕末期の第二次流行期の際はさらに変異が複雑化していったため、こうした単純な名称は姿を消す。変異の複雑化にしたがい、葉と花の組み合わせに加え、咲き方、色の追記も一般的になっていった。第一次流行期の変異の名称は単純であり、古典に名の由来を求める傾向にあったが、この方法では複雑な変異を充分に表現できないとしたためであろう。

以上のように、仕立て方の形状と単純な分類用語の採用によって、本史料の成立時期は、第一次流行期の文化・文政期と結論づけられる。

## 第二節　第二期変化朝顔流行──嘉永・安政年間

### 1　江戸における流行

江戸における第二次流行期は、嘉永・安政年間（一八四八─一八六〇）に訪れた。実をいえば、もう少しさかのぼった弘化四年（一八四七）の番付「朝顔花合」が存在するが、ここでは便宜的に嘉永・安政期とする。本稿では省略するが、江戸以外の都市、大坂・名古屋でも第一次流行期が文化・文政年間であり、第二次流行期も天保末から嘉永・安政年間であり、流行年代が一致するという興味深い傾向がある。

第二次流行期の大きな特徴は、印刷物が第一次流行期に比して非常に多く板行され、かつ多様な形式を持つようになった点である。嘉永四年（一八五一）開催の番付「朝顔花合」（図10）は、相撲見立番付として典型的な縦型の形式を持つ。ただし、墨一色の味気ない番付とは異なり、枠線を山吹色、文字を青色にするなど工夫がほどこされ、かつ色刷りにしたことから板行に金銭をかけている点がわかる。ここにはところどころに「植平」「植文」などといった「植○」と

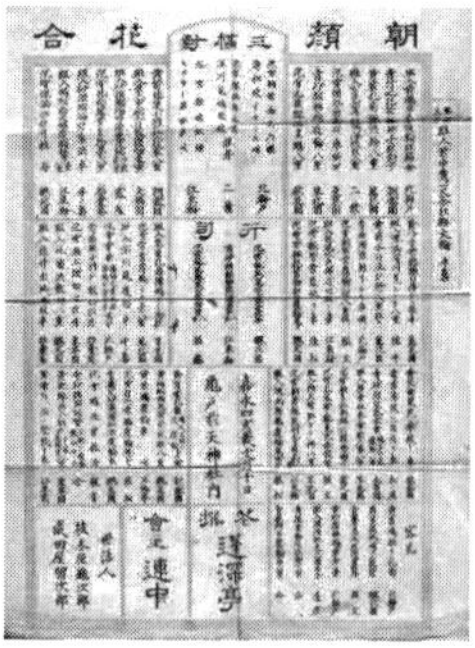

図10　「朝顔花合」嘉永4年7月10日開催（架蔵）

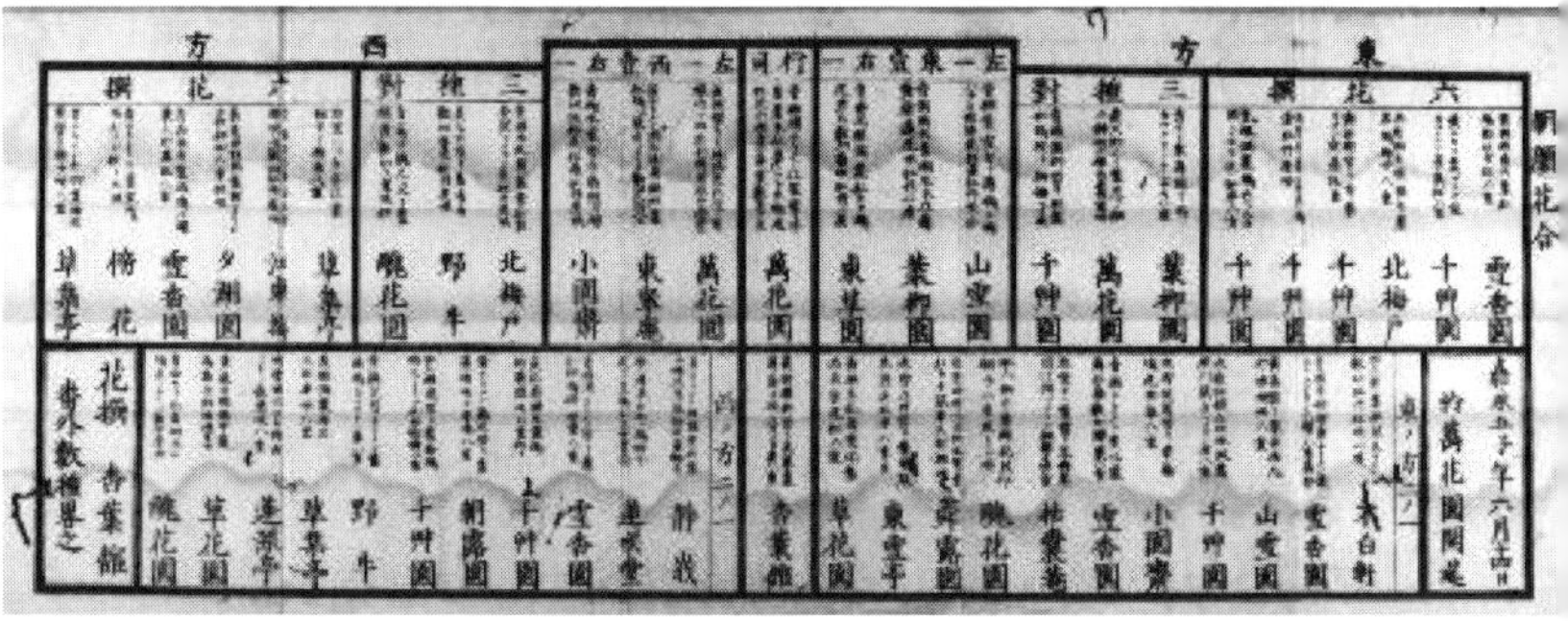


図 11 「朝顔花合」嘉永 5 年 6 月 14 日開催（架蔵）

いう表記があり、これは植木屋の名に相当する。趣味の文化であった変化朝顔の世界に、栽培をする職人でもあり自園で販売もする商人たる植木屋が介入してきたのである。世話人のうちの一人は、嘉永・安政期のキー・パーソンである植木屋の成田屋留次郎である。成田屋の名は、本番付が史料上の初出である。

ところがこの番付の一年後、嘉永五年の品評会の番付「朝顔花合」（図11）は、「植〇」という表記の植木屋の名が見当たらない。行司を、会開催の場の提供者、本所菊川町の旗本・万花園が務め、世話人・会主の明記はなく、二段組横長の珍しい形式をなす。背景にうっすらと墨流しの文様が付けられており、上品な趣を有す。キー・パーソンが登場した翌年にもかかわらず、ほかの植木屋名も載せない本番付は、意図的に植木屋を排除したと位置付けられる。旗本など身分による集まり、または本所地域が多いので地縁的な集まりのなかの品評会と考えられる。

第二次流行期は、植木屋・成田屋留次郎抜きには語れない。花合を開催できる条件としては、奇品（珍しい品）を出品しなければならず、そのためには多くの品種数を常に維持しておく必要が

図12　秋叢園出品の朝顔『三都一朝』下巻（架蔵）

あった。これを実践するため、成田屋は大坂へ赴き多くの種子を購入することに成功した。『日本園芸会雑誌』の回想によれば弘化四年のことらしい。

この成田屋を一躍有名にしたのは、嘉永七年七月板行の『三都一朝』である。本書は、書名のとおり大坂・京・江戸の変化朝顔愛好家の自慢の品種を掲載した板本色刷りの朝顔図譜である。ただし、京・大坂は全体の五％程度で、江戸の愛好家が多くを占める。図12は、大坂秋叢園の「斑入南天ブドウネズミ爪紅白糸覆輪台菊咲牡丹度咲」である。花・葉・蔓の色と形がわかるように、半丁に一花ずつ掲載している。成田屋は引き続き安政二年（一八五五）に『両地秋』一冊を、同四年（一八五七）に『都鄙秋興』三冊を「成田屋留次郎蔵板」、つまり私家版として板行する。『両地秋』の「両地」とは大坂と江戸を指し、『都鄙秋興』の「都鄙」は、都会と田舎、具体的には江戸と宇都宮・行徳など近郊都市である。立て続けに板行されたこれらの朝顔図譜は、全丁彩色刷りの美麗な書物である。画は、『両地秋』は不明であるが、『三都一朝』は南画家・田崎草雲、『都鄙秋興』は谷文晁門人・野村文紹など著名な絵師が手掛けた。こうした贅沢な書物は、従来、愛好家同士で所持する程度のわずかな部数を印刷するものであったが、『三都一朝』などは、図書館等で多くの所蔵があることから、従来より多くの部数を印刷したに相違ない。私家版ではあったがこれらの図譜は、出品者以外でも入手を望む人口が多かったに違いない。そして版元である成田屋は、図譜の制作にあたり、有名絵師を雇った時点で、図譜の販売も意図していたと考える。

成田屋の図譜の特徴、「葉・花の色・形を列挙した花名と出品者名を、半丁に一個体掲載し、小本の大きさの私家版」という形式は、明治時代の朝顔図譜にまで影響を与えた。同時代でも成田屋の図譜を真似て制作した二点の図譜がある。嘉永七年八月序刊の『朝顔三十六花撰』と、文久元年（一八六一）九月刊『朝かがみ』である。前者の絵師は、博物画の名手として著名な服部雪斎で、後者は「葛通斎文岱」という、おそらく文晁門下の絵師である。興味深いことに、この二点の朝顔図譜は、図11において紹介した番付の特徴と同じく植木屋を排除しており、かつ本所地域の出品者が多い図譜となっている。しかしながら、『三都一朝』に比べて現在残存数が少なく、この点も仲間内だけの流通に過ぎなかったことの証明となろう。

## 2　大坂における流行――『蕣花秘書』

第二次流行期における大坂の史料は、江戸のそれに比べると極端に少ない。図譜としては、成田屋留次郎に直接影響を与えた嘉永六年（一八五三）六月五日、秋叢園による『朝顔花併《はなあわせ》』のほかにはめぼしい史料は見当たらない。番付においても、複数の番付を切り貼りした『朝顔花競』（国立国会図書館蔵）によって約十四点の番付の存在が確認できる程度である。このようななか、筆者が近年入手した安政三年（一八五六）十一月十四日に写された写本『蕣花秘書』を次に紹介したい。

内題には「秋叢園口伝」とあり、扉には「蕣花秘書／茗軒」とある。奥書には、

右穐叢園初而面会之節口伝承る処也。すみ屋五郎助とてすみ五郎といふ書林のよし也。本姓　大
坂上町南革屋町　山内五郎助
安政三丙辰年十一月十四日記ス。
茗翁□(虫損)

とあり、「すみ屋五郎助」あるいは「すみ五郎」と名乗る大坂の書肆・山内五郎助＝秋叢園で、初対面の際、秋叢園の口述を筆写したのが、奥書を記した「茗翁」と名乗る人物とわかる。最後尾に貼紙にて以下の文言も追記する。

(貼紙)「安政柔兆狁徐相天
「槿花／長者／穐叢園(朱文方印)」
槿花長者／穐叢園
茗軒藤茂もと篆」

そして本文とは異なる筆で、次の奥書がある。

本冊ハ先考酔茗翁之秘笈也。茗翁篆刻之杖ヲ以テ当時ノ雅客ノ間ニ文友多カリシト。依テ秋叢園

ノ訪ヲ受ケタルナラン。茲ニ故翁刻候トコロノ印譜一葉ヲ添付ス。是秋叢園之章也。
　明治二十三年後記

これによると、本書の書写者・茗翁は、篆刻家で、当時多くの文化人と交流を持った。そのうちの一人が秋叢園であろう、と茗翁の跡を継いだ人物、おそらく茗軒という人物が明治二十三年（一八九〇）に記し、「秋（穐）叢園」の印章を呈示したとわかる。

内容は、変化朝顔の栽培書で、209ページ以下に翻刻した。本書の特徴は、大坂地域における変化朝顔に特化した栽培書である点である。素人向けの栽培書ではなく、上級者を対象に、的確なアドバイスを旨とした内容となっている。初出史料のため、用語の解説をまじえて紹介する。

まず、親木の情報である。親木というのは、観賞価値が高いが種子を結ばない個体を保持するため種子採取用に必要なものである。

**一　親木は、上紺青葉を上々とす。是より変化して井出・鳩之類を生ず。其外色かわりを産すものは上紺にかぎるべし。**
**薄鳩の類はかわる事なかるべし。**

ここでは、親木の選定上、濃紺色が上等で、この親木から、山吹色の「井出（手）」や山鳩色（黄味がかった緑色）の変異種が出るという。

車、牡丹、獅子咲きの珍しい種子は、親木を瓦石の間に植えたり水を枯らせ気味にしたりして、痛めつけた後に、結実したものを得るとよい。

大坂という地域性を表現した文に植木鉢の項目がある。

**一　植木鉢は、高さ七寸ばかり、渡り（直径は）五六寸ばかり。素焼にて是は上方製にてこれをよしといへるにはあらざれども、底深く根張安く小鉢はよろしからず。**

ここでは、上方製で良質とはいえないが、とわざわざ断っている。朝顔に最適の植木鉢は、低い焼成温度で焼かれた瓦質の植木鉢である。この生産地は、古代・中世以来、浅草寺など寺院の屋根瓦に使用された隅田川沿岸の土を材料とするため、近接地域の名産品となった。明治期の坂本村（現、東京都台東区入谷・北上野・根岸にわたる地域）は、明治五年『東京府志料』によれば、「牽牛花」、「土焼牽牛花鉢（朝顔用の植木鉢）」、また植木鉢と同じ材質から成る、「土焼手遊物」「燈明土器」が名産品に挙げられている。このように地域の名産品が、朝顔栽培に欠かせない容器としての植木鉢に転用されたのである。

現代の栽培において、二葉の時点で、変異を見分ける方法がある。これを、大坂秋叢園も行っていた事実が次の文で知られる。

一　植（虫損）よふは、二葉のうちにしほ（絞）り、かはり色、獅々など初より知れ安きものあり。替り花、二葉にて見わけ等閑落す。

二葉のうちに、絞り、色、獅子咲きを判明できるものがあるという。ただし、肝心の見分け方を聞き取り者・茗翁は、聞き落としている。

このほか、日に当てすぎると褪色する点や図示して鉢間で離して植え替える点（図13）など、変化朝顔限定でない一般的な栽培注意事項の記事なども見られた。

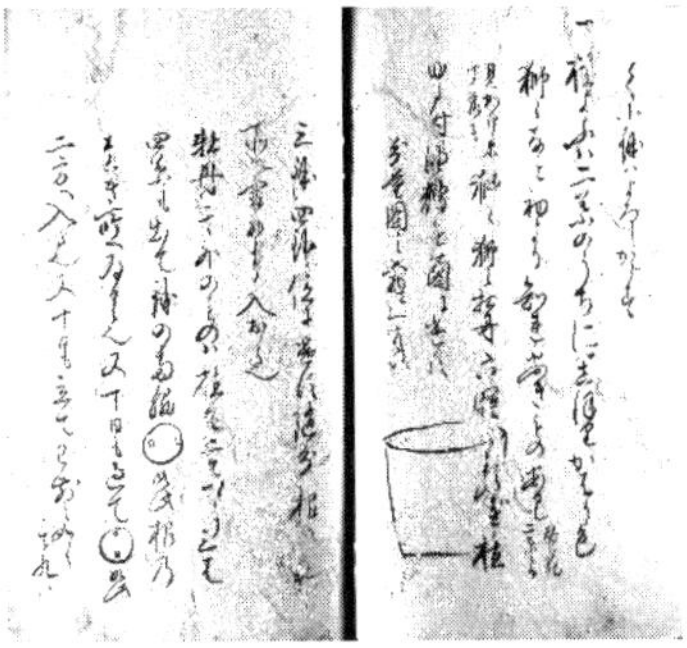

図13『蕣花秘書』（架蔵）

逆に変化朝顔ならではの記事に、「花合」と呼ばれた品評会出展用の品の準備について記載がある。

一　咲せやうハ先ツ明後日会あらハ今日より明後日咲く莟を見立其鉢の水気をひかへてかわき勝ちにいたし、最早翌といふ夕かたにたつふと水を遣る也。かくのことくいたせハ花の勢ひよろしく花形も崩れす能緑出して咲く也。

二日後の品評会に咲くと思われる莟を見定め、鉢の水気を渇き気味にし、明日が本番という前日の夕方に水遣りをたっぷりとすると、当日は花形も崩れず、鮮やかな緑色を発色するという。極めて玄人向きの技術である。次の二葉観賞の注意点も、変化朝顔独特の情報である。

**一　手もちは、二葉のいつ□（虫損）ても付きたる（虫損）□（虫損）上手のよふに申候へとも今は左様にも□（虫損）しよふに承る。是は朝詠《なが》め仕舞へば元の所へ戻しおくべし。もし一日昼前後までも家内へ居きて其後元へ戻せばたちまち二葉枯れ落る也。**

二葉がいつまでも枯れ落ちないで残っている点に観賞価値を見出している点が興味深い。しかも最近はそれほど観賞価値は高くなくなっているといい、価値が時代とともに変化している点もわかる。そして「家内」と述べていることから室内でも観賞しながら、美観を整えるため室外における養生に留意している様がよくわかる。

本書を口述した「秋叢園」とは、大坂の著名な朝顔栽培家で、前述のとおり第二次流行期の仕掛け人・成田屋留次郎が参考にした『朝顔花併』を著した。弘化二年（一八四五）の大坂開催の番付「朝顔花合」では、「整史　穐叢園」とある。安政四年刊の成田屋が編んだ朝顔図譜『都鄙秋興』にも、唯一関西から出品している重要人物である。こうした人物の栽培法が垣間見られる本資料は、前述の『浪華朝顔作方聞書』以上に、変化朝顔流行史上重要である。

## 第三節　「奇品」としての朝顔

### 1　「奇品」としての朝顔

文化・文政期の流行の後、朝顔図譜は、嘉永七年（一八五四）まで存在しない。流行衰退の理由としては、天保改革の影響や、大塩平八郎の乱（天保八年二月）によって、大坂の朝顔と江戸のそれの交換がされなくなり衰退した可能性がある。江戸と大坂の交流が再開した第二次流行期である嘉永・安政期の変化朝顔は、文化・文政期のそれに比して変異の発現の度合いが大きくなり、第一次流行期を上回る勢いで流行した。

二つの朝顔流行期にはさまれた空白期にあたる天保年間は、朝顔の奇品（珍しい品）を維持できなくなったために、愛好家は変化朝顔に魅力を感じなくなり、別の植物に関心を移していった。万年青《おもと》・松葉蘭などがこれに当たる。そして、この天保期に流行した万年青・松葉蘭の愛好の度合いが行き過ぎて高額で取引されるようになり、ついに禁令が出されるに至る。松葉蘭は、蘭と名乗るも実はシダ植物の一種で、手の油で弱るのを防ぐために図14に見られるような「ほや」という金属製の籠型の覆いをして装飾性の高い植木鉢に植えて観賞し、愛好家間で図譜を制作した。現代において「古典園芸植物」「伝統園芸植物」と呼称され、高額で取引されている植物である。

図14　松葉蘭の図譜『竺蘭伝来富貴草』（架蔵）

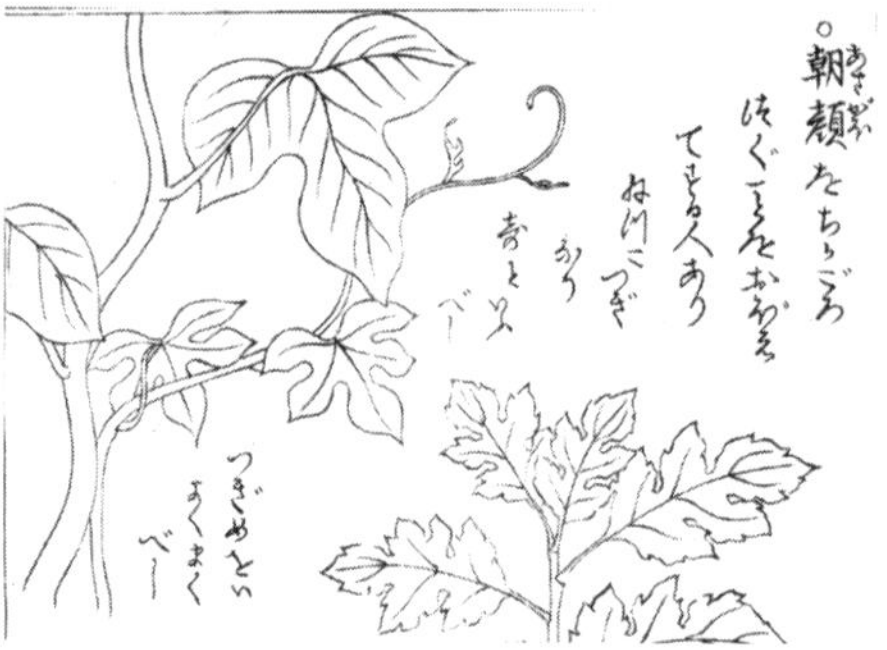

図15　朝顔の接ぎ木『金生樹譜別録』巻三（国立国会図書館蔵）

これに対し変化朝顔は、一年草で珍しい個体が消滅してしまうこともあって、現代では「奇品」とは認識されていない。しかしながら近世における変化朝顔は、これまで見てきたとおり愛好家間の図譜の制作という点では、「奇品」と呼ばれるのにふさわしい状況であったのはたしかである。

また変化朝顔について、現代人が「人工交配を行った結果、変化朝顔が作出された」という誤った認識があるようだが、近世の文献には人工交配の記録は一つもない。変化朝顔の変異が遺伝の法則にのっとって栽培された見かけであるのは、長年の経験に裏付けられた知識をもとに実践してきたからである。さらに、変化朝顔の変異がより複雑になり、栽培人口を多くしていった要因には、単なる愛好家ではなく利を求めて生産する植木屋や植物知識を有する本草学者の介入が考えられる。

図15に掲げたのは、朝顔の接ぎ木の様子である。出典は『金生樹譜別録』巻三で、その名のとおり、「金のなる植物」について栽培法を記した書物である。著者は長生舎主人、すなわち考証学者・栗原信充《のぶみつ》である。本草学者とも交流が深く、また浅

草花屋敷創設者の植木屋、森田六三郎とも親しかった。該当部分は、他の接ぎ木法に交じって朝顔の例が示されている。

○朝顔をちかごろ（近頃）つ（接）ぐことをおぼ（覚）えてする人あり。ね（根）つこつぎなり。奇といふべし。つぎめをば、よくま（巻）くべし。

近頃朝顔の接ぎ木をする人がいて、継ぎ目をよく巻くとよいとある。著者自身が「奇といふ」と感想を述べているとおり、あまり聞いたことのない技術であるが、奇を求めるあまり、接ぎ木で珍しい品を入手しようとする想いが見受けられる。本書の流布本は刊行年不明のものが圧倒的であるが、架蔵本と甲南女子学園上野益三文庫蔵書に「文政十三年（天保元年・一八三〇）庚寅八月」の奥付がある板本があるため、成立は文政十三年と判明する。そうだとすれば、この「近頃」が指す時期は、変化朝顔第一次流行期を迎え、多くの変異品を入手しようとする動きと連動している。

## 2　本草学者の行動――「採薬記」と平賀源内の薬品会

次に視点を変えて、本草学者の行動が変化朝顔の普及に一役買った点を述べていく。古代・中世・近世初期までの長い時代、朝顔の花色は青一色であった。やがて近世初期に白色が出現し、さらに同じ蔓に白と青の花の出現、あるいは花弁の一部が扇形に白色に抜ける花が出現した。この花色の変

図16　変化朝顔（国立歴史民俗博物館くらしの植物園にて撮影）

異を現代では「咲き分け」と呼び（図16）、また最初に出現した地域に由来して「松山朝顔」ともいう。この「松山朝顔」の初出は、享保・元文（一七一六〜一七四〇）の採薬記『採薬使記』に登場する。『採薬使記』は、国別に薬草の記事があり、「備州之部」には、

照任云、備州松山ト云処ニ珍シキ牽牛花ヲ生ズ。花葉ノ形ハ古来ヨリ有来リニ同ジ。丈長カラズ。三四尺位ヲ根トス。花色白ト紺ト咲分ケ、或ハ白地ニ紺ノ細キ星入リ、又紺ノ細キ筋モアリ。其年ノ子ニテ又生シ花咲ク。近頃京師ニテ松山アサガホト云。

と、咲き分け、白地に星の斑が入る吹っ掛け絞り、白地に細い筋がある個体を挙げ、「松山アサガホ」と呼ぶと紹介した。以上の記事は、採薬の命を帯びた阿部照任《てるとう》の文章である。続いて、

光生按ニ、陳扶揺ガ花鏡ニ曰、牽牛花ニ異種アリ。一本ノ上ニ色々ノ花ヲ開ク。俗是ヲ黒白江南花ト云。即此類ナルベシ。

と一字下げで、「光生」すなわち後藤梨春の考察が記される。ここでは、中国の園芸書『秘伝花鏡』を引用し、中国でいう「黒白江南花」の類であるとする。

少ない情報であるが、本記事により「松山朝顔」の名は「近頃」京都において使われた名称である点、すなわち変化朝顔の流行の発端が京である点が改めて判明した。ただし、採薬そのものは、将軍吉宗の命で行われた幕府の事業であるので、松山朝顔の情報もおそらく現物の松山朝顔も江戸にも齎されたのは確実である。

そもそも採薬記とは、江戸時代を通じて行われた薬草を求める採薬の記録（フィールド・ノート）である。採薬のはじまりは、徳川八代将軍吉宗の命によるもので、薬効が高い朝鮮人参を筆頭に、わが国の土質に適した薬草を繁殖させる目的のもと、さまざまな方法を講じたなか採薬が実施された。

江戸における変化朝顔の記録は、宝暦十二年（一七六二）、平賀源内が日本で初めて開催した全国的な薬品会（博覧会）の記録、翌年刊『物類品隲《ぶつるいひんしつ》』巻三に登場する。

牽牛子　和名アサガホ　黒白二種アリ。
○黒丑　黒牽牛子ナリ。花色数十種アリ。○黒白江南花　和名シボリアサガホ。花鏡ニ曰ク、近コロ又有㆓異種㆒一本上開㆓二花ヲ㆒者ノ俗因テ名㆑之ヲ曰㆓黒白江南花ト㆒。
○重弁ノモノアリ。奇品ナリ。不㆑結㆑実ヲ。其ノ余近世花色数十ニ及ブ。薬用ニハ碧花ノモノヲ用ベシ。

このように、中国の園芸書『秘伝花鏡』の記事をあたかも日本の植物であるかのように説明に充てているが、実際は似ている花、つまり享保・元文の採薬の際発見された松山朝顔と考えられる。変化朝顔は第一次流行として、文化・文政期（一八〇四〜一八三〇）に江戸と大坂で流行したが、流行の少し前の時代、宝暦七年〜明和三年（一七五七〜六六）頃に描かれた、京都在住の伊藤若冲の「動植綵図」中の「向日葵雄鶏図」には、咲き分け・絞りの朝顔が見える。変化朝顔の咲き分けは、備中から京都へ伝わり、さらに薬品会により江戸へともたらされた。それまでは備中松山という一地域にしかなかった変化朝顔が、諸国から江戸に一堂に集まる平賀源内の催した薬品会を契機に、遺伝子の変異が顕著に現れたと思われる。これらはもともと園芸的関心からではなく、薬草を求める採薬や薬品会という本草学者たちの活動に由来したのである。

朝顔は、現代のように花観賞が主目的ではなく、古くから種子を薬として利用してきた歴史がある。史料に登場する「牽牛子」とは、花ではなく種子を指す。佐藤中陵著、寛政四年（一七九二）成立『薩州産物録』は薩摩の産物帳で、各所に「大阪へ上《のぼら》ス」と、薩摩・大坂間の物資流通がよくわかる記事が多い。さまざまな植物が薩摩から、江戸ではなくて、まず大坂に齎された。こうしたなか、朝顔の種子と同時に花も齎されたのではないかと予測できる。

さて、源内が引用した『秘伝花鏡』は、中国の有名な栽培書として、わが国の本草学者間によく読まれた書物である。和刻本も複数印刷され、源内監修による和刻本、安永二年刊（一七七三）『秘伝花

鏡』巻四の「牽牛花アサカホ」の項には、

牽牛一名ハ草金鈴。一名天茄児。有二黒白二種一。三月生《ス》レ苗《ヲ》。即作《ス》二滕蔓《ヲ》一。或遶《リ》二籬墻《ヲ》一。或附二木上《ニ》一。長二三丈許。葉有二三尖一如二楓葉《ノ》一。七月生《ス》レ花《ヲ》。不レ作レ弁《ヲ》。白キ者紫花。黒キ者碧色花。結《フ》レ実ヲ外有二白皮一裹テ作レ毬《ヲ》。毬内有二子四五粒一。状若《ニシテ》二茄子《ノ》一差小。色青ク。長サ寸許。採《リ》二嫩実《ヲ》一塩焯シ。或蜜浸シ。可レ供《ス》二茶食一。近コロ又有二異種一一本上開《ク》二二色《ヲ》一者。俗因テ名《ケテ》レ之《ヲ》曰二黒白江南花《ト》一。（傍線筆者）

と、傍線部分は、薬品会の記録『物類品隲』と同じである。ただし源内は、「一本上に二色を開く」の色の部分を省略し、「一本上に二花を開く」としている。さほどの違いではないが、この『秘伝花鏡』の記事により、「黒白江南花」は、一つの苗から二種類の花色が出る「咲き分け」のことと判明する。また源内は、「松山朝顔」の言葉を使っていないので、初見は薬品会の際であった可能性も高い。後の時代の京都の本草学者・小野蘭山は、『本草綱目啓蒙』において、「碧白相間ルモノヲ黒白江南花秘伝花鏡ト云、俗ニマツヤマアサガホト云」と、黒白江南花＝松山朝顔＝咲き分けという情報を整理して記録している。

採薬記は、薬種を求める本来の目的から派生して、あるいは地誌、奇談、風土記的役割を持つ書物に形を変え、あるいはその土地土地の珍しい産物の情報を得たことによって、世代を超えて本草学者の記録にとどまることになり、結果的に珍しい植物の栽培が促進されていった。採薬記が単なる出張復命書ではなく多様性を有する書物である点は、次の『諸州採薬記』の存在が最も雄弁に語る。

吉宗の命のもと採薬に赴いた植村政勝は、約三十年間、採薬調査旅行として下野・陸奥・出羽・常陸・甲斐・武蔵・下総・上野・常陸・下野など各国に赴き、『諸州採薬記』を献上した。この採薬記は、のち『諸州採薬記抄録』と形を変え、多くの写本として長い間民間に流布した。『諸州採薬記抄録』識語によると、まず①『諸州採薬記』を幕府に献上、次に②元文五年（一七四〇）に諸国の地理風俗に関する部分を抄録して巻数を少なくした『諸州採薬記抄録』を改めて吉宗に献上、その後さらに③宝暦五年（一七五五）、「巻数が多いので珍しいものばかりにして集約せよ」との命によって再び抄録を作り、家重に献上した。この抄録本が以降写本として流布し、④『本朝奇跡談』として安永三年（一七七四）に刊行された。こうした奇談集は、同時代に多くの類書が編纂されており、寛保三年（一七四三）菊岡沾凉『諸国里人談』や寛政十三年（一八〇一）『諸国奇談東遊奇談』など、地誌の作者が奇談集を刊行、または奇談集の作者が地誌を編纂する場合も多く見られた。地誌編纂のうえで、その地域ならではの奇談を収録するのは、理にかなっている。珍しい風景や名産品を紹介する内容を持つ採薬記と共通するのは当然であろう。次項に掲げる「朝顔の奇談」も、この奇談集のジャンルに位置する。

### 3　怪しい朝顔——朝顔の奇談

朝顔は人々の生活に身近な植物であり、それが変異した変化朝顔は、人智の及ばぬ力が働いた不思議な出来事としてとらえる向きもあった。次にこうした例を見ていこう。

少し時代はさかのぼるが、寛延三年（一七五〇）刊『諸州奇事談』に、「蕣花の妖怪」として、亡霊が祟った怪談が載せられている。


爰に何《いづれ》の国の守の御内にや、あさがほを愛して秋毎に花の頃は寝食をわすれ、夜は更行迄間垣に立て蔓をまとはせ、朝はいまだあけざるに起出て花のひらくを得てひとりよろこび、昼に至りてしほるゝを見ては愁ひ、憂喜時をかへて日の盛りには内に閉籠り外へ出ざれは、人皆土籠《もぐら》と異名せし男ありけり。ある夕暮、下葉の枯たるを取すてんと庭へ出けるに、朝顔を押分来る物あり。蔓をそこなはん事をいたみて、急ぎ是を追払はんと立寄り見れば、首なきむくろ蟇《かへる》のごとく這来るなりけり。身の毛よだちて思はず得しさりして椽《えん》の上へしりぞき、雨戸の透《すき》よりさしのぞけば、此むくろ庭を這過て隣家の垣を越て座敷の下へ這入ける。其家は老臣《らうしん》の宅なり。告しらすべきにも慥《たしか》に証拠もなき事をいゝ出して後難にならんもはかり難しと思案して默出《もだし》けるが、其夜より隣家のあるじ煩《わづらい》つきて程なく死しける。

されぱこそと独うなづき居たりける。此老人、主君の領地に行て百姓の罪なきをあやまり殺害しける事あり。其者死に至るまで恨のゝしりて、魂くちずあらば思ひしらせんといひしよし。若此死霊のわざにやと心付く。さるにても所こそあれ、朝がほの中を分て這出しうるさゝよと、此後ふたゝびあさがほをあいせず。根を掘うがち捨ければ、傍友の士《さぶらい》不審に思ひ、いかゞして日頃名に立し朝顔ずきの、かくはうとみにくむぞと再三問ひしに、やむことを得ず件の妖怪を咄しければ、実《まこと》其百姓が悪霊となるべしとは兼て誰も思ひし事よと、舌を巻て恐れけるとぞ。

寝食を忘れるほど朝顔を愛し、日中は家に閉じ籠っているので、モグラと呼ばれた男がいた。ある夕暮に、朝顔を押し分けて這い進む首なし死体を目撃する。そのうちに死体は、隣家の下へ入り込み、その夜より隣家の主人は病を得て程なく死んでしまう。この人は、主君の領地で罪なき百姓を誤って殺害し、百姓に恨まれ罵られたことがあった。きっとこの死霊のしわざであろう。この事件から朝顔を愛せなくなったという奇談である。不気味な死霊と朝顔を結びつけ、表題も「蕣花の妖怪」と題す点は、第一次流行期より前のことであるが、編者が変化朝顔の兆候をどこかで見知ったからかもしれない。

第二次流行期に当たる嘉永元年（一八四八）板行の一枚刷「朝顔の精夢幻記」（図17）は、朝顔の精が夢に出てきて、大輪朝顔を咲かせてくれたという逸話を載せる。

武州多摩郡小金井在宮沢村に弥之助といふ百性《ひやくしやう》あり。朝顔のはなを愛す事としふるく。既に寛政年中あさがほのはやりし時。おほくの珎花をこの家よりつくり出しもてあそぶこと今にたへず。しかるに今年嘉永元申年五月のはじめよりいつものごとく。庭に数種のたねをまきつくりしに。つぼみよりいと大きなるもの出来けり。今まで大りんといへども金尺《かねざし》にて五寸もあるはいと稀也。

これは莟のうちよりかねさしにて四寸五分もありければ。弥之助大きによろこびつぼみのうちさへかくのごときなれば花のひらきしときは尺余にも咲ぬらんと。※《ママ》※いよ〳〵こゝろを砕き手をつくして造りけるにある夜の夢にこのつぼみ見るうちに大きくなり□《(虫損)》ひらくとみれば朝顔の花の中より一人の美しき女。すら〳〵と出て主にむかひ年ごろ介抱の礼をのべけり。弥之介はおどろきながらそも御身は何人なれば此花の内に居給ふぞといふ。かの女子我は蕣の精也。あるじ年ごろわれらを寵愛せらるゝ嬉しきに花のかたち大きく色よろしきつくり方をつたへんため爰迄あらはれ出しとて委しくおしえ再び花のうちへ入りしと見へて夢はさめけり。主は奇異のことにおもひかの竹取の翁が赫夜姫《かくやひめ》を得たる心地せられ。
まづ〳〵朝顔の花の精の教へしまゝにつくりしに。莟の大きさ日夜にまし。この比ひらくに花のさし渡し鯨さしにて一尺二三寸の丸咲《まるざき》にて色は五色あるは絞りなど朝な〳〵にさく事誠に見事なるゆへ諸人《しよにん》きゝつたへて見物山のごとし。よつてこのことをしるして四方《よも》の好人《すきびと》にしらす。

板元　深川大橋際

安次郎

女性の姿をした朝顔の精霊は、年来の介抱の礼を述べ、花の形大きく色がよい栽培法を夢枕で弥之介に告げた。弥之介は、その栽培法のおかげで一尺二三寸の大輪や、咲き分け、絞りなどを作出するのに成功し、これを諸人が聞きつけて見物人が絶えない状態となったという。この例のように、朝顔

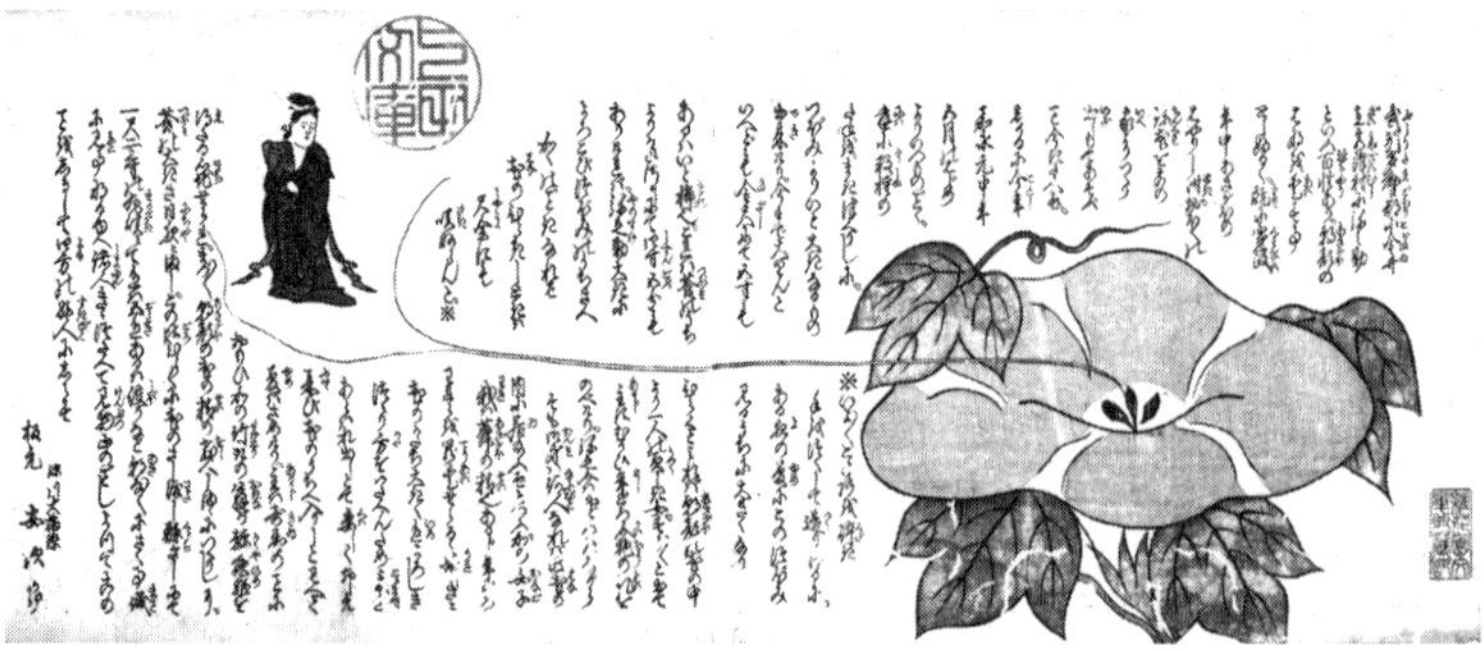

図 17　「朝顔の精夢幻記」（雑花園文庫蔵）

の栽培家の居宅を見物する風潮は次第に高まり、「朝顔屋敷」として名所化していった。

朝顔屋敷については、文政十年（一八二七）刊『江戸名所花暦』牽牛花の項にある。

> 下谷御徒町辺　朝皃は往古より珍賞するといへとも、異花奇葉の出来たりしは文化丙寅（文化三年・一八〇六）の災後に下谷辺空地の多くありけるに、植木屋朝皃を作りて種々異様の花を咲せたり。おひ〱ひろまり、文政はしめの頃は下谷、浅草、深川辺所々にても専らつくり、朝皃屋敷なと号《なつけ》て見物群集せし也。

斎藤月岑編『武江年表』文化十二年の項には、

> 今年（文化十二年）より肇まり、朝皃の異品を玩ぶ事行。文政の始まで、都下の貴賤、園に栽《う》へ盆に移して筵会を設く。
>
> やしなへば午の貝ふく頃までも
> 牛ひく花のさかりひさしき　　遠桜山人

筠庭云、下谷和泉橋通御徒町に、大番与力にて谷七左衛門と云人あり。其老母草花を好み、よく種作れり。是に依て七左衛門も其法を伝ふ。茶事を好みければ、前栽など掃除して、人もと（訪）ひ来て見るものも有けり。（中略）夫より朝貌の奇品を作り、此度は六枚折の葭屏風に、細き竹に節毎によきほど間を置き、口を切水をつぎ、これに花一つに葉一ひらづゝ添へて挿したるを葭屏風に掛けならべたるは、いと涼しくきよらなり。屏風はたゝみていづくへも持行るゝなり。文化五六年の頃の事なりき。其後大坂に在番したる時、多く牽牛子を彼地へ送りたり。抑これ流行の始めなり。

とある。

4　通常と違う朝顔を批判

変化朝顔が流行するなか、従来の美意識と異なる植物に対し、批判的な意見も見られた。奇品とは書いていないが、名古屋の文人、高力猿猴庵《こうりきえんこうあん》は、『桜見与春之日置《さくらみよはるのひよき》』において、次のとおり変化朝顔を「化ける」と表現している。

年々歳々花は相似て、珍な咲やうはせず、桜は柑子や朝かほのごとく化る事なし。人同しからずで、其当世の新手を好、昨日の流行《はやり》は今日のおくれとうつりゆく。

この文は、朝顔や柑子（ヤブコウジ）のように「珍な咲やう」をせず「化る事」がなく、流行に左右されない桜の花を褒めたものである。裏をかえせば、珍奇で化ける朝顔やヤブコウジが流行していた時勢に反対する意見として興味深い。ここの「化ける」という概念は、人の手を介さない、自然の意思の働きを示している。

松平定信は文化九年（一八一二）九月十三日、その日記『花月日記』において、

**草木のはな（花）この（好）むとはいへど、世にまれなるものはさらなり。もてはやし侍るものまでとはおもはざりしを。**

と、植物は好きだけれども「もてはやし侍るもの」、つまり流行の植物まで好むとは思わない、と述べる。朝顔に関しては、同日記の文化十一年七月五日条に、

**朝、どて（土手）に朝がほの花をみて、よ（詠）めりけり。**

同じく文化十二年九月十三日条、

朝がほの咲そめしころよりは、いとおと（劣）れど、ここかしこの、やぶ（藪）のうちなどより咲たる、おかし。

とあるように、土手や藪の中に生育する朝顔をよく観察しているが、栽培はしていない。定信はその庭園「浴恩園」で数々の品種を鉢で育てていた蓮コレクターとしての顔を持つにもかかわらず、朝顔は自然環境に置いて愛していた。当然変異のない、通常の朝顔である。

漢詩人・大沼竹渓《ちっけい》『竹渓先生遺稿』には、

**牽牛元一碧。怪看著ニ新黄一。妖物由レ人起。人狂花又狂。**

朝顔はもと青色一色であったが、怪しいかな、新しく黄色い朝顔を見た。妖しき物は、人に由来する。人は花に狂い、花もまた狂う。文化末年の第一次流行期に詠まれたもので、「妖物由レ人起」は、人為的の作出と決めつけてしまっている。ここには、暗に黄色い朝顔などは認められないという意思も感じられる。

大沼竹渓は、漢詩人・大沼枕山の父で、出典の『竹渓先生遺稿』は、枕山が、文久四年（元治元年・一八六四）十二月に板行した亡父の漢詩文集である。父子ともに自然を詠む「詠物詩」を得意とし、人工物を自然物と偽る所為そのものを許せなかったであろう心境は想像に難くない。

## 第四節　浮世絵に見る朝顔

最後に、浮世絵に描かれた変化朝顔の仕立て方を見ていく。この点に関しては、大久保純一が「描かれた朝顔」（『伝統の朝顔Ⅲ』）において、変化朝顔が描かれない理由に、俳諧趣味の表出および四季絵の伝統が「朝顔に限らず、万人の間で季節感を共有しやすい典型的な色（朝顔ならあくまで青系統が主で、ときに白や赤、絞りが見られる）・形状（丸咲き）の花こそ、ふさわしい」とし、「栽培家の視点から編纂された様々な朝顔の図譜や、博物学的関心で描かれた精緻な写生図などの中には様々な変化朝顔が描き出されているが、それらの制作意図を考えたとき、鑑賞用の絵画と同列に扱うことはできない」と結論付けている。筆者は、伝統的な季節感を表現するのに変化朝顔の色・形状が適していない点には賛成できる。絵画ではないが、前節で紹介した松平定信などもこうした思考の持ち主であったであろう。しかし一方で、浮世絵に当時流行の変化朝顔の姿を描いているものも少なくはない。このうち、仕立て方がわかる浮世絵を紹介したい。

歌川国芳の描く団扇絵「五行之内　朝顔の土性」（図18）の朝顔は、赤、紫、青と色とりどりあるが、女性が手にした鉢は、吹っ掛け絞りという、細かい粒子状の文様が点々と散りばめられた変化朝顔の一種である。これは変化の度合いとしては弱いものであるが、注目するのは、竹ひごを四角く曲げた支柱である。本図は、天保十四年～弘化三年（一八四三～四六）の成立で、第二次流行の黎明期に当たる。大坂から影響を受けた江戸の朝顔栽培は、大坂での一般的な仕立て方で下品とされたアーチ状の「南作り」を好んで使っているようである。

国芳の描く朝顔は、南作りが多く用いられ、「本朝たをやめ揃の内　かゞ千代」は、吹っ掛け絞りと咲き分けの苗を二本植えした朝顔を南作りで仕立ててある（図19）。

対して新しい仕立て方、「北作り」を採用している浮世絵は、文政七年の「三代目坂東三津五郎の曾我の十郎祐成・朝顔うり花かつみの三五郎」である（図20）。本図は、苗の成長がまだ充分でないので一本の支柱を採用し、また歌舞伎の小道具であるから現実とは違うという見方もあるが、朝顔を上品に見せるという点では成功している。

図18「五行之内　朝顔の土性」（個人蔵）

生け垣の延長線上に位置するのが、「格子型」また「竹垣型」ともいうべき形で、これも浮世絵に多く描かれている。

安政四年（一八五七）六月成立の三代歌川豊国による「与三郎一代咄シ　おとみ住家」は、窓際に竹垣風の支柱が作られる朝顔が飾られている（図21）。これも歌舞伎の小道具として配されているが、一本の苗から赤色と青色の花が咲いている咲き分けという変化朝顔の一種である。

渓斎英泉「浮世四十八手　夜をふかして朝寝の手」も竹垣型の支柱で、真ん中の支柱が左右のそれより高くなっている（図22）。

図 20 「三代目坂東三津五郎の曾我十郎祐成・朝顔うり花かつみの三五郎」（個人蔵）

拡大図

図 19 「本朝たをやめ揃の内　かゞ千代」（個人蔵）

拡大図

図 21 「与三郎一代咄シおとみ住家」（大宮盆栽美術館蔵）

拡大図

図 23 「諸国名勝くらべ　むらさきの一ともと　本所」（個人蔵）

拡大図

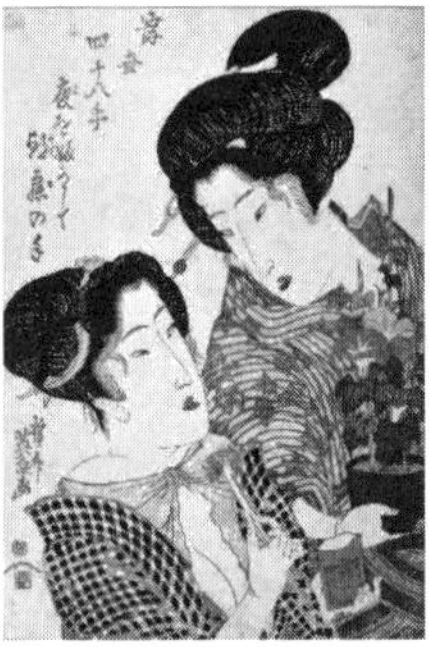

図 22 「浮世四十八手　夜をふかして朝寝の手」（個人蔵）

拡大図

図24　『南総里見八犬伝』第9輯巻23（国立国会図書館蔵）

拡大図

一本または二本の蔓より、紫色、灰色、赤色の三色の朝顔が咲き、葉は斑入り葉である。

以上の竹垣型の支柱の変化朝顔を描く二点の浮世絵は、どちらも片手で持てる程度で、花数が少なく、小ぶりに仕立てられている点が共通している。加えてこれまで紹介した南作り、北作りもともに花数は少なく、変化朝顔の流行初期は、花数を抑えて小さめに仕立てる傾向にあった。

幕末になるにしたがって、仕立て方にも変化が現れる。渓斎英泉の描く朝顔の鉢植は、「諸国名勝くらべ　むらさきの一ともと　本所」（図23）、「当世名物鹿子　根岸の笹の雪」のように、現在一般的に使用されている「行灯型」が多くを占めている。

しかしながら、明治三十五年（一九〇二）刊、宇治朝顔園『朝顔培養集』に、行灯型を否定する意見が載る。

大坂地方にて作る行灯作り、即ち三本の竹を立て、三個の輪をかけたる者あり。是は前に説く如く、芽を摘むことな

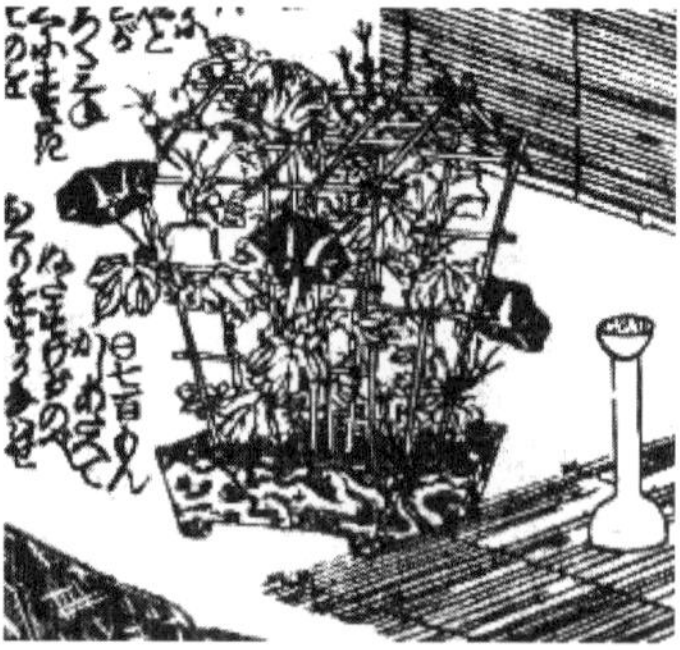

図25　家形支柱の朝顔と如雨露（『犬の草紙』第7編下。個人蔵）　拡大図

く初めに一度摘みて二芽となし之を双方より登らしめ下の輪を廻りて次に中の輪を廻り、遂に上の輪を廻りて止むなり。此法を実験するに初は枝芽を摘み本蔓を伸ばし之に花を著け已に頂に達すれば枝芽を出し此芽を僅かに一節づゝ位伸ばし之に花を著くるをよしとす。此作り方は一時に十数輪の花を見ることを得ると雖も四方正面となりて上品ならさるが如し。蔓性を全たからしむる点より論ずれは適当と称すべきも盆栽としては何やら気の済まぬ心地す。

どうやら行灯型は大坂発の飾り方であったようで、下の輪、中の輪、上の輪へと順に蔓を伸ばしていくことができ、長所は一度に十数輪の花を見ることが可能だという点である。しかしながら、短所として「四方正面となり」下品であり、「盆栽としては何やら気の済まぬ心地」がするとしている。

そもそも現代の「盆栽」の概念は、明治時代に成立したものである。野にある朝顔などは、植木鉢に植わっていても、生け花などのように一定の見る方向を定めることはしなかった。何より土が付いた植物を座敷に置くことすらしなかった。現代の「盆栽」の直接の起源は、中国趣味の煎茶会に鉢植を飾ることが始まりで、この影響により明治時代後半から昭和初期にかけて、ただの「鉢植」を席飾りの形式にあてはめ、側面や背面からは観賞しない「正面性」を持つ「盆栽」という美術に昇華していったという経緯がある。ただし、はっきり「正面性」をうたわなくとも、南作り、北作り、竹垣型ともに正面を意識していて仕立てているのは明白であり、図14の松葉蘭も、三脚の脚を中央に据える植木鉢の置き方に、観賞するべき方向を意識して仕立てたことがわかる。

前述のとおり近代になると盆栽を座敷で観賞するようになるが、江戸時代は鉢植を室内に入れる例は少ない。朝顔が出窓や縁側にある場合は多いが、床の間に飾られた珍しい例が、『南総里見八犬伝』第九輯巻二十三にある（図24）。本冊の板行年は天保九年（一八三八）で、挿絵全体が、洋犬、虫籠など趣味娯楽を示唆するなか、雷文の鉢、さらに折敷《おしき》に載せられ床の間に飾られた姿は、これだけで多くの手間暇がかかることを教えてくれる。朝顔は一日一回または二回水をたっぷり注ぐのが通例であるので、床の間に置くためには、十分な水切りの手間が必要である。そして朝顔の性質上、午後になると花はしぼんでしまうので、直ちに座敷から下げなければならない。同じ個体からまた蕾がふくらむ可能性があるが、半日室内に置いて日照時間が少なくなったことが原因で花色が薄くなってしまうから、常時飾るためには別の鉢植を用意しておかなければならない。

朝顔と水やりの関係性を示した図に、この『南総里見八犬伝』を抄録した草双紙、嘉永二年（一八四九）刊『雪梅芳譚犬の草紙《せつばいほうたん》』第七編下がある（図25）。簀子によって場所が不分明になってしまっているが、おそらく縁側か縁に接した場所を示していると思われる。如雨露を傍に置き、水やりと水切りをしやすい場所を選んだと思われる。花色に注目すると、通常の青花のほか白花や絞りも見られる咲き分けの朝顔が、「石台《せきだい》」という形式の木製の珍しい鉢に植えられる。最大の注目点は、今まで見たことのない支柱の形である。立体的に組まれ、家の形をなしているので、仮に「家型支柱」と名付けた。この支柱であれば、朝顔の蔓巻きに都合がいい。このように、朝顔の支柱一つとっても鉢植の普及によって、飾り方のバリエーションが新しく生まれていった。また、この「家型支柱」を用いると、行灯型同様に朝顔の正面性が失われる点にも留意したい。

以上述べてきたとおり、近世後期に変化朝顔は園芸文化の上で好まれる「奇品」の意で用いられていた。しかし、これは園芸愛好家間での理念であり、一般的には、「奇」「化ける」という概念から日常と異なる世界の意味に用いられ、怪談・不思議譚の小道具として使われる傾向があった。

また、大坂の朝顔栽培について、新出史料を検討することで、今まで明らかにされてこなかった具体的な栽培方を紹介した。特に興味深かったのは、支柱が見えない北作りを上品とし、支柱が見えるアーチ状の南作りと対比させた点、さらに花数を多く見せるため正面性が失われる行灯型も作りだしていった大坂人の合理性であり、利便性を追うあまり品格を失っていった点である。合理化による支柱の変化は、時代とともに加速し、最後に掲げた絵画資料でこの点を検証できた。

## 【コラム4】
## 「豆本」の世界

日本の古典籍の中には、「豆本」と呼ばれる可愛らしい小型の刊行物がある。馬上本、巾箱本《きんそうぼん》、寸珍本、芥子本《けしぼん》とも呼ばれる。持ち運びに便利な「実用書」なのである。

暁鐘成も制作している（図1）。縦10・9cm、横7・8cm、五十三丁。文政七年原刻、天保九年版、天保一五年版があるロングセラー商品であった。

書肆は大坂の河内屋喜兵衛と河内屋平七。作品名は『世話千字文』、中国の千字文（漢字が重ならない千字からなる文、書道の手本）にならって、日本で作られたために「世話千字文」と呼ばれる。千字文と同じように千の異なる漢字を使いながら、日常に使える文章に仕立てられ、やはり手習いの教科書として普及した。この豆本は下段に世話千字文の本文が草書・楷書で書かれ、音訓が付されて教科書として編纂され、上段には百科辞書的な知識が記されている（図2・3・4）。掲載箇所はまず中国の省の名が記される。以下、異国が列記され、小人島も記される。続いて故事や生活の知恵などが記される。

冒頭の口絵に注目したい。物書きのお手本だけあって、筆の神（佩阿、図5）、墨の神・硯の神（回氏・淬妃、図6）、紙の神・書籍の神（尚卿・長恩、図7）が顔を揃えている。いずれもたくましい顔つきの神々である。

豆本を仕立てる、小さな版木を彫る細かで精密な技術によって、これらの神々は豆本の世界に降臨したのである。

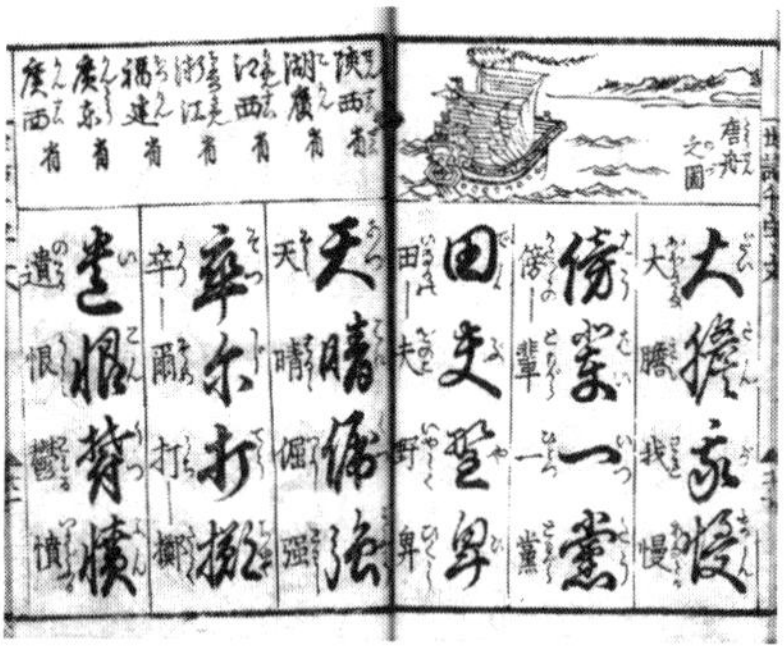

図2　本文

図1　『世話千字文』(個人蔵)

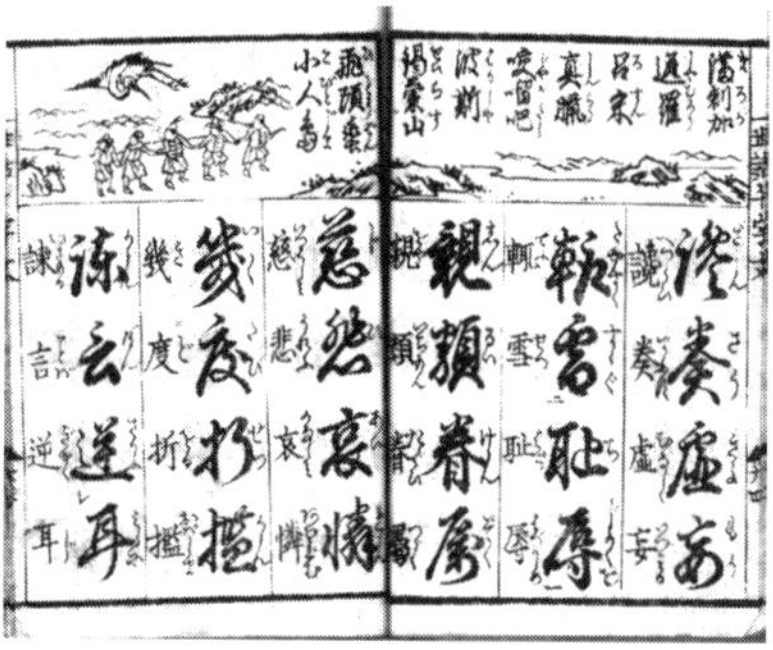

図3　本文

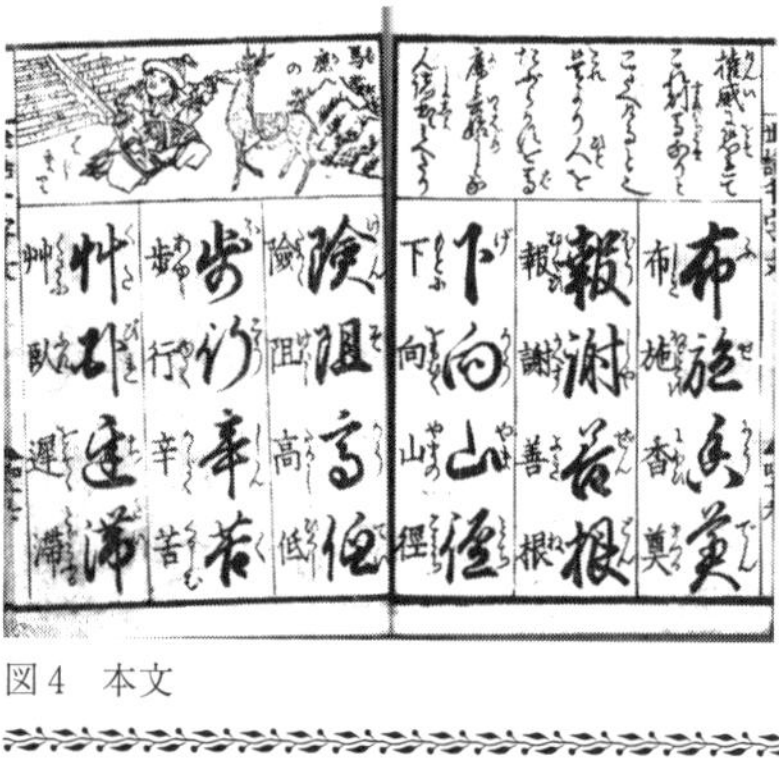

図4　本文

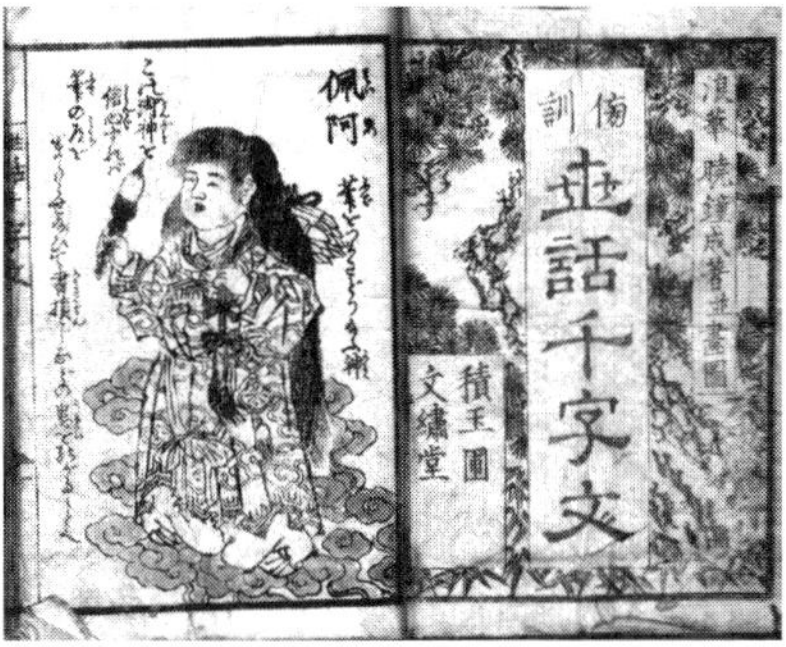

図５　佩阿

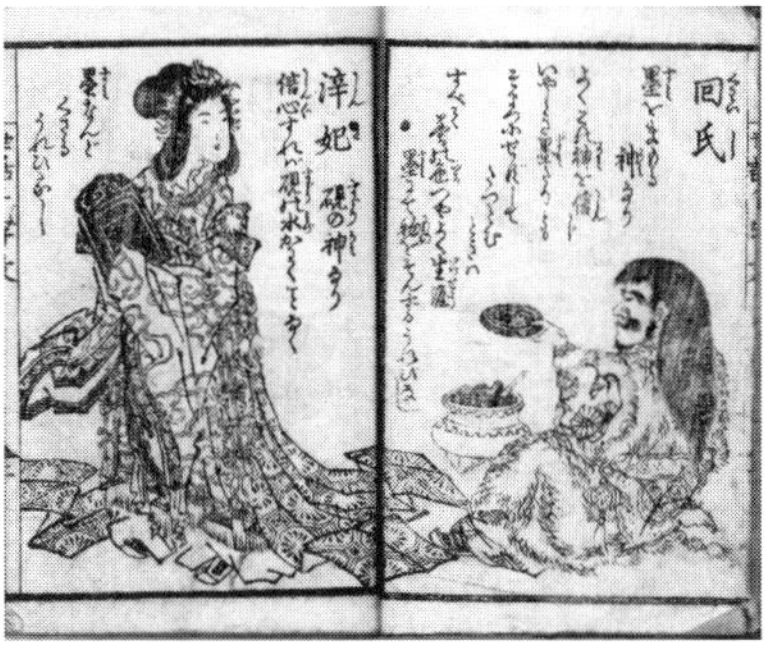

図６　回氏　淬妃

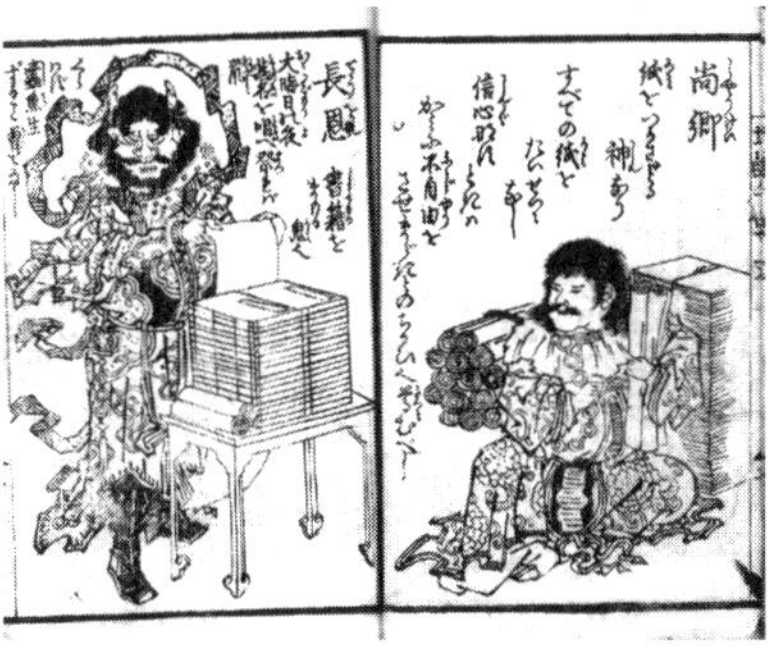

図７　尚卿　長恩

# 第三章　江戸の園芸書――『秘伝花鏡』の世界

前章の朝顔のように、江戸時代は園芸がブームとなった。椿、ツツジ、楓、菊、桜と時代の流行は変わり品種改良が進み、橘、万年青《おもと》、松葉蘭、福寿草、石斛《せっこく》、ソテツは高価で売買されて「金生樹《かねのなるき》」と呼ばれた。浮世絵にも多く描かれ、朝顔市のような年中行事も盛んとなり、その関係の書物は現在も多く出版されている。

本書では江戸期の園芸に大きな影響を与えながら、あまり触れられることがない陳扶揺《ちんふよう》の『秘伝花《ひでんか》鏡《きょう》』（一六八八）を取り上げてみたい。

## 第一節　『秘伝花鏡』の世界――花癖《かへき》・書癡《しょち》

『秘伝花鏡』は単に『花鏡』とも呼ばれる。陳扶揺が康熙《こうき》二十七年に著した園芸書である。その世界は、まず作者を知ることで垣間見ることができる。

作者は園芸家ではない。名を陳淏子《ちんこうし》、扶揺はその別名、西湖花隠翁とも号した。伝記ははっきりしないが、明《みん》の滅亡後、清朝《しんちょう》には仕えず故郷の田園に帰ったようである。青木正児は、「文才を抱きながら不遇にして久しく南京に僑居し、晩年帰郷して西湖の畔に隠れ、園芸を楽しんで此の書を編した」と記している（杉本行夫『秘伝花鏡』）。自序（原漢文、全文は後掲）には、

○私は書と花にしか興味がなく、二万八千日を無駄に生きてきた。
○園林華鳥に情を傾けているので、いつも貧しい。
○世間では多くそんな私を笑って「花癖」と呼んだり「書癡」と呼んだりしている。
○私はそのように世を送る、世人が営利や官職にとらわれているのを笑いながら。
○時に人は私を「花仙」と呼んだ。

とあるので、隠逸の人であったようである。作者は、今は農学に分類される「理系」の学者ではなく、無用の「文人」なのである。

当時の中国は明が滅んで清の時代となった。明時代にこだわる人たち、特にある地位にいた人やその周辺にとっては堪え難い状況であったようで、清朝に仕えるのを拒否して自殺者や亡命者が出るほどであった。水戸藩へ迎えられた朱舜水《しゆしゆんすい》、黄檗山万福寺を建立した隆琦《りゆうき》、達磨を普及させた心越《しんえつ》などが有名である。

小説では白話小説《はくわしようせつ》が隆盛を極めた。そのため「明末清初白話小説」ともよく呼ばれる。大衆が口語で伝えてきたストーリーが文芸化されたのである。明末に書物として形を整えた『三国志演義』

『水滸伝』『西遊記』『金瓶梅《きんぺいばい》』は「四大奇書」とされ、白話小説の代表として本邦へもかなりの影響を与えた。この白話小説に関わった人物は一癖ある人物が多く、その代表である馮夢龍《ふうぼうりゅう》について、大木康は「明末のはぐれ知識人」の称号を与えている。

『秘伝花鏡』を著した陳扶揺も清朝に仕えず故郷の西湖に隠栖した文人であった。西湖はたびたび白話小説の舞台となった。とすれば、陳扶揺の農業書である『秘伝花鏡』も、意外なことに文学書に近い意識のところで成立したのではないだろうか。同書の張国泰の序文にも、

○作者の才を高く評価されることに誰が反対しようか。しかしながら、どのような数奇不遇な運命からか、せっかく学問や諸子百家の説を学び究め、南京で多くの書を蓄えたが、終に空しく西湖に隠れて十畝に懐を寄せる身となった。
○そこで学問のあまり、老圃（花作り）、禽魚、栽植を学んで「情」を娯《たの》しんだ。
○亭園は美を備えている。百花百卉《ひゃっき》は争って庭園に咲いている。

とあり、その花への隠逸が単なるポーズではないことが裏付けられる。

では、陳扶揺および『秘伝花鏡』はどのように本邦に迎えられたのであろうか。

日本でよく知られた中国絵画本に『芥子園画伝』がある。江戸時代の詩人柏木如亭《かしわぎじょてい》は『訳本芥子《かいし》園画伝《えんがでん》』（文政二年）に「清陳淏子。字扶揺。性嗜花。自号華隠翁。著有花鏡」と記している。古勝正

義は大阪大学懐徳堂文庫《かいとくどうぶんこ》蔵本『西湖佳話《さいこかわ》』と、中山善次本『芥子園画伝』跋語や大東急記念文庫本の一図に陳扶揺の印があることを報告している。『西湖佳話』は上田秋成の『雨月物語』のタネ本とされ、『芥子園画伝』は文人画の手本として博く普及した。陳扶揺はその作者として見られていたのである。また文人服部南郭《はっとりなんかく》旧蔵『纂序詩経説約集註《さんじょしきょうせちやくしゅうちゅう》』(早稲田大学所蔵)にも陳淏子の名が見える。陳扶揺の日本文人への影響は無視できない。

その陳扶揺および『秘伝花鏡』を有名にしたのは平賀源内である。平賀源内はエレキテル、土用の丑の日のウナギなどで有名だが、小説家でもあり劇作家でもあり、まさに多才な人物である。しかし、その本質は本草学者であると思われる。本草学は薬学と近く、薬品の主要なものが草類であったので本草学と呼ばれる。その源内の本草学の仕事に『秘伝花鏡』の和刻本出版があったことは、かつて否定的に捉えられた時期もあった。しかしながら内閣文庫や牧野富太郎旧蔵書に平賀源内の名が見える諸本のあることが確認できるし、源内著述の『番椒譜』には「陳淏子曰、番椒一名海瘋俗名辣」とあって、その少し後に、

本高一二尺叢生白花。秋深結子儼如禿筆頭倒垂。初緑後朱紅。懸挂可観。其味最辣。人多採用。研極細。冬月取以代胡椒。収子待来春再種。

(本の高さ一二尺、叢生白花。秋深くして子を結ぶ。儼《げん》として禿《とく》筆頭の倒《さかさ》まに垂るるがごとし。初め緑、後に朱紅。懸挂《けんけい》観るべし。その味最も辣《から》し。人多く採り用ゆ。研ぎて極細にして、冬月取りて以て胡椒に代ふ。子を収めて

来春を待ちて再び種ゆ。）

とあるのは、『秘伝花鏡』巻五「番椒　トウカラシ　カウライコセウ」からの引用である。源内の座右には『秘伝花鏡』があったことは確実である。

　では、平賀源内は『秘伝花鏡』のどこに魅力を感じたのであろうか。その理由を考えるには、まず源内の人生を知る必要があろう。源内は享保十三年（一七二八）に讃岐の片田舎の下級武士の子として生まれた。そのまま父親の職を継げばささやかな人生の勝利があったのだが、彼は故郷を飛び出し二十九歳にして江戸に出た。江戸では薬品会を成功させ、発明品で世間を驚かせ、小説を書けば大当たり、浄瑠璃作品も上演されるという華やかな姿を見せるが、高松藩との関係から生涯浪人を強いられるなど、生活は豊かではない。みずから「風来山人」と名乗り、世間に隠逸を気取るようになる。また鉱山開発に手をそめて各地を移動、その過程で日本初とされる西洋画を描き、伝授したのが秋田蘭画の始まりである。晩年は世を嘆く戯作類やエレキテル、浄瑠璃で名を高める反面、奇行も増えて、ついには殺人を犯し獄死する。享年五十二の波瀾万丈な人生であった。源内が『秘伝花鏡』を出版したのは、鉱山開発によって「山師」との汚名を着せられかけた頃のことである。

　源内が本草学や鉱山開発に抱いていた志は「国益」であった。当時は漢方薬をはじめとする船来物購入のために多量の金銀が外国に流失しているとの危機感が彼にはあり、それでその外来薬を国産化し、ついで金銀の採掘量も増えれば日本は豊かになると本気で考えていたようである。しかしながら、彼の本気は周囲には奇矯なものに見られたらしく、徐々に彼の精神をむしばんでいった。『秘伝花鏡』の出版もその国益思考からであろうが、それ以上に源内には陳扶揺その人への共感があったのであろう。陳扶揺は、

**余は生まれて好むところなく、ただ書と花とを嗜《たしな》み、年来虚《むな》しく二万八千日を度《わた》る。大半は断簡残編に沈酣《ちんかん》し、半ばは園林華鳥に情を馳す。故に貧にして長物なく、ただ筆乗《ひつじょう》書嚢《しょのう》を贏《あま》すのみ。枕に秘函《ひかん》あり。載《の》するところは「花経薬譜」なり。世、多く余を笑ひて「花癖」とし、兼《ま》た「書《しょ》癡《ち》」と号す。ああ、読書はすなわち儒家の正務、何ぞ癡といふことを得ん。園を鋤《す》き圃に芸《う》へ、鶴を調し花を栽《う》へて、聊《いささ》か以て心を息《やす》ませ老を娯《たの》しむのみ。**

と自身を語る。常に貧しくて、書物と花のみを愛した。故に世間から「花癖」「書癡」と笑われていたそうである。この『秘伝花鏡』は本草書というより、「花癖」の隠逸の書であり、源内はその世間を拒絶する隠逸の姿に自身を重ねていたのであろう。

つまり、『秘伝花鏡』は現代では「実学」の農学書や園芸書に分類され、「理系学部」で扱う「実用的」な学修内容であるが、江戸期では必ずしもそうではなかった。むしろ「無用の学問書」として存在していたのである。

本書では、『秘伝花鏡』の中からいくつかの記事を抜き出してみることとする。

## 第二節　花間日課・花居款《かん》設・花園自供

巻二に、「花間日課」・「花居款設」・「花園自供」という記事がある。「花間日課」は春夏秋冬の日課を記したものである。オールシーズンを通してすべて朝、午前十時、正午、午後、午後四時にすべき課を指南する。春をあげてみる（原漢文、以下意訳は杉本行夫訳（巻末参考文献）を参照した）。

晨に起き梅花湯を点し、奚奴に課して曲房・花径を洒掃し、花暦を閲し、階苔を護す。禺中《ぐちゅう》に薔薇露を取りて手を浣ひ、玉蕤香《ぎょくすいこう》を薫じ、赤文緑字を読む。晌午《しょうご》に笋蕨《たけのこわらび》を採り胡麻を供し、泉を汲みて新茗を試み、午後に款馬に乗り剪水鞭を執り、斗酒双柑を携へて往きて黄鸝を聴く。日晡に柳風前に座し、五色箋を裂き、意に任せて吟詠す。薄暮に径を遶《めぐ》り園丁を指して花を理して鶴を飼い魚に種ゆ。

（早朝に起きてまず梅花湯を点し、下男に命じて曲房（内室）と花径を掃除させ、「花暦」を調べ、階段の苔の様子を確認する。午前十時に薔薇の露で手を洗い、玉蕤香《ぎょくすいこう》を薫じ、赤文緑字（珍しい書籍）を読む。正午に筍・蕨を採り胡麻を供し、泉を汲んで新茶を試みる。午後は款馬（愛馬）に乗り剪水鞭を執り、双柑斗酒を携えて鶯の声を聞きに行く。午後四時に柳風の前に座り、五色箋を裂いて思いつくままに吟詠する。薄暮に径をめぐり園丁

**に指図して花の手入れをさせ、鶴や魚に餌を与える。）**

薔薇の露で手を洗い、玉蕤香を薫じるのは唐代の柳宗元の故事、斗酒双柑を携えて黄鸝を聴くのはこれも唐代の『雲仙雑記』に見える。園芸書の記事というより隠遁生活の様子が記されているようだ。以下、夏・秋・冬は意訳のみを乗せる。

夏

早朝に起き薄ものを着て花の枝に近づき露を吸って肺を潤し、オウムに詩の詞を教える。

午前十時に気の向くまま『老子』『荘子』の数ページを読み、法帖を広げて文字を書く。

正午に頭巾を石壁の上に脱ぎ、匡床（居心地のよい床）にもたれかかって「忘形の友」と斎諧（怪異や冗談）や『山海経』を談じ、飽きれば左宮枕（仙郷を夢みるひんやりした枕）でユートピア（華胥《かしょ》国）の夢をむさぼる。

午後は椰子の実を割って盃を作り、瓜を浮かべてスモモを沈めて冷やし、蓮の花を搗《つ》いて碧芳酒《へきほうしゅ》を飲む。

午後四時に蘭の湯に入り小舟を操って古藤の下の曲水柳風の前に座り、魚を釣る。薄暮に竹の皮の冠をかぶり蒲扇を手に高い丘に立ち、園丁が瓶を抱えて花に水を注ぐのを看る。

秋

早朝に起き帷《とばり》を下ろして牙籤《がさん》を検して書を選び、花の露を汲んで朱砂と研ぎ合わせて朱墨を作り書に注を加える。

午前十時に琴を調べ鶴を調教し、金石鼎彜《きんせきていい》（先祖を祭ったり賓客をもてなす器）を玩ぶ。

正午に蓮房を用いて硯を洗い、茶器を手入れし梧竹を拭う。

午後は白接籬冠をかぶり、隠士の衫《ころも》を着し、霜葉に紅葉が飄《ただよ》っているのを望みながら、句を得てその紅葉の上に題す。

午後四時に蟹螯（蟹の足）や鱸の鱠《なます》を持ち海扇螺（ホタテ貝）の殻で新酒を飲む。酔って四方の野原の虫の声や木樵の歌、牧夫の唱を聴く。

薄暮に畔月香《はんげつこう》を焚《た》き、菊を培壅《ばいよう》し、鴻《こうのとり》を観て琴数曲を調べる。

冬

早朝に起き、醇醪《じゅんろう》（美酒）を飲み、暄《あたた》かい場所で顔を洗い櫛で髪を梳く。

午前十時に氈褥《せんぞく》（毛の敷物）を敷き、烏薪を焼き、名士を会して黒金社（廬山で遊士が金を出し合って薪を買って防寒の備えをした故事）を作す。

正午に筴《きょう》を挟み（『荘子』による読書の故事）、旧稿に手を入れ、樹影が堦《きざはし》に移るのを看る。熱水で足を濯ぐ。

午後は都統箱を携えて古松の茂る懸崖の間に行き、氷を砕いて「建茶」を煮る。午後四時に羔裘《こうきゆう》（子羊の皮衣）と貂《てん》の帽子に「蜥風鎧《せいふうがい》」を装って蹇驢《けんろ》（ロバ）にムチ打って寒梅の消息を探る。

薄暮に炉を囲み膝を縮めて芋頭を焼き、無上妙唱を説き、燈火をつけて剣俠や列仙の所伝を読み、剣術の秘伝が伝わっていないことを嘆く。

繰り返すが、これが実用書・園芸書の記事なのである。

続いて「花居款設《かきよかんせつ》」として、次の十一則が挙げられる。

1　堂室座几　花園内の堂室に置くものの規則
2　書斎椅榻　書斎の規則
3　敞室置具　「敞室」は夏に居る所で、水辺に近く窓や欄干をすべて取り外した室、その規則
4　臥室備物　寝室の規則
5　亭榭点綴　「亭榭」は風雨に曝される亭、そのために佳き器は要らないが俗にならないようにする規則
6　廻廊曲檻　廊下に置く物の規則
7　密室飛閣　密室の家具の規則

8　層楼器具　層をなした高楼の器具の規則
9　懸設字画　書画を懸ける規則
10　香炉花瓶　香炉や花瓶の置き方の規則
11　仙壇仏室　長生きを願う者の室飾りの規則。宋代か元代の名筆の描いた青牛老子や呂洞賓《りょどうひん》の絵を掛けるなど

このうちから、「1　堂室座几」の記事を意訳してみれば、

部屋の前には天然木の長大な台床を設ける。素材は花梨か楠木。部屋の中には天然木の机。机上には古い端渓《たんけい》硯一つ、筆筒（紫檀《したん》、花梨がよい）一つ、速香、筆規一つ、古窯（古銅でも可）の水《すい》中丞《ちゅうじょう》（硯に水を注ぐもの）一つ。英石か水晶か香樹根の硯を古人にならって左に。清烟なる徽州《きしゅう》産の墨、画冊、鎮紙（文鎮）各々一つ。好き胆瓶（首の長い花瓶）一つ、小香机、上に古銅の香炉と、細工した紫檀の香盒《こうごう》を一つずつ。左の壁には古琴一つを懸け、右の壁には剣一つと、払塵帚一つを掛ける。園中では金銀器具を用いてはいけない。愚下は金銀器具を艶《うらやま》しそうに富尚というが、高士はそのような器具を俗陳とみるべきだ。

となる。ますます園芸書から遠ざかり、限りなく文芸の書物であるかのようである。では、その高士

の生活が園芸を必要とする理由はどこにあるのだろうか。その答えは続く「花園自供」にある。「花園自供」は「天然具」「自来音」「百禽言」「百花醸」「天然戔《せん》」の五則からなる。「竹を屈して籬となし、松に椅《い》して座となす。山林の真率は自ら天然を覚ふ（竹の籬、松の切り株の椅子など、山林の飾り気のないまじめな器具はおのずから天然のよさがある）」や、「天籟《てんらい》（天然に発する響き）我に好音を恵む」、「笙歌は枝頭嬌鳥（梢のなまめかしい鳥のさえずり）にしかず」などの説明があって、古藤杖、珊瑚珠、夜の砧の音、蛙の鳴き声、泉のせせらぎなどが、ありたき自然の趣として例示される。つまり高士の花園には自然の趣が何よりも重要であり、理想的に言えばこれらは「自ら供わるべき」であるが、それがかなわないのであれば、なんとか自分で造ってみようということになる。その造り方を指南したのが『秘伝花鏡』であり、ゆえに本書は園芸書となりえたのである。

そしてその理想郷たる花園での楽しみが記される。「百花醸」は、

**市醞《しうん》や村醪《そんろう》、あに名勝に宜しからんや。いわんや園中に自ずから芳香あり。皆な採り醸するに堪へたり。**

（花園の中で酒を楽しむには市中で造られた大衆酒はよくない。なにより園中には香りのよい植物がある。それらは皆名酒になるのだ）

として、椒柏酒、梅花酒、松液酒、柏葉酒、天文冬酒、茯苓《ぶくりょう》酒、桑椹酒、竹葉酒、茴香《ういきょう》酒、百霊藤

酒、菖蒲酒、南藤酒、五加酒、茘枝《らいち》酒、薏苡仁《よくいにん》酒、枸杞《くこ》酒、菊花酒、女貞酒、桂花酒、枸杞子酒、碧芳酒、葡萄酒、豆淋酒、帰円酒、生地黄酒、縮砂酒、玫瑰《まいかい》酒、豆勝酒という、その名も旨《うま》そうな酒名が挙げられる。もちろん、今も飲まれているものもあるし、薬用に飲用されるものもある。製造工程は、

**酒庫はすべからく厨房の左右に近づくべし。夏日、麹を合し、冬日、酒を醸す。随意に麹を取り造成す。毎甕の上に某種（酒の名前）を号明（明記）すれば則ち開き飲むに差（まちが）はず。**

とある。最後は「天然牋」である。

**楼に憑りて遠眺し、花の底（下）に豪吟するに、園中四時自ずから天然の牋簡ありて筆墨に供すべし。なんぞ楮造（普通の紙）の色成を煩はさん。**

として、天然の牋（字を書くもの）に紅葉牋、焦葉牋、梧桐牋、柿葉牋、楸葉牋、貝葉牋、梨雲牋、散花牋、茗牋、蒲牋を挙げる。これが園芸書の内容である。

陳扶揺は単に自然に囲まれた悠然とした文人生活を送りたいだけであるが、それが世間からは「花癖」「書癡」と笑われることになった。

しかしながら、この花への執心は陳扶揺だけではなかった。金文京が「明末清初という時代は、この商品としての花の価値が空前の高まりを見せた時期であった」と指摘するように、明末清初、文学史的にいえば白話小説隆盛時代に中国では空前の花ブームで、同時代の代表作家、馮夢龍《ふうぼうりゅう》の小説には「花癡《かち》」と呼ばれた人物が登場している。

そして、遅れて日本でも白話小説およびその世界が流行するようになる。都賀庭鐘《つがていしょう》という作家が書いた『英草紙《はなぶさぞうし》』（寛延二年刊）は白話小説に材を求めた小説で、「読本《よみほん》」という新ジャンルを確立した。以後も馬琴の『南総里見八犬伝』のような読本が読書界を席巻していく。また煎茶などの中国文化も徐々に浸透しつつあった。日本における園芸ブームは、この白話や煎茶小説流行と重なる。その空気の中で、平賀源内は『秘伝花鏡』を出版したのである。

以下、『秘伝花鏡』からいくつかの章を摘読してみる。

## 第三節　牡丹・グミ・鶴・オウム・モズ・猫・金魚

### 1　牡丹

牡丹は宋代にはすでに多くの品種があり、鷗陽修《おうようしゅう》の『洛陽牡丹記』には九十種余りが記載されている。『秘伝花鏡』には百三十一種の牡丹の解説が付されている（図1）。

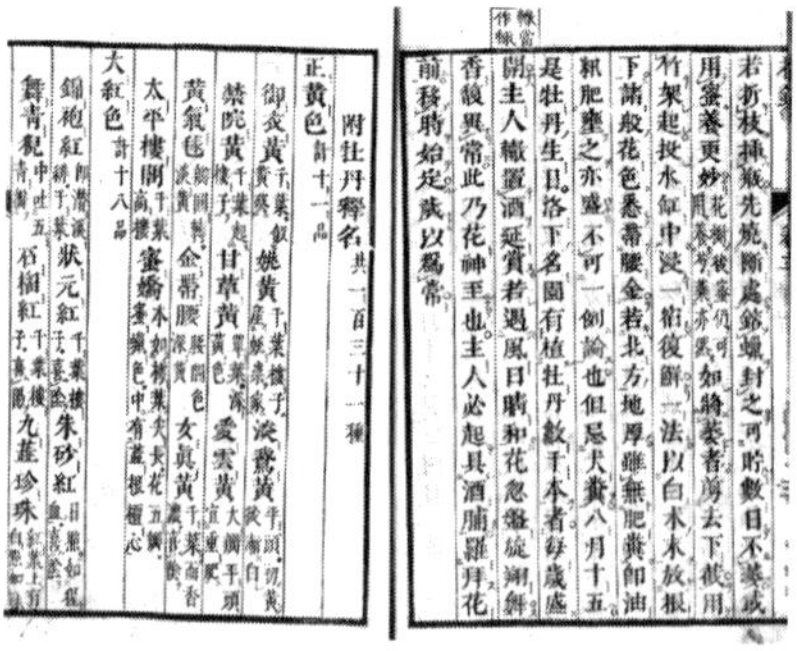
若折枝插瓶先燒斷處鎔蠟封之可貯數日不萎或
用蜜養更妙如將萎者旁去下截用
竹架起投水缸中浸一宿復鮮一法以白木木放根
下諸般花色悉番縣金若北方地厚雖無肥糞卸油
粗肥壅之亦盛不可一例論也但忌犬糞八月十五
是牡丹生日洛下名園有植牡丹數千本者每歲盛
開主人徹置酒延賓若遇風日晴和花忽盤旋翔舞
香馥異常此乃花神至也主人必起具酒脯羅拜花
前移時始定歲以為常

附牡丹釋名 共一百三十一種
正黄色 計十一品
御衣黄 姚黄 淡鵞黄
禁院黄 甘草黄 愛雲黄
黄氊毯 金帯腰 女真黄
太平樓閣 蜜嬌
大紅色 計十八品
錦袍紅 狀元紅 朱砂紅
舞青猊 石榴紅 九蕋珍珠

図１（個人蔵）

明代に刊行された『醒世恒言《せいせいこうげん》』巻四「灌園叟晩逢仙女」には「花癡」と呼ばれる花好きの男、秋先の話がある。秋先は他の仕事は手に付かず、庭には様々な花が咲き乱れていたが、乱暴者の張委が秋先の花園に押し入ってきた時、この畑には牡丹が今を盛りと咲き誇っていた。その描写には、

那花不是尋常玉樓春之類、乃五種有名異品。那五種、黄樓子、緑蝴蝶、西瓜穰、舞青猊、大紅獅頭。這牡丹乃花中之王、惟洛陽為天下第一。有〝姚黄〟、〝魏紫〟名色、一本價直五千。

（その花はありふれた玉楼春などと違って、なんと五種の品種である。どの五種ですって？　黄楼子、緑蝴蝶、西瓜穰、舞青猊、大紅獅頭である。この牡丹は花の中の王で、洛陽を天下第一としていた。姚黄、魏紫などの名品は一本の値が五千両もした。）

とある。緑蝴蝶、西瓜穰、姚黄、魏紫は『秘伝花鏡』巻三「牡丹」にも記載がある。

また、『秘伝花鏡』の同項目には、

八月十五は是牡丹の生日なり。洛下名園牡丹数千本を植える者有り。毎歳盛んに開けば、主人

輙《すなは》ち酒を置て延賞す。若《も》し風日晴和に遇《あ》へば、花忽ち盤旋翔舞す。香馥《こういく》常に異なり、此に乃ち花神至るなり。主人必ず起て酒と脯《ほしにく》を具し、花前に羅拝す。時を移して始て定る。歳ごとに以て常と為す。

という記述もある。

さて、『醒世恒言』「灌園叟晩逢仙女」の秋先は張委に陥れられ、妖術使いの罪で捕らえられるが、花の精が現れ、張委とその手下は殺されてしまう。秋先は無実が認められ、釈放されて家に帰ると、牡丹は元通り盛りであった。秋先はその後、仙女に伴われて上仙し、護花使者に任じられた。

ところで、この「花痴」の話を元にしたと思われる話が日本の江戸時代の浮世草子にも見受けられる。浮世草子『新鑑草《しんかがみぐさ》』（宝永八年（一七一一）刊）は中国の白話小説の影響が散見される作品であるが、この巻九第三話「謝源牡丹の精に逢たる事」では、牡丹作りに精を出す謝源という男が乱暴者に牡丹園を荒らされているところを牡丹の精に助けられ、その後、謝源は「牡丹君」と称され八十余歳まで長生きをして善果を得る。

通説では『醒世恒言』などの中国白話小説が日本の作品に影響を及ぼすのは十八世紀中頃とされており、『新鑑草』に白話小説が取り入れられているのはかなり早い時期であることになるが、その中にも牡丹の精の話が採られているのである。

## 2 茱萸（グミ）

上田秋成の『雨月物語』は中国白話小説の翻案（文学作品で原作の大筋は変えずに舞台などを置き換えて別の話に書き改めること）が多い作品であるが、中国小説に題材を得た話であっても、舞台はすべて日本に置き換えられ、日本の伝奇や歴史、古典や思想など、秋成の国学の知識を取り込んだ物語となっている。

その中の「菊花の約《ちぎり》」は、明代の短篇白話小説集『古今小説』に採録される「范巨卿鶏黍死生交」（以下「死生交」に題材を得たもので、ストーリーは以下の通りである。「鶏黍（鶏ときび）」は『論語』に出典があり、心からのもてなしを意味する）。

旅先で義兄弟の契りを結んだ張邵（字元伯）と范式（字巨卿）は、来年の重陽の節句に会う約束を交わす。次の年の重陽の日、張邵はごちそうを用意し、菊の花を生けて巨卿を待つが、巨卿はなかなかやって来ない。夜になって現れた巨卿はすでにこの世の人ではなく、それは巨卿の霊魂であった。生活に追われて約束を忘れ、気付いた時には約束の期日に間に合いそうになかったため、自害して霊魂となって駆け付けたことを告げる。

これを秋成は日本の物語に翻案し、丈部《はせべ》左門《さもん》と赤穴宗右衛門《あかなそうえもん》の話に改変した。左門は流行病に苦しむ旅人の赤穴を助け、義兄弟の契りを結ぶが、赤穴は国元で主君が殺されたため、重陽の節句に左門の元に戻ることを約束して出雲へと旅立った。約束の日、左門は朝から赤穴を待つが、深夜にやってきた赤穴はすでにこの世の人ではなくなっていた。出雲の新城主尼子経久《あまごつねひさ》に仕えることを断った赤穴は従兄弟の赤穴丹治に幽閉されたため、自害して亡魂となって左門の元に帰ってきたのである。尼子経久の富田城の攻撃は軍記『陰徳太平記』に基づくもので、原作「死生交」では約束を忘れて自害したことになっているが、秋成はこれを戦国時代の戦乱に基づき、信義を果たすために自害した物語に書き換えている。

そして、両作とも重陽の菊の節句に再会することを約束しており、「死生交」では、

光陰迅速、漸近重陽。劭乃預先畜養肥雞一隻、杜醞濁酒。是日蚤起、灑掃草堂、中設母座、傍列范巨卿位。遍插菊花於瓶中、焚信香於座上。呼弟宰雞炊飯、以待巨卿。

（時が経つのは早く、次第に重陽が近付いてきました。張卲はあらかじめ鶏を一羽養い育て、にごり酒を醸造しておきました。この日は朝早くに起き、草堂に水をまいて掃除し、中央に母の座を、旁らに巨卿の座をしつらえました。そして、菊の花をすべての花瓶に生け、香を焚き、弟に鶏を殺し、飯を炊かせて、巨卿を待ちました。）

とあるが、「菊花の約」では、

あら玉の月日はやく経ゆきて、下枝《したえ》の茱萸《ぐみ》色づき、垣根の野ら菊艶《にほ》ひやかに、九月《ながつき》にもなりぬ。九日《ここぬか》はいつよりも蚤《はや》く起出て、草の屋の席をはらひ、黄菊しら菊二枝三枝小瓶《こがめ》に挿《さし》、嚢《ふくろ》をかたふ

けて酒飯《しゆはん》の設《まうけ》をす。

と描写されている。「菊花の約」の方が菊の種類や茱萸などにも言及があり、重陽の植物が細やかに描かれている。特に茱萸は原拠の『古今小説』には描かれておらず、秋成がここにオリジナルに挿入したものである。

茱萸は朱い匂い袋に入れて厄払いすることでよく知られているが、『秘伝花鏡』巻三には「九月九日、茱萸を折りて首に戴けば、悪気を辟《しりぞ》け鬼魅を除くべし」と記述がある。『雨月物語』「菊花の約」は霊魂となっても重陽の約束を果たす物語であり、秋成がここで茱萸の枝を描いていることは興味深い。

## 3　鶴

『秘伝花鏡』巻六には鳥や金魚などの飼い方が記される。犬の飼い方も記されるが第一章と大差ないので、次に別の動物の飼い方を意訳してみる。

まず鶴の調教。

もし鶴を飛舞させたければ、飢えさせてから深遠な場所に餌を置き、手をたたいて呼べば翼を奮って飛び舞う。よく調教すれば、手をたたく音を聞いただけで必ず飛び舞うようになる。生来、魚、エビ、蛇などを好む。毎日穀類で飼育しても、時々魚やエビの新鮮なものを与える。そうすると毛が潤い、頭頂が朱くなる。糞は石のようになる。卵を産むのは四月が多い。メスが卵を抱いて巣ごもりするとオスは往来して護衛する。メスが巣を立つのを見たら必ずその卵を守る。人が何度もその卵を覗き見れば、鶴は啄《ついば》み壊して棄ててしまう。あるいは「鸛《コウノトリ》が三羽の雛を産めば必ず一匹の鶴がいる」とも言う。鶴を畜う場所は竹木のある池沼の近くがよい。

4　鸚鵡（オウム）

その性は寒さを畏《おそ》れる。冷えるとすぐに震いを発し、熱病のようになって死ぬ。甘藷の余りを与えれば治すことができる。およそ雄の雛の嘴《くちばし》は黒い。年を経て紅に変わる。雌の嘴は黒いままで変わらない。故に人は雄を飼いたがる。二尺の高さ、一尺五寸の幅の銅架を用いて、細い銅の鎖でオウムの片足を架上につなぎ、左右に二個の銅罐を置いて水と穀物を入れ、自由に食べさせる。もし人の言葉を教えたければ、雛の時に、毎日早朝に雛を水を盛った盆の上に掛け、その水に写った自分の姿を見せるようにする。横で立ち話す人間の姿をみせないようにして、あたかも母鳥がその言葉（人の言葉）を教えているかのように思わせる。しばらくして人間の言葉を話すようになる。ただし手で背中をなでてはいけない。なでると鳴かなくなる。

5　百舌（モズ）

形状は鴝鵒（ハッカチョウ、八哥鳥）のようで小さい。身はやや長くて羽色は灰黒、かすかに斑点がいくつかある。嘴もまた黒くて尖っている。頭を伏せて歩き、好んでミミズを食う。立春後、鳴き続ける。その鳴き声は多くは十二囀《さえず》りで、かつ他の鳥の鳴き声もまねして出すことができ、もっとも人の耳を悦ばす。モズが鳴くと多くの花が咲き始める。しかし夏至の後はひっそりとして鳴かなくなる。そし花の季節が終わる。十月以後は亀や蛇のようにどこかに隠れて姿をみせない。人が飼ってみようとしても多くは冬に死んでしまう。上手な飼い主でなければ飼うことはできない。

6　猫

これを養う方法は、生まれた頃に硫黄《いおう》少しばかりをソーセージに入れるか、飯に混ぜるかして猫に食わせると、冬になっても寒さにいじけず、竈《かまど》の中に入り込むようなことはしない。もし猫が病にかかれば烏薬を水で溶かして注いでやれば治癒する。もし人が誤って踏みつけたなら蘇木《そぼく》煎《せん》湯《とう》で治療する。猫は薄荷《はっか》を食えばすぐに酔う。

7　金魚

金魚は土に近づけば鮮やかな紅色が引き立たないので必ず缸（ガラス鉢）で飼う。缸は底が尖り口が広いものがよい。新しい缸は水を入れる前に生芋をこすりつけておけば、水を注いだ後にも苔が生じないし水も腐らない。夏や秋の暑いときは一日ごとに水を換えれば金魚は蒸死せず大きくなる。晩春の、子を産み付ける時を見計らって、大きな雄のエビ数匹を入れて缸に蓋をする。すると生まれた金魚の尾は三ヒレか五ヒレになる。ただしエビのハサミは半分に切り取っておく、魚が傷まないためである。オスの金魚が缸に沿って活発に動くとメスが出産する兆候である。水草の上に卵を産み付ける。水草を取って日に透かし見て、タマゴが粟や米粒の大きさで色は透明で水晶のごときであれば、その水草を別の浅い素焼きの盆に入れて、わずかに指が三本か五本つかるほどの水を入れて、かすかに木の陰のあるところに置いて晒す。日を見せなければ生まれないし、逆に烈日に遇っても生まれない。二三日後に孵化《ふか》する。幼魚は大人の魚と同じ水槽に入れてはならない。おそらくは食われてしまうであろう。生まれたては茹でた鶏か鴨の卵黄を細かく捻《ひね》って餌にする。一〇日経って溝の汚水にいる小紅虫を与える。ただし小紅虫は必ず清水で濾《こ》すこと、多くを与えすぎないこと。百余日後、黒いものはようやく花白色に変わる。次にようやく白、純白と変わる。もし初めに淡黄色になれば、次は純紅色に変じる。その中で花色（藍色）に変じたものはどんな色にも変じる。

よく飼い慣らせば人を見ても逃げず、手を叩けば寄ってくるようになり、鑑賞することができる。飼い方のポイントは、もし魚がひっくりかえったり水の上に沫《あわ》が浮かんだりした時は、魚を傷つけないように注意して新しい水に換える。芭蕉の根の葉を搗《つ》き爛《ただ》らし水中に投げ入れると、魚の苦しみを治すことができる。もし魚が痩せて白点を生ずれば「魚《り》虱（ぶ）」という病気なので、急いで楓木皮もしくは白楊皮を入れれば癒える。

以上、『秘伝花鏡』におけるいくつかの花や動物についての記述を見てきた。花に囲まれ、鳥や魚といった小動物を慈しんで日々を送る陳扶揺の隠逸の生活がここに垣間見られよう。花を語る園芸書の中に動物のことが描かれているのは一見、不思議な気もする。しかし、鶴を飼うのに適しているのは竹の生えた水辺であるとか、モズが鳴く季節には多くの花が咲き始めるとか、金魚が弱った時はどの植物を入れたらよいか、などの記述を見れば、彼らもまた「花と共に生きる」、愛すべき存在なのであった。

【コラム5】

## 役者評判記と漢文――『新刻役者綱目』

『新刻役者綱目』は、八文字屋八左衛門（三代目自笑）の編で、『古今役者大全』（寛延三年三月刊）の続編として明和八年（一七七一）に刊行された役者評判記である。

特徴の一つとして、明《みん》の劇作家である李漁《りぎょ》（字笠翁《りゅうおう》）の伝奇『蜃中楼《しんちゅうろう》』の翻訳を掲載していることが挙げられる。この翻訳者については、記載がなく不明だが、自笑自身が翻訳したという説、或いは、八文字屋の刊行物に「笠翁近体詩」（李漁の代表作の一つ）に訓点を付した那波魯堂《なばろどう》の著作があるため、魯堂が携わったとの説もある。

この大衆向けの刊行物である役者評判記に、当時流行していた白話小説の影響がみられる事実からは、都賀庭鐘《つがていしょう》の読本《よみほん》などに象徴される、白話小説は知識人に好まれた、という現在の享受者認識の裾野が、もう少し広かったことが想像される。八文字屋の役者評判記を購入する読者層が、いわゆる知識人とそのまま重なるとは考えにくく、八文字屋の読者が白話小説の享受者とも重なっていた、とするならば、当時の教養レベルを再認識すべきだろう。

しかし一方で、『新刻役者綱目』本文を見ると、『蜃中楼』は、まず漢字に送り仮名の振られた漢文スタイルで記されており、その後に翻訳が続く。凡例には「唐土歌舞妓狂言……を訳し、奥に童蒙の見安きやうにせりふ帳の詞にやはらげ、唐土の芝居舞台の図ならびに狂言の趣を絵にあらはす」と説明されている。実際、漢文左側には、日本での意味が記されており、例えば「生」に「タチヤク（立役）」、「小生」に「ワカシユカタ（若衆形）」、「旦」に「ヲンナカタ（女形）」などとある（図1）。日本の歌舞伎では、どの役に相当するのかが明示されており、読者に漢文の知識がなくても楽しめるように工夫されていると言えよう。

つまり、『蜃中楼』掲載は、白話小説を知る読者を対象にしたというよりは、当時最先端の白話小説を取り入れたことによる新鮮味の付与など、売れ行きを考えた工夫の一つであった。

この工夫が当たったことは、本書六巻六冊のうち、『蜃中楼』が掲載される巻一のみ版面が痛んでいる本が多いことから、『蜃中楼』だけを読みたい読者のため、巻一だけ単体で売り出した、との推測にも重なる。それを踏まえると、『蜃中楼』の好評は、流行を逃さずに読者の拡大を狙う八文字屋の商売人としての冷徹な眼が、結果として文学享受の裾野を広げることにつながったとも言えるのではなかろうか。役者評判記を通して初めて白話小説に触れた読者が、その後、読本読者になったとしたら、江戸の読者の柔軟性への驚嘆とともに、理想的な教養教育の一例のように思うのである。

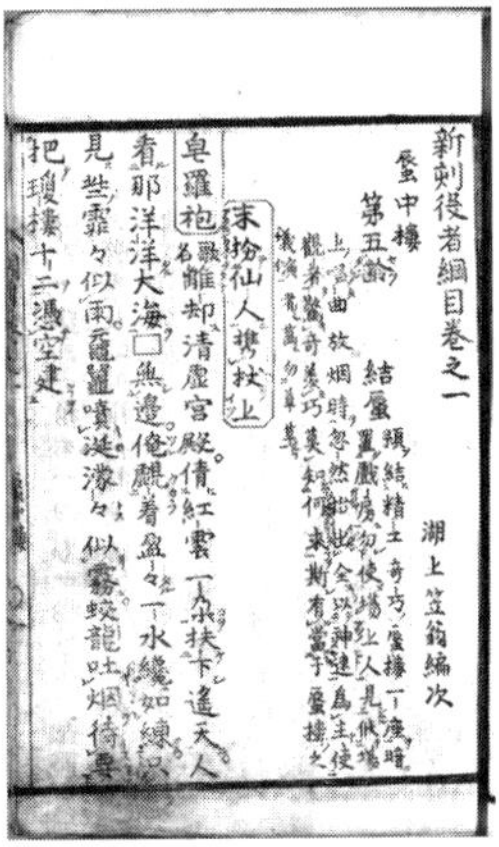

新刻役者綱目巻之一　湖上笠翁編次

蜃中楼

第五齣　結蜃

蜃頬結精土奇巧，蜃楼一座，暗置戯場，勿使場上人見，俟場上唱曲放烟時，忽然出全，以神速為主，使観者驚奇羨巧，莫知何来，斯有当于蜃楼之義，倫…万勿草草

末扮仙人携杖上

皂羅袍　名離却清虚宮殿。倩紅雲一朶扶下遥天，人看耶洋洋大海□無辺。俺覰着盈々一水纔如練。只見𩅦霏々似雨。亀鼉噴涎。濛々似霧。蛟龍吐烟。待尋

把瓊楼十二憑空建

図1　『新刻役者綱目』（国会図書館蔵）

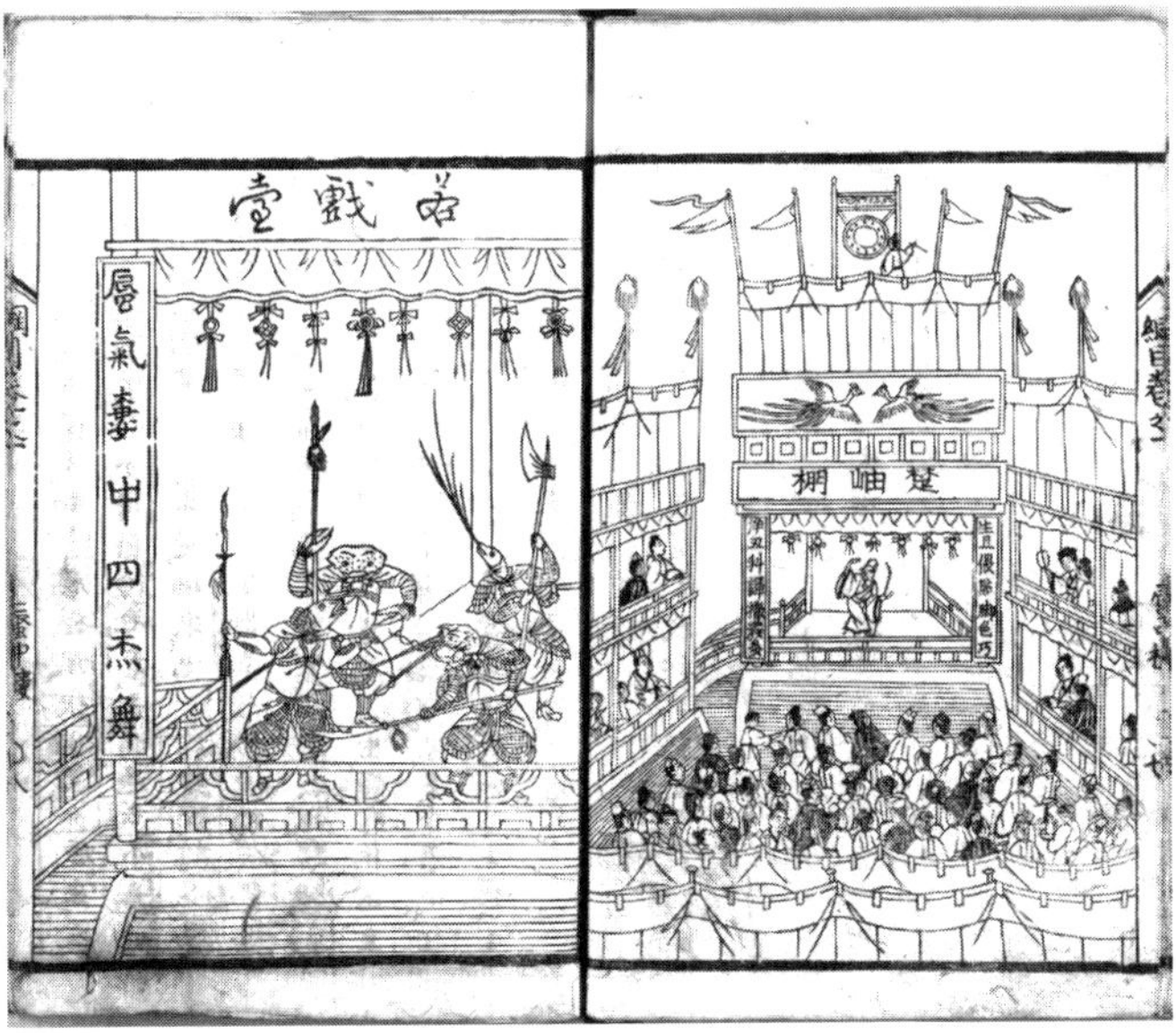


図2　『新刻役者綱目』口絵

# 第四章　女訓書の世界——『女用文章』を読む

## 第一節　『女用文章』の世界——作者と板元

### 1　「女訓書」とは

江戸時代は出版の時代と言ってもよい。印刷技術の導入、経済的な発展、識字率の向上などを背景に、数多くの書物が刊行されるようになった。それまでの写本中心の時代には、書物は特権階級の専有物であったが、江戸になって多くの一般大衆の手に届くようになった。

数多く出版された一群の書物の中に「女訓書」として分類される書物群がある。読んで字のごとく女性に向けての教訓書であり、古くは鎌倉時代から存在するが、それが一般に広まっていったのは、封建体制の世となった江戸時代からと考えてよいであろう。特に『女訓抄』が寛永十七年（一六四〇）に京都で刊行されてより、中国の古典の『古列女伝』とその系列、孝行や式目、行儀作法、家政技能を説く書物群が次々と出版された。その量の多さから全体が把握できないほどである。その数点については思想、教育学、教科書学、家政学、往来物、日用書の各ジャンルで研究されているものもある。またその百科辞書的な日用書としての側面も注目され始めている。

現代人からはあまり評判のよろしくない『女大学』も、その一系統である。女性に不当な忍従を説いたとして『女大学』やその作者とされる貝原益軒《かいばらえきけん》がやり玉に挙げられるのは、江戸中・後期から『女大学』が爆発的に売れたからにほかならない。その普及の広範さによって、あたかも日本封建思想の一翼、もしくは主翼を担うものと認知されるに至ったのである。

『女大学』は貝原益軒の書と言われているが、これは誤りである。益軒の没後二年、享保元年（一七一六）に『女大学宝箱』が出版された。これが確認できる最古の『女大学』である。益軒没後間もなくの刊行であるのでいかにも益軒の遺稿であると思わせるが、実は益軒の著書をもとに作られたものであって、真の作者は不明である。本書の出版書肆は江戸の小川彦九郎と大坂の渋川（柏原屋）清右衛門であった。見返しと末尾に「益軒貝原先生述」と銘打ち、「浪花書肆　称觥堂蔵版」と明示しているから、『女大学』の仕掛け人は称觥堂《しょうこうどう》すなわち大坂の渋川清右衛門とみなしてよい。つまり、渋川清右衛門という『女大学』のプロデューサーが存在し、販売促進を狙って益軒の名を借り、ブームを仕掛けたというわけである。

この渋川清右衛門は、次項で述べるように古典出版界では有名な書肆である。室町物語を集成した『御伽文庫《おとぎぶんこ》』シリーズ、いわゆる渋川版『御伽草子』の出版書肆であるため、御伽草子との関係でよく名前を出される。また、中国白話小説を取り入れて日本の小説に新風を吹き込んだ都賀庭鐘《つがていしょう》の

図１　麒麟鳳凰の図

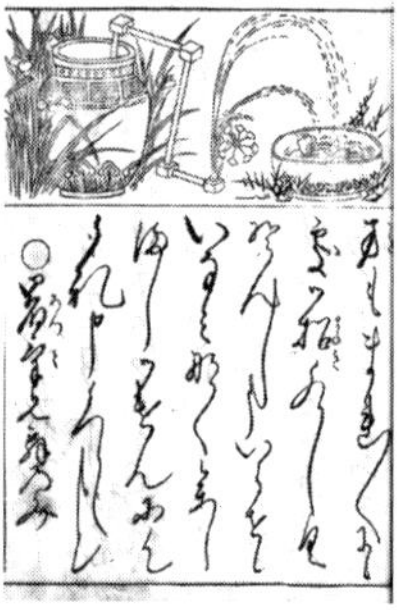
図２　噴水

『英草紙《はなぶさそうし》』の出版人でもある。曲亭馬琴の『南総里見八犬伝《なんそうさとみはっけんでん》』は足利時代を舞台に八犬士の血湧き肉躍る活躍をダイナミックに描く物語で、現代でもファンが多いが、この書は「読本《よみほん》」というジャンルに分類される。この江戸期にブームとなった「読本」の最初が『英草紙』なのであり、その仕掛け人もまた渋川であった。渋川にはその「輝かしい」業績に、新たに一つ、貝原益軒に擬した『女大学』仕掛け人の称号を授けるべきであろう。

　この渋川清右衛門が出版した女訓書の一つに、明和九年（＝安永元年、一七七二）刊『女用文章糸車《おんなようぶんしょういとぐるま》』がある。江戸中期を代表する女訓書、やや専門的に言えば女性向けの「用文章《ようぶんしょう》」スタイル、すなわち文章の基本的な作法を教える書の典型で、後に改題本や後刷り本も出された。それだけよく売れた本であり、複製も出版されている。まさに渋川清右衛門の時流を読む商人勘のよさを証明している書物であった。

　この『女用文章糸車』の表紙には目録が添付され、「女中用文章」から「書物目録」まで四十項目が記されている。内容は口絵と本文、末尾の「即座占」からなり、豊富な挿絵と知識が二段組、もしくは三段組で編集されている。図1「麒麟鳳凰の図」はその冒頭に掲げられた口絵で、上品な彩色が施されている。

現代の目で見ると少々不思議な気がするのは「女中大和詞《じょちゅうやまとことば》」であろう。大和詞といえば漢語に対する和語という理解が一般的であるが、近世期に発達した女性語のことである。「水を「おひや」という」といった具合に、日常語を上品な言葉に言い換えることが江戸時代には流行ったらしく、多くの「大和詞」の書物が出版された。本書では「ごふく（小袖）」、「おなか（綿）」、「いしいし（団子）」、「おでん（でんがく）」、「しゃもじ（杓子）」などが挙げられている。これらの中には現代ではその上品な言い方のほうが残ったものもあり、その方面の研究も進められている。

挿絵に目を転じれば、噴水装置（図2）や二股大根をかつぐ大黒（図3）のような図柄が目を引く。特に二股大根を担ぐ大黒の姿は、後に葛飾北斎《かつしかほくさい》の描いた絵画が有名だが、本書の北尾辰宣の絵はそれより早い作例で、北斎にはない味わいがある。

では、なぜこういった女訓書がそれほどに広まったのであろうか。従来説かれる如く、儒教倫理に基づく社会の要請という面も、むろんあるであろう。男尊女卑を是とする社会にあって、女性の生き方を説き、男性社会（為政者）の望む理想像に女性を押し込めようとする動きと捉えることはあながち間違いではない。しかし、本書が売れた理由はそればかりであろうか。売れる商品であったということは、単なる道徳の押し付けではなく、そこに何かしらの、女性たちにとっての書を読む意義や面白さもあったのではないだろうか。

図3　大黒

女訓書を考える上で、様々な観点からの分析が可能である。たとえば、女訓書における『源氏物語』の扱いについて、和歌を詠む上では必須の教養であり、平安朝から続く雅な遊びである貝覆《おおい》（貝合わせ）や香道にも必要な知識であるとする一方で、恋を奨励する「淫乱の書」として忌避するという矛盾が指摘されている（谷村玲子「江戸時代の女性の稽古事からみた日本意識の形成」）。恋愛は御法度と教えたい為政者の意向はそれとして、優雅な古典的文化の継承には、平安朝の文学的素養は外すことの出来ない基礎教養だったのである。こういった教訓書と実用書との間の記述の分裂には、いわば本音と建て前、理想と現実といった違いが垣間見られて興味深い。

一方、男子として身に付けるべき教養を説く書物、たとえば『男重宝記《なんちょうほうき》』（艸田寸木子（苗村丈伯）、元禄六年〈一六九三〉刊）では、読み書き学問は当然のこと、ほかに謡《うたい》、漢詩、和歌・連歌・俳諧、茶の湯、立花（生け花）、囲碁将棋などが続く。茶の湯や生け花は、江戸時代には、しかるべき家柄の男性に求められた必須の教養であったのである。それに対し、女訓書ではそれらがない、ということも谷村は指摘している。今や女性の嗜みの一つであるかのような茶道や立花が、江戸時代においては男性のものであったという事実は、何を物語るのであろうか。このように、女性に求められた教養を考察する際には、同時に男性に求められた教養も考察することで、より立体的に女性教育の本質が見えてくるであろう。

女性に対する新しい視線、ということも指摘できるかもしれない。中野三敏は「近世の人物誌」において、近世に入り、人間に対する興味の高まりに伴って、人物誌（伝記）に描かれる対象が歴史を動かした偉人だけでなく、一般町人や僧侶など人物の幅が飛躍的に広がり、女性の伝記も編まれるようになったことを指摘している。多くの女訓書の出版には、「女性はこうあるべき」という垂範の意識は当然あったとしても、その背後にある、それまでほとんど表舞台に取り上げられることのなかった「女性」への注目、という新たな動向の現れと位置付けることも可能なのではないだろうか。「烈女」伝や「孝女」伝をどう読むか（読ませるか）、という問題とも関わるが、しかし、それまでになかった女性自身を「主人公」とする話の提供は、女性たち自身の教養や楽しみの一つともなり得ていたかもしれない。

本章では、この渋川清右衛門の出版した『女用文章糸車』の世界を見ていくこととする。とはいえ、その分量はあまりにも多いので、詳細は末尾の【書誌】をご覧いただくこととし、本章ではいくつかの項目と、末尾にその原文の翻刻を紹介するにとどめる。そのうえで、改めて本書のような「実用書」の文学性を問いたい。

## 2 作者と板元――北尾辰宣と柏原屋渋川清右衛門

江戸時代には、手紙文などの文例集「用文章」や国語辞典の一種である「節用集《せつようしゅう》」、また日常に役立つ雑学知識をあつめた「重宝記《ちょうほうき》」など、多様な実用書が数多く出版された。中には、特に女性にとって必要あるいは有益な知識に特化したものも少なくなく、この『女用文章糸車』はそのうちの一種である。

本書は女性向けの手紙文例集として、仮名文字を中心とした文例や季節の挨拶文などを約六十通掲載する。しかしこの「用文章」、時候の挨拶や手紙に使う用語集・文例集に加え、「附録」として、読者の興味を引くさまざまな知識や短い読み物、そして前項でも紹介されている魅力的な挿絵が全編にちりばめられるなど、実に読んでいて、そして目にも楽しい工夫が凝らされている。本書でも、本文九十二丁のうち肝心の本編が始まるのは、三十一丁目表からで、それまでの三十丁、すなわちほぼ三分の一が附録となっている（さらには本編の全丁にも、上部に挿絵や豆知識が、巻末にも占い情報がつごう二丁掲載される）。この比率からも、附録の存在感の大きさが理解されるだろう。天野晴子は、このような書籍――いわゆる「女子用往来」を「さまざまな生活の知恵・道徳・技術を盛り込んだ『生活総合型教科書』とでもいうべき性格」と位置づけ、またそれゆえに「一層の普及を遂げた」と評価している。

本編冒頭の丁を見てみよう（図4）。右側が三十丁裏にあたるが、ここが「附録」の末尾部分。「七去」と題した女性向けの教訓（女訓）が記される（「七去」については、「2　三従七去」を参照いただきたい）。

そして左側が本編の冒頭である。「女用文章糸車」というタイトルと、時候の挨拶に用いるための、初春に関連する語句が散らし書きにされている様子が見て取れる。ちなみに上部には、やはり用文章の季節に合わせて、門松を飾った玄関先で、羽根突きをして遊ぶ振り袖姿の少女たちの姿が挿絵として描かれている。

図4　本編冒頭

本書の挿絵を描いたのは、雪坑斎《せっこうさい》北尾《きたお》辰宣《ときのぶ》と名乗った、大坂で活躍した絵師である。生没年などの詳細な伝記は伝わらないが、一七四〇年代から八〇年代にかけて、絵本や滑稽本、女訓書・手習い本などの実用書に挿絵を多く残している。そのほとんどは、秋田屋市兵衛、敦賀屋九兵衛、そして本書の版元でもある渋川清右衛門など、大坂を本拠地として活動していた大規模な板元が刊行しているが、同時に江戸の本屋から売り出されているものも少なくはなく、明和六年（一七七九）には『都百題女訓綱目』という女性向け書籍が、江戸書肆の鱗形屋《うろこがたや》孫兵衛《まごべえ》を板元として、京都・大坂にも売り出されている。その著作が一地域に留まらず、発売当初、すなわち初版から広域で販売されている点、そして著作に大きく署名を残している場合が多い点から、北尾辰宣は、当時における人気絵師の一人だったと思われる。

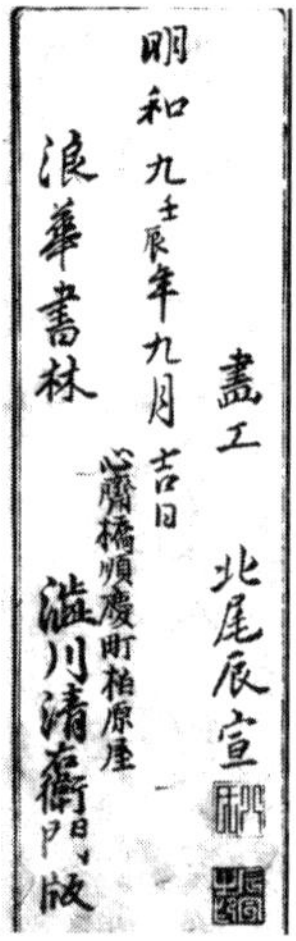


図5　刊記

渋川清右衛門は、十七世紀末から十八世紀初頭にあたる元禄年間（一六八八―一七〇四）に大坂で出版活動を始め、幕末に至るまでその存在を確認できる、規模の大きい書肆である。屋号を「柏原屋」、堂号を「稱觥堂」といい、本書の刊記（奥付）には、「画工　北尾辰宣（印：北尾）（印：辰宣之印）」の左側に「明和九壬辰年九月吉日／浪華書林 心斎橋順慶町柏原屋 澁川清右衛門版」と署名を残している（図5）。

渋川は、その長期にわたる出版活動の中で、学問書や医学書のような、いわゆる「物の本」と呼ばれる堅い書籍から浮世草子や御伽草子などの小説類、また実用書類も幅広く刊行しているが、女性向けの書籍も多く出版している。開業からそれほど時間は経っていないと思しき元禄十一年（一六九八）にはすでに『女用文章大成』（別書名『女用文章綱目』、全三巻）を出版しており、この種の書籍を主要な商品として重要視し、積極的に取り扱っていた。詳細は【書誌】を参照していただきたいが、本書にしても、もともとは宝暦七年（一七五七）に泉屋喜太郎という版元が刊行した『女文要悉皆嚢《おんなぶんようしつかいぶくろ》』を初版としており、それを渋川が板権を入手し、『女用文章糸車』と改題して再出版したものなのである。当時は、需要のある出版物の板権がこのように売買されるのはよくあることであった。なお本書は、附録の中身が異なっているものや目次付きのものもあり、安永三年（一七七四）には、西川竜章堂の筆に改められ、『女用文章倭錦』と改題出版されているなど、数度にわたって印刷されていたらしく、やはりよく売れたもののようである。泉屋は、一七三〇―五〇年代に活動が認められるものの、確認できる出版事例は多くはない。渋川が本書を出版したのは泉屋の活動が途絶えた後のことであり、所有者のいなくなった、かねて目をつけていた女用文章の板権を入手して再出版した、ということかもしれない。

また、当時の出版書肆は、特に江戸時代中期までは「三都」と呼ばれた京都・江戸・大坂を本拠地とする場合が多く、そのうち資本力にすぐれるものは、他の地域に出店を置いたり、信用できる取引先を開拓して継続的な協力関係を構築したりと、規模を拡大しつつ盛んに出版活動を展開していた。渋川は、先述のとおり大坂に本拠地を置いていたが、享保三年（一七一八）ごろから江戸の小川彦九郎という有力書肆と取引を始めており、本書もまた、小川を通じて江戸でも売り出されている。

## 第二節　女性に求められた理念

『女用文章糸車』に掲載される附録の中には、江戸時代の女性に求められた理念を項目別に記した、「教訓おきな草」と題した一節も含まれる。まず「孝行」から始まり、「慈悲」「貞節」「教育」「礼譲」「忍容」、そして「三従」と続く。

### 1　孝行・慈悲・貞節・教育・礼譲・忍容

まず最初の「孝行」から六番目「忍容」までの内容を、適宜本文を引用しつつ見てみよう。

孝行《こうこう》

○いきとし生《いけ》けるもの、誰《たれ》か子を愛せざらん。……親《をや》の恩《をん》の高《たか》き事、泰山《たいさん》も何ならず、蒼海《そうかい》も浅《あさ》かるべし。誰《たれ》しも我身を愛《あい》せざるものなし。我身を愛する心をもつて父母《ちゝはゝ》を愛し敬《うやま》ひ侍《はべ》らば、おのづから神の訓《さとし》、聖《ひじり》の教《をしへ》、仏の法にもかなひ侍《はべ》らん。孝行《かうくく》は万行の長たりといへば、忽《ゆるがせ》にすべからず。

全ての生き物は子を愛するものであり、子にとって親の恩は限りない。だから、自分を大切に思わない者はおらず、その自分自身を大切に思う心と同様に両親を敬愛することが、神儒仏すべての教えにも叶うことで、この「孝行」はすべての行いの最も重要なものであるから、なおざりにしてはならないと説く。

慈悲《じひ》

○物を育《めぐ》み慈《いつくし》む心の深《ふか》きを慈悲《じひ》といふ。……譬《たとへ》ば父母の子を育《めぐ》み養《やしな》ひて生長《をいし》給へるがごとく、外より強《しい》たるにも非《あら》ず、名聞《みやうもん》の為にも非ず、慈悲心《じひしん》の厚《あつ》き所也。

ものごとを育ていつくしむ心が慈悲であり、これは例えば両親が子を育て立派に成人させることで、他から強制されるものでも評判のためのものでもなく、自然と心から湧き出るものと説く。

貞節《ていせつ》

○女の心操《みさほ》貞《たゞ》しく、かりにも不義不道《ふぎふだう》のふるまひなく、志《こころさし》を固《かた》く守《まも》りて夫《をつと》に仕《つか》ふるを貞節《ていせつ》といふなり。されば貞《てい》女は二を更《かへ》ずとて、一度《ひとたび》嫁《か》して其夫《をつと》に忠《まめや》かに仕《つか》へ、其心に従《したが》ひ背《そむ》かず。富貴《ふうき》の時は富貴を偕《とも》にし、貧賤《ひんせん》なれば貧賤を共にす。これ婦人《ふじん》の定《さだ》まれる法《のり》なり。

女は、貞操を守り夫を裏切ることなく、夫に仕えることを貞節という。貞女とは、夫を一人に定め、富む時も貧しいときも夫に寄り添う。これは女にとって守るべき道理であるとする。

教育《きょういく》

○婦人懐胎《ふじんくわいたい》して未《いま》だ産《むま》れざる内より、胎教《たいけう》とて母親《はゝをや》の身をつゝしみ、仮初《かりそめ》にも悪《あし》き事を見ず、聞《きか》ず、身に触《ふれ》ず、正《たゞ》しき道《みち》を我身に行《をこな》ふて胎《たい》内の子に教《をしゆ》る道理《だうり》を胎教《たいけう》といふ也。既《すで》に産《むま》れ出ては、襁褓《むつき》の中の教《をしへ》有。成人《せいじん》するにしたがひ、父《ちゝ》の教《をしへ》は母《はゝ》に十倍《ばい》すといへ共、其子の悪《あし》き習《なら》はしを陰《ひそか》に諫化《いさめくは》する事は、母の教《をしへ》、父《ちゝ》よりも十《ばい》すといへり。

妊娠した時は、胎教のため悪いことを見聞きせず、無理な行動もとってはならない。子が生まれてのちは、成人するにしたがって、父の教育は何より重要となるが、一方で子が悪に染まらないよう諫めるにあたっては、母の影響力は父をはるかにしのぐという。

礼譲《れいじよう》

○……誠の礼譲といふは、つゝしみ敬《うやま》ふ事を本《もと》とす。……惣《すべ》て我より上《かみ》ざまなる人に対《たい》して真実《しんじつ》心《しん》をもつてつゝしみ敬《うやま》ひ、我身をへりくだりて其人に先だゝぬを礼譲《れいじやう》の第一義とする也。然《しか》れども、さまで尊敬《そんけう》すまじき人に礼譲の過《すぎ》たるも諛《へつら》ひなれば、其分限《ぶんげん》をしるべきもの也。

礼譲とは、自らは慎み深く相手を敬うことを言う。目上の人物に対して心から慎み敬い、自分はへりくだって出しゃばらないことを第一とする。しかし、それほどでもない立場の人にまで過剰にへりくだるのは「へつらい」となってしまうので、程度を知らねばならないとする。

忍容《にんよう》

○忍容《にんよう》といふは物事に耐忍《たへしの》ぶ事にて、堪忍《かんにん》するをいふなり。たゞ世の中は順逆《じゆんぎやく》二ツの宿《やどり》なれば、彼《かれ》に順《じゆん》なる時は此《これ》に逆《ぎやく》なり。我に順なる事は誰《たれ》しもよろこび笑《わら》ひ楽《たのし》め共、少しにても我心に逆《さか》ふ事あれば怒《いか》り腹《はら》立る。此時、男女共に堪忍《かんにん》の二字をもつて怒りの気を押《おさ》へ止《とゞ》むれば大事破《やぶ》れず、万の事成就《じやうじゆ》する也。

忍容とは、意のままにならないことを耐え忍び、許すことを言う。世の中は相反する物事が存在する場所なので、相手にとって理に叶うことでもこちらにとってはそうではないこともある。自分にとってよいことは誰もが喜ぶが、その逆の場合は腹が立つもの。その時に、男女ともに「堪忍」の心で怒りを抑えれば、重要なことは損なわれず、結局はうまくいくと説く。

ここに挙げられる徳目のうち「孝行」「慈悲」「礼譲」「忍容」は、女訓に留まらない、人間全般にとっての教訓と言える（実際、「忍容」には本文中に「男女共に」という文言が使われている）。特に、筆頭の「孝行」は、本文に「万行の長」と言われるとおり極めて重要視された道徳観念で、例えば、江戸時代に広く流布した『六諭衍義《りくゆえんぎ》』では、その第一に「孝順父母」が置かれ、親への孝行の重要性が説かれている。同様に寺子屋の教科書としてよく読まれた『童子教』には「父恩者高山　須弥山尚下。母徳者深海　蒼冥海還浅」と、親から受ける恩の大きさを例えた部分に、本文と類似する表現がある。

一方、「貞節」と「教育」は、まさに女性に向けた教訓である。妻となる、また母となる時の心構えとして、あとの「三従」「七去」とも通ずる教訓と捉えられるだろう。「貞節」に説かれる、妻となったら夫に一筋に仕えることを旨として再婚を忌避する考えは古くから存在したが、江戸時代ではより強く女性に求められる態度となった。「教育」では、子息が道を踏み外さないよう諌めるには母親の教育が非常に重要と説き、また妊娠時の行動を細かく注意するが、このような教えもまた本書に限ったことではなく、例えば『女重宝記』（苗村丈伯著、元禄五年刊）では、全五巻のうち第三巻を「懐妊の事幷ニ養生の次第」として妊娠時の注意と無事な出産のための情報に筆を割く。その中にも、妊娠中の注意として、本文同様「心身のつゝしみ第一なり。耳にあしき事をきかず、目にあしき色をみず、鼻にあしき香をかゞず、うらみず、のをしへを聞、書をよむべし。心正直にしてじひふかく、しづかにてさはがしからず」せよと説かれている。

図6 「三従」流浪する老いた女の図

## 2 三従七去

七番目の「三従」は、次にある「七去」とともに「三従七去」としてよく語られた。

**娘の時分《じぶん》は父母に従《したが》ひ、既《すで》に嫁《か》しては夫に従《したが》ひ、年老《をひ》ては我子に従ふ、是を三従《さんじう》といふ。**

娘（未婚）の時は両親に従い、嫁いでからは夫に従い、年老いてのちは、一人前になった我が子に従う、これを「三従」という。

この教えは、漢籍のひとつ『儀礼《ぎらい》』に由来する。『源氏物語』第三十帖「藤袴《ふじばかま》」にも「女は三つに従ふものにこそあなれど」という一節があり、平安時代の貴族社会において既に一般的であったらしい。

この節では、女は若い時分はともかく、頼りになる夫や子を持たないまま年老いると悲愴な行末を辿ることになると説く。

**女ほど世に便《たより》なきものはあらじ。……年老て色も荒《すさ》み香《か》も失《うせ》行にしたがひ、世にも人にも捨《すて》られ、うき草の根《ね》を絶《たへ》てさそふ水のあはれをなき跡《あと》までもとゞめし女のあぢきなき世のさまにて是非《ぜひ》なけれ。**

年老いて、色香が衰えるに従い、世間からも人からも捨てられ、根のない浮草のように過ごしたあわれな姿を亡きあとまでもこの世に留めた女の人生のように、どうにもならなくなる。

「うき草の根を絶て」とは平安時代の美女として名高い小野小町の和歌の一節で、このくだりは、老いて衰え、哀れな末路を辿ったという小町の伝承を踏まえたもの。挿絵にも、流浪する老婆の姿が描かれている（図6）。

最後の「七去」とは、妻が夫に離縁される七つの理由を指す。漢籍の『大戴礼記《だたいらいき》』に由来する一節である。その七つの理由とは、次のとおり。

第一、舅姑《しうとしうとめ》に不孝《ふかう》なれば去《さる》。第二、淫乱《いんらん》なれば去。第三、盗心あれば去《さる》。第四、口がましく詞多き者は去。第五、悋気《りんき》ふかく物妬《ねたみ》するものは去。第六、癩病《らいびやう》などの悪《あし》き疾《やまひ》あれば去。第七、子なければ去《さる》といへり。

①舅・姑に孝行しないこと。②淫乱であること。③物を盗むこと。④口が過ぎること。⑤嫉妬深く物を妬むこと。⑥悪い病気にかかること。⑦子どもができないこと（ただし心正しく貞節であれば離婚されることはない）。

この「三従七去」、現代においてどう見るかは措《お》くとして、当時刊行された多くの女訓書や教訓的内容を持つ仮名草子などにも言及される、やはり一般に広く知られたものであった。ただし「七去」の項目順は、例えば『女大学宝箱』本文では「婦人に七去とて悪きこと七あり　一には嫜《しゆうと》に順《したが》はざる女は去べし　二には子なき女は去べし……三には淫乱なれば去る　四には悋気《りんき》ふかきなればさる　五に癩病などの悪き病有ばさる　六に多云《たげん》にて慎《つつしみ》なく物いひ過は親類とも中悪くなり家みだる、ものなれば去べし　七には物を盗むことあればさる」と、順序と表現とは文献によってさまざまである。

「教訓おきな草」の八項目は、江戸時代において広く求められた道徳的な規範であって、中でも、特に「貞節」「忍容」、そして「三従」「七去」は女性が心得ておくべき教訓であった。当時を生きた女性たちが、現実にはどのような人生を歩んでいたのかは、身分階層によっても著しい差異があると推測されるし、より慎重で詳細な調査が求められようが、しかし少なくとも、〝社会的に、どのような女性像が求められていたのか〟ということを、本書に載るこれらの女訓は、我々に教えてくれる。

## 【コラム6】

# 女子用往来と女用文章

近世に入ると、手習い塾や家庭で使用するさまざまなテキストが作成された。その起源は、十二世紀頃に作られた往復一対の手紙文例を集めた『明衡往来《めいごうおうらい》』『東山往来』まで遡ることができる。十七世紀には手紙文形式をとらないものが多くなり、初歩教科書・初歩教材の総称として、「往来物」と呼ばれるようになった。

往来物は、手習いの習字手本としての性格を有していたため、本文は大きな文字で書かれていた。手習いは、文字を読み、文字を書く技術を向上させ、文章の内容を理解するという、一連の学習過程を含むものでもあった。往来物は、手習い塾の師匠が子どもに与える手本を書く際に使ったり、裕福な家庭で親が購入したり、周囲の大人が子どもに贈ったり、娘の嫁入り道具に持たせることもあった。

一般に、当時の女性が使用する文字と男性が使用する文字は異なっており、女性は大部分が「かな」で一部漢字が混ざった「和文体」を用い、男性は主に「漢字」による「準漢文体」を使用した。女性に特有な書記法やテクストは、往来物の中で、女性を対象とした女子用往来の出板につながり、その種類は千八百種類に及ぶともいわれる。

売り物としての女子用往来は、安価で質素な仕様から、絵図や様々な記事を載せ、色刷りの豪華な装丁に仕立てたものまで、バリエーションが豊富であった。巻首や頭書、巻末に、教訓や故事来歴から日常生活の知識に至るまで、多種多様な内容が一冊の中に盛り込まれたものも少なくない。浮世絵師の西川祐信《にしかわすけのぶ》や戯作者の十返舎一九《じっぺんしゃいっく》、山東京伝《さんとうきょうでん》など、人気のある絵師や作者を冠したものもみられる。

女子用往来は、編集形式・内容から、教訓型・消息型・社会型・知育型・合本型に分けることができるが、このうち最も広く流布したのが、「教訓型」と「消息型」の往来である。「教訓型」は、実生活に対する心構えや道徳、しつけを中心に説いたもので、「女大学」や「女今川」などが板を重ねた。一方、「消息型」は消息文を集めたもので、中でも「女用文章」系に分類される手紙文例集は、豊富な題材が収録されたものが多い。四季折々の文例では、五節句などの年中行事や暑中見舞い、寒中見舞いが頻繁に登場する。通過儀礼の文例では、出産、子どもの成長過程における行事、成人、結婚など、女性の一生の節目にかかわる行事が扱われている。日常生活の文例では、花見や舟遊び、忘年会などの遊興、伊勢参りや湯治などの旅行をはじめ、病気見舞い、災害見舞い、奉公人の依頼、物やお金の貸し借りなど、多様な場面が描かれる。これらの文例を通して、当時の女性の生活を垣間見ることができるのも興味深い。

# 第三節　嫁入り道具・身だしなみ

## 1　黒棚《くろだな》

**○黒棚《くろだな》と名《な》付る事は、五色の中にても白き色《いろ》は清浄《しやう〴〵》の本色《ほんしき》なり。黒《くろ》き色は既《すで》に物に染《そみ》て不浄《ふじやう》の色にかたどる也。されば此棚《たな》には女の常平生《つねへいぜい》に取あつかふけがらはしき道具類《だうぐるい》をかざるゆへ、黒棚と名付る也。又一説《せつ》に、女は陰《ゐん》にして北方《ほくほう》を主《つかさど》る。北の方は又色に取ては黒《くろ》し。これを表《へう》して黒棚といふと也。**

黒棚は、黒漆を塗った三段または四段の棚（図7）。女性が身の回りの道具をのせておくもので、室町時代以降、嫁入り道具の一つとなった。黒は既に物に染まった不浄の色を表しており、汚らわしいと考えられていた女性が日常的に扱う道具類をこの棚にのせることから黒棚と名付けられたと、ここでは説明されている。また、女性は陰陽説によれば陰であり、北方を司るもので、北を色で表すと黒であるため、黒棚と名付けられたという説もあるという。

**又、御厨子《みづし》、黒《くろ》棚に貝桶《かいをけ》をそへて、三光《さんくわう》の錺《かざり》といふ。**

御厨子棚、黒棚、貝桶を合わせて三光の飾といった。御厨子所は、宮中の内膳司《ないぜんし》に属し、天皇の食事を供し、節会《せちえ》などで酒肴を準備する役所、または貴人の家の台所のことを言い、御厨子棚ももとは御厨子所に置かれた食物を納めておく棚であったが、後には装飾を施し書物や器物などを置くようになった。貝桶は、貝合の貝を入れる二つで一組の桶で、近世嫁入り道具の一つとされた。

**○黒棚のかざり様、第一段の棚にかづら箱、歯黒箱、髻《もとゆひ》箱の類を錺《かざ》る。次《つぎ》に昆布《こぶ》箱、次《つぎ》に鉄《かね》付筆、次にわたし金《がね》、次に香箱、匂《にほひ》箱の類を錺る。次《つぎ》に眉作り箱の内にいろ〳〵あり。第二段の棚には杦原《すぎはら》、硯《すゞり》、硯屏《けんびやう》、みだれ箱の類《るい》をかざる。次にやは〳〵の紙、次に眉作《まゆつく》り筆一対《つい》、次に角赤《すみあか》の箱の内にいろ〳〵入る。次に耳《みみ》だらゐ、又は漿子《じやうづ》、爪《つめ》切の類をかざるなり。**

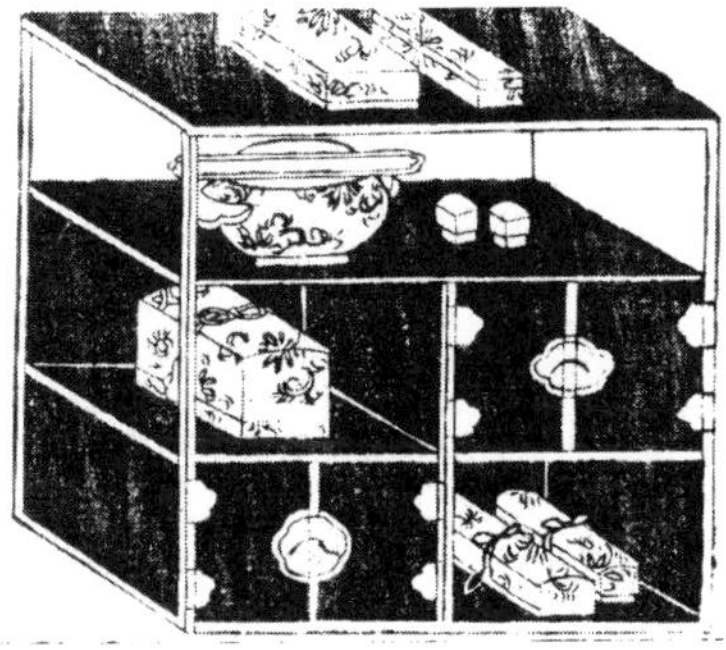
図7　黒棚

ここでは黒棚に飾る、元結箱や香箱、紙・硯といった、女性の身の回りの道具が挙げられているが、歯黒《はぐろ》箱、鉄付《かねつけ》筆、渡し金《がね》、耳盥《みみだらい》、漿子《じょうず》など、お歯黒に関する道具は特に多く並べられている。

お歯黒は鉄漿《かね》付けとも言われ、歯を黒く染めることである。染料は古い鉄片を茶の汁または酢に浸し、五倍子《ふし》の粉という、五倍子の木にできた虫こぶからとった粉を加えたもの。この染料に粥や酒、飴を加えることもあり、これは酸化を促進させるため、または口に含むものであるので不快さを和らげるためとも言われる。歯を染める際には鉄漿付け筆や耳盥を用いる。耳盥は把手のついた小さな盥で、把手が耳の形に似ていることから名付けられたという。歯を染める際、この耳盥の上に渡し金と呼ばれる細長い板を掛け、その上にお歯黒の染料を入れた容器をのせて、口をゆすぐのに用いたという。漿子はお歯黒の染料を入れておく金属製の器のことである。

お歯黒は近世では既婚女性が行うことが一般的であったが、この慣習は上代からあったとされ、平安時代の作品に、「はぐろめも、まだしかりけるを、ひきつくろはせ給へれば」（『源氏物語』「末摘花」）、「はぐろめさらに、うるさし、きたなし、とてつけ給はず」（『堤中納言物語』「虫めづる姫君」）などの用例が見られ、貴族女性の間でも行われていたことがわかる。中世では、公家や武家の男子も行ったとされる。

## 2　化粧《けしやう》の間《ま》

○女は高《たか》きもいやしきも髪《かみ》をそろへ化粧《けはひ》し、あるひは衣服《ゐふく》をあらため、身だしなみの事はみだりに人に見せまじき事、女常《つね》〳〵のたしなみなり。それゆへ、貴《き》人の御前方《ごぜんがた》には、御婚礼《こんれい》の時より化粧《けしやう》の間《ま》を別《べつ》にしつらひ給ひ、輿《こし》入と化粧《けしやう》の間へ入給ひ、衣服《ゐふく》を改《あらた》めて座敷《ざしき》に出て婚礼《こんれい》あるなり。

**其前日に嫁《よめ》の方の女中方《がた》参りて、案内《あんない》を能覚《よくおぼ》へ置《をく》事也。**

髪を整え化粧をするなど、身だしなみに関することは軽率に人に見せてはいけないということは、女性の常識であり、そのため婚礼が行われる際には、貴人の奥方に化粧をし、身だしなみを整える化粧の間と呼ばれる部屋を用意していた（図8）。輿入《こしいれ》とは嫁が乗った輿を婿の家へかつぎ入れることで、嫁ぐこと、嫁入りのことを指す。嫁入りのときにはこの化粧の間に入り、衣服などをあらためて準備をし、婚礼に臨んでいた。嫁の方の家の女中は、婚礼が行われる前に婿の家に赴いて、内実を覚え、婚礼の準備を整えておいた。

図8　化粧の間

**○化粧の間の屏風《びやうぶ》は布袋《ほてい》に唐子遊《からこあそ》びの絵を用ゆる事、故実《こじつ》ありしぞ。**

ここからは化粧の間の内装について説明がある。化粧の間にかける屏風には、布袋が中国風の装いをした子どもである唐子と遊び戯れている様子を描いたものを用いることに先例があるという。

布袋は中国唐末の禅僧で、日本では七福神の一人として知られる。

腹が大きく膨らんだ、肥大な体格であった。杖をつき大きな袋を持って各地を渡り歩き、人々からもらった食べ物などをすべてその袋に入れていたことから布袋と呼ばれるようになった。布袋は日本では室町時代から知られるようになり、その福徳円満な姿から福神に数えられるようになったと言われている。

**其前の右の方に花瓶《くわびん》を置《をく》也。花は真《しん》の松竹梅を用ゆ。**

屏風の前の花瓶には、本物の松竹梅を飾るという。

**中央《ちうおう》には卓《しよく》をすへ、卓の右の方に香炉《かうろ》香合《かうばこ》を錺《かざ》り、左の方には香箸《かうばし》と焼《たき》がら入とをかざる。**

香は、日本には仏教文化とともに六世紀頃伝来した。始めは仏前に焚いて供える供香《きようこう》として用いられたが、八世紀頃からは部屋や衣服に焚きしめ使うようにもなった。

香炉《こうろ》は、香をたくのに用いる器で、陶器や銅、金、銀などで作られ、置香炉、柄香炉、釣香炉など、様々な形状のものがある。香合は香を入れる蓋付きの小さな容器で、漆器・陶器・堆朱《ついしゅ》製などがある。香箸《こうばし》は、香をたくときに香木をはさむのに用いる小形の箸のこと。これらのものを中央に置かれた机の上に並べるという。

其次《つぎ》には鏡台《きやうだい》に手拭《てぬぐい》を打掛《かけ》てをくなり。猶《なを》巨細《こさい》の事は学《まな》びてしり給ふべし。

鏡台の形が知られるようになったのは平安時代からと言われる。当時の鏡は、樹木などを根のついたまま掘りとった形をもとにした根古志《ねこじ》形とよばれるもので、上代に祭祀、呪術のため榊を根のついたまま掘りおこし、その枝に鏡をかけたものがもとになっている。室町時代以降には、この根古志形の鏡台に、櫛や化粧道具などを入れる抽斗《ひきだし》が組み合わされるようになった。また、江戸時代になると、抽斗箱の蓋を開けて、ここに鏡立てを差し込んで組み立てる簡単な鏡台がつくられ、多く用いられたという。

## 3　貝桶

貝桶は、貝覆《かいおおい》の貝を入れる蓋付きの桶で、地貝《ちがい》用のものと出貝《だしがい》用のもの二つで一組であった（図9）。八角形、六角形のものなど様々であり、表面には蒔絵が施されている。中世以降、嫁入り道具の一つとされた。

図9　貝桶

○嫁入《よめ》の時、貝桶《かいをけ》を輿《こし》の前後《ぜんご》に相添《あひそへ》て持行事は、貝合《かいおゝひ》の遊びは陰陽和合《ゐんようわがう》の表事《ひやうじ》にて、片《かたがた》の貝《かい》をはなして外の貝に合《あは》し見れども千万の中にて一つも逢《あは》ざるがごとく、女も一度嫁入《たびよめ》しては外の男に逢《あは》ざる掟《をきて》に相《あい》かなふ物なるゆへ、外の道具《だうぐ》は跡《あと》になれども、貝桶《かいをけ》斗は輿の前後に相添《そゆ》る也。是《これ》、婚《こん》礼は陰陽和合《ゐんやうわがう》の始《はじ》めの寿《ことぶき》なればなり。

嫁入りの際、貝桶を輿入れの前後の日に持っていくのは、貝覆《かいおおい》の遊びは男女の交わりを表すものであり、また、貝覆に用いられるハマグリの貝は、対になる一つ以外は他のものと一つも合うことがないように、女も一度嫁してからは他の男にあわないという貞節の決まりにかなうものであるためである。そのため、他の嫁入り道具は後に運ぶこととなっても、貝桶は輿入れの前後に持っていくという、大事な嫁入り道具であった。

貝覆の遊びは、平安時代末期から行われた。ハマグリ三六〇個を用い、それぞれを数人に分配して右貝、左貝に分け、右貝を地貝としてすべて並べる。左貝は出貝としてそれぞれが持って順次出していき、一対になるものを多くとった者が勝ちとなる。後世は地貝と出貝を合わせやすいように、貝の内側に同じ趣向の絵を描いたり、和歌の上の句、下の句を地貝と出貝にそれぞれ書くなどして行われた。

物合せの一つで、平安時代に盛んに行われていた、左右に分かれて貝を出し合い、貝の見た目の美しさや珍しさなどの優劣で勝敗を決める貝合とは別のものであるが、後世では貝覆との区別も曖昧になっていった。

**○貝桶《かいをけ》の高さ二尺八寸、内の広《ひろ》さ一尺二寸廻《まは》り也。蓋《ふた》は少し山形《がた》にして、家の定紋《ぢやうもん》を金にても銀にても付る也。桶《おけ》の廻りにも家の紋を付る。足は四つ足にして少し反足《そり》にする。緒《を》はから打也。**

貝桶の高さは二尺八寸、現在で言えば九〇センチメートルほどである。貝桶の蓋と側面には家々で決まっている紋を金や銀で付け、足は四つ足で反った形にするという。

**貝の数、三百六十は地の三十六禽《きん》に表《ひやう》し、二百八十は天の二十八宿《しゆく》に表《ひやう》す。置貝《ちがい》は男也。出貝《だしがい》は女也。置貝桶結《ちがいをけむす》び様、輪《わ》の方《かた》を上へ取、出貝《いだしがい》は下へ取也。**

貝の数三百六十は三十六禽を表しているという。三十六禽とは、『日本国語大辞典』によれば、「一昼夜一二時の各時に一獣を配し、そのそれぞれの獣に、また、二つの属獣がついた計三十六の鳥獣。五行ではそれを卜《ぼく》に用い、仏家ではそれぞれの時にあらわれて坐禅の行者を悩ますとされる」という。

また、貝桶の高さ二尺八寸は二十八宿を表すとする。二十八宿は中国天文学で用いられた天球の区分法。天を東（蒼龍）、南（朱雀）、西（白虎）、北（玄武）の四宮に分け、それをさらに七分した。日・月などの位置決定や暦日の設定に利用されたほか、占いにも用いられた。

いずれの数字にも、幸福な結婚への祈りが籠められているのであろう。

## 第四節　くらしの知恵

### 1　しみの落とし方

「しみ物落《おとし》やう」には、その名の通り、様々な汚れの落とし方が記されている。「ミョウバン」「灰汁《あく》」など、現代に通ずる汚れ落としの手法が挙げられている一方で、少々信憑性の低い手法も挙げられており、あたかも玉石混交といった様相が面白い。

落ちにくい汚れ、と聞いて真っ先に思い浮かぶのは、「油汚れ」「煙草のヤニ」の類であろう。江戸中期の世であってもそれは変わらなかったようで、「しみ物落やう」において第一に挙げられたのは「油汚れ」であった。

**○惣じて水に入がたき物に油かかりたらば、滑石《くはつせき》を粉《こ》にしてふりかけ、紙を敷きて、火熨《ひのし》にてひたとのすべし。滑石《くはつせき》を仕《し》かへて右のごとくすれば、皆々落《おつ》るなり。**

「滑石」とはマグネシウム粘土鉱石の一種で、古くから漢方薬として用いられている。『和漢三才図会』でも、小腸や膀胱の薬として挙げられている。「火熨」とは、底の平らな焼物の容器に木の柄をつけたもので、布のしわをのばすために炭火を入れて使用する。要するに、当時のアイロンである。粉状にした滑石を汚れにかけ温めることで、汚れが落ちると考えられていたようである。これに似た手法は、『和漢三才図会』の「褁《よごれもの》」の項にも記されている。「滑石の末を以つて板の上に撒き、衣をその上に拡げ、復た滑石を敷きて圧石を置き、一宿すれば則ち油去る」。火熨を使用しないという差異はあれども、おおよその方法は同じである。

煙草のヤニに関しても、「しみ物落やう」には記されている。

**○煙草《たばこ》の脂《やに》の付きたるには、たばこのすいがらをもみつけ洗ふべし。奇妙《きめう》なり。**

煙草の脂を落とすために、吸い殻を以て洗うとは、まさに奇妙な話である。効果のほどは定かではないが、少なくとも『女用文章糸車』においては、このような方法が推奨されているようだ。

次に、これ以外の汚れの落とし方も見てみよう。

**○雨《あま》もりのかかりたるには、布苔《ふのり》をたきて、もみつき洗ふべし。**

「布苔」とは、いわゆる「海苔」のこと。『和漢三才図会』では「鹿角菜《ふのり》」として立項され、「女人以つて髪を梳《す》く。粘りて乱れず」とあった。食用としてだけではなく、整髪料のような用途もあったようだ。この「粘り」が雨漏りの汚れに対して効果的であったのだろうか。

**○渋《しぶ》の付きたるには、抹香《まっかう》の灰《はい》を灰汁《あく》にたれて洗ふべし。**

「渋」は茶渋や柿渋のこと。「抹香」とは、沈香や梅檀《せんだん》を粉末状にしたもので、仏前の焼香に用いる。灰汁は古くから世界中で洗剤として用いられている。抹香の灰を用いるのは、粒だった灰が汚れをこすり落とす研磨剤の役目を果たすということだろうか。灰汁と抹香との、きっと洗浄力はお墨付きだったであろう。

**○酒のしみ付きたるに、明凡《めうばん》を水にたてて洗ふべし。**

「明凡」とは「ミョウバン」のこと。ミョウバンは、当時から、薬用だけでなく媒染剤や収斂剤、はたまた製紙など、広く用途を持っていた。殺菌効果もある。酒の染みを落とす必要性は日常的にあったであろうから、科学的知識はなくとも生活の知恵で、これが効果的であることを知っていたのかもしれない。

**○漆《うるし》の付きたるには、味噌汁《みそしる》を煎《せん》じ洗ふべし。**

「漆」が「味噌汁」で落ちるという話は、聞いたことがない。しかしながら、味噌汁を以て煙草のヤニを落とす方法が『和漢三才図会』に記されており、当時では有用な手段であったのかもしれない。

**○鉄漿《おはぐろ》の付きたるには、酢《す》をばあたためて洗ふべし。**

**○黄柏《きはだ》、山梔子《くちなし》などの付きたるには、梅酢《むめず》にて洗《あら》ふべし。**

「黄柏」とはミカン科の高木のことで、主に染料として用いられる。「梅酢」は、梅干しを制作する過程で出る汁のこと。「黄柏」も「山梔子」も黄色の染料である。お歯黒と黄色の染料の汚れともに酸性の液体を以て洗うとあるが、「酢」と「梅酢」と使い分けられていることが面白い。染料の汚れに関しては他にも、「藍《あい》の付きたるは石灰《いしはい》にて煮《にる》べし」とある。藍染めの汚れに関しては石灰と、汚れごとにきめ細かな指示がある。

**○膿血《うみち》の付きたるには、小豆粉《あづきのこ》をもみつきて洗ふべし。また、飯粒《めしつぶ》をもみつきて洗ふもよし。**

「膿血」とは読んで字のごとく、傷口からでる「うみ」のこと。「小豆粉」の効果は定かではないが、

「飯粒」は墨汁などの汚れを落とすために、今でも用いられている。

○衿垢《えりあか》の付きたるには、湯取餅《ゆとりもち》にて上をなづれば、この餅《もち》に垢《あか》付きても落《おつ》るなり。

「湯取餅」とは、湯取り飯（米を多めの水で炊き、沸騰したところで再び水洗いし、さらに蒸して作ったもの）をお餅状にしたもののことか。いずれにせよ、「膿血」同様に、「飯粒」は汚れを落とすのに効果的であったようだ。

## 2　手紙の作法

『女用文章糸車』には日常生活を送るうえで必要となる様々な消息文が具体的に記されているが、「文の道しるべ」は、それらの消息文を書く上で、前提となる知識に言及するものである。謂わば、作法についての章なのであるが、ここからは明和から令和へと連なる、伝統的な手紙の作法がうかがえる。まずは、手紙を書く上での心構えについて見てみよう。

○女の文はひらがなにて読めよきよう、ことわりのよく聞こゆるやうに書くべし。文言の前後せぬやうに、書かぬさきに工夫して書くべし。文言跡先になれば、ことわりも聞こへがたく、文章の体をうしなふなり。手うつくしく書きなす人の文章いやしく不束《ふつつ》かなるは、その人の心ざままで見おとさるる物なれば、常々よく書きなしたる文を手本とすべし。また、当世の時花詞《はやりことば》、あるひは傾城《けいせい》遊女などのいひなれたる詞《ことば》、または艶書《えんじょ》がましくいたづら文などの詞をかならず書くまじきなり。文言はただすら〳〵として和《やは》らかなるべし。また、我分限《わがぶんげん》よりは先をうやまひて書くべし。我を高ぶり、先をいやしめたる詞多き時は、人の恨み悪《にく》みを受くるものなり。慎むべし。

文字が美しかったとしても、文章が洗練されていなければ、書き手の気立てまで見下されてしまうので、常に美しく書かれている文を手本とすべきである。稽やかな言葉を是とし、流行り言葉や、遊女が使うような言葉、恋文がましい無駄な言葉は決して書くべきではない。身の程をわきまえ、人を貶める言葉は慎むべきである、と、『女今川』を思わせる教訓的な内容が記されている。しかしながら、記されていることはおよそ、理想的な内容でもある。

続いて、慶事、弔事における手紙の心構え。

○婚礼《こんれい》、その外、正月、節句などの祝儀《しうぎ》文は、墨《すみ》のうすからぬやうにしたたむべし。
○弔《とむら》ひ文は、墨《すみ》うすく文言《もんごん》のくどからぬ様にざつと書くべし。

慶事、弔事で墨の濃さを使い分けることは、今なお行われている作法の一つだ。弔事においては、文章が長くならないように書くことがマナーであったようである。また、省略したが、ここでは忌み言葉についても言及されている。婚礼や弔事に「重ね重ね」などの言葉を避けるという作法もまた、我々にとっても親しみのあるものである。

次いで、墨継ぎについての心構え。

**○墨《すみ》つぎの法は、主人《しゆじん》、貴《き》人の名、その外、御祝言《しうげん》、御法体《ごほつたい》、御元服《げんぶく》、御隠居《ゐんきよ》、御本腹《ほんぷく》なんどの所にては、墨《すみ》を継《つぎ》て筆の枯《かれ》ざるやうに書くべし。また、御煩《わずらひ》、御死去《しきよ》、御過《すぎ》、御怪我《けが》なんどの不祝儀《ぶしうぎ》事を書く時は、墨を継《つが》ず、上より書きくだす墨《すみ》にて書くべし。**

祝儀には墨を継ぎ、不祝儀には墨を継がずに書く。これらは、現代の慶事、弔事における手紙の作法とほぼ重なる内容である。こうしてみると、我々の知る手紙の作法は、その多くが江戸時代以降、綿々と受け継がれてきたものだといえよう。

一方で、現代に至るまでに失われてしまったものもある。

**○文の内に音物《ゐんもつ》を書きつかはす事あらば、山の物を第一に書き、次に海の物、その次に川の物を書くべし。**

「音物」とは贈り物のことである。「山」「海」「川」の順で、贈り物の内に序列があるのは面白い。

さらに、手紙の封じ方も失われてしまった作法の一つである。

○文《ふみ》の封《ふう》じやうにさま〳〵あり。左のごとし。

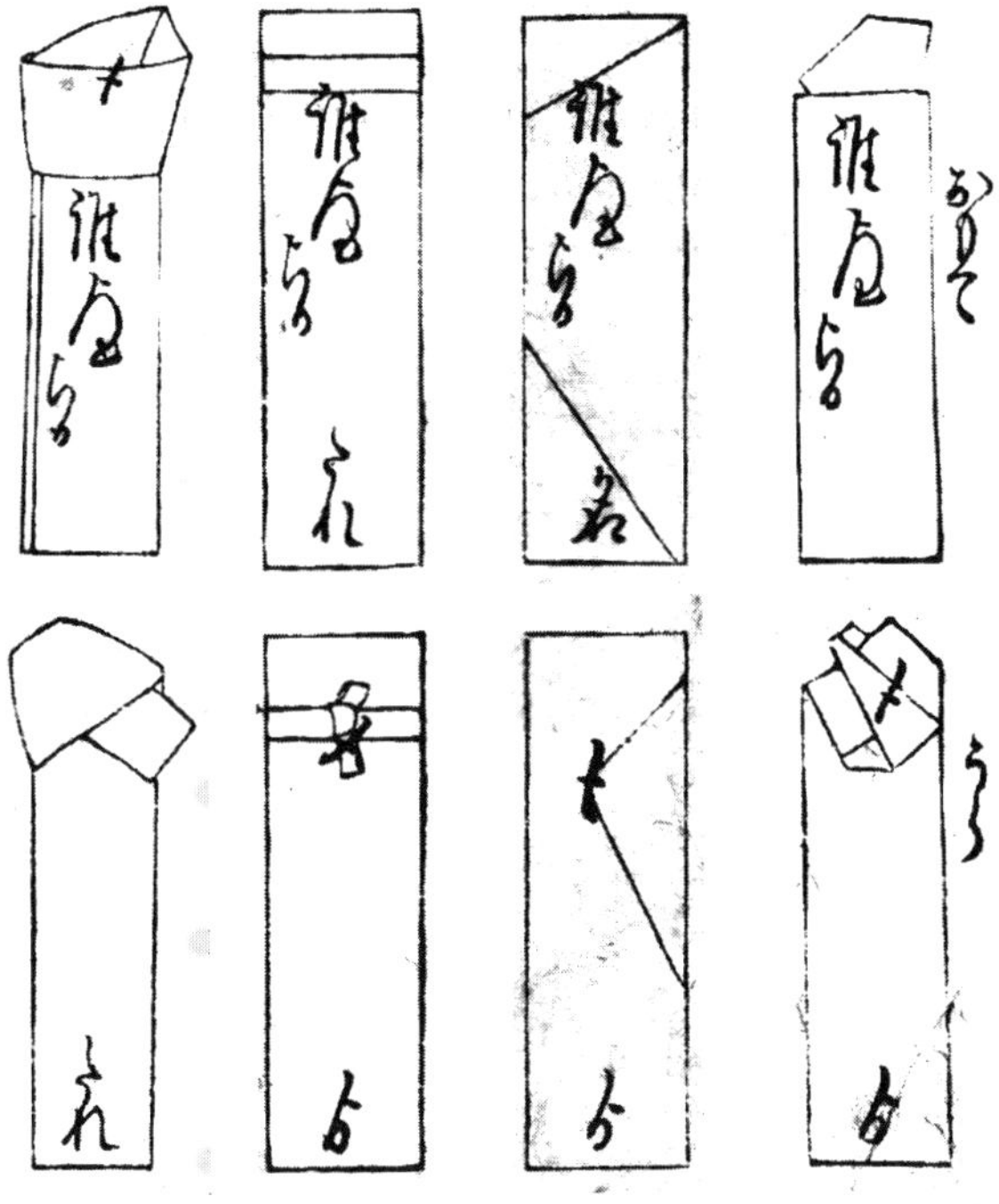

図10　ひねり文　図11　封じ文　図12　腰文　図13　結び文

右はひねり文也。我より上なる方へ用ゆべし。
右は封《ふう》じ文也。遠方《えんぽう》へつかはすか、又は密《みっ》々の用事をいひやる時用《もち》ゆ。
右はいにしへの腰文《こしぶみ》の略《りやく》也。俗《ぞく》に切封《ふう》じといふ、是なり。
右はむすび文なり。心安き方へ用ゆ。〆も表《おもて》斗にてよし。

手紙の封じ方一つで、印象は大きく変わる。ここでは、華やかかつ複雑で、多彩な封じ方が示されている。これらの封じ方は、相手との関係によって使い分けられていたようだ。「ひねり文」（図10）。自分よりも身分の高い相手に使う。「封じ文」（図11）。遠くへ届けるとき、または内密の用件のときに使う。「腰文」を簡略化したもの（図12）。俗に「切り封じ」ともいう。「結び文」（図13）。親しい相手に使う。『貞丈雑記』によれば、恋文に用いられたともある。こういった装飾も、手紙を受け取る時の楽しみの一つであったであろう。

## 3　亥《い》の子《こ》餅

十月を無神月《かみな》といふは此月は陰気のみにて陽気なきゆへなり。陽の字をかみと訓《よむ》也。又、時雨月、初霜月、小春月なんどいふ也。扨《さて》又亥の子の祝ひは御玄猪《ごげんじょ》ともいひて、大内にても内蔵寮《くらりょう》より五色《しき》の餅を奉るとなり。十月は亥の月にあたる。亥の月の亥の日を祝ふ事は、亥は一年に十二の子《ご》を産むものなれば、女子のうらやみて祝ふ也。又、亥子餅の餝は餅一重《ひとかさね》の上に五色の餅をのせ菊

## 花、末廣を添《そゆ》るなり。

亥の子餅は、亥の月（旧暦十月）の亥の日（毎年変わる）の亥の刻（午後十時頃）に食べると万病除けになる、という縁起物の菓子で、冬の季語ともなっている。ここでは猪の多産にあやかって子孫繁栄を願う意味があるとするが、『歳時故実』（寛文四年）にも同様の記述があり、江戸時代前期には既にこの理解が庶民にも広まっていたことがわかる。一方、亥は中国の陰陽五行説では水性に当たるため、火災を逃れるという信仰もあった。そのため江戸時代には、旧暦十月亥の日より囲炉裏を開き、火鉢で火を盛る習慣ができた。茶の湯で、この日に炉開きをし、その茶席菓子に亥の子餅を供したりすることがあるのもこれと関わりがあり、現在でも多くの菓子店で、猪の子の形を模したものなど、さまざまな素材・形状の亥の子餅が販売されている（図14）。

図14　現在の亥の子餅の例（写真提供：株式会社虎屋）

亥の子餅の起源は明確ではないが、早く『源氏物語』「葵」巻に亥の子餅が登場する場面があり、平安朝から続く行事であった。引用文には、宮中で五色の餅を奉るとあるが、鎌倉時代の百科事典『二中歴』には「大豆、小豆、大角豆《ささげ》、胡麻、栗、柿、糖」の七種粉で作ったとあり、『小笠原諸礼調法記』（享和

図 15 『女用文章糸車』

図 16 『四季献立式』（東北大学附属図書館狩野文庫デジタル）

三年）にも宮中の年中行事として、この七種で作り、白餅、長生草、菊の葉などを添える、と説明される。しかし、鎌倉時代の『厨事類記』では五種（白・赤・黄・栗・胡麻）とし、江戸時代の記録である『後水尾院当時年中行事』には「公卿たる迄《まで》は黒・白品々、殿上人は赤、五位殿上人已下《いか》は白」などとあって黒・赤・白の三色とするなど、その実態はつかみにくい。

この宮中行事は、次第に武家にも広まっていった。『新撰増補大日本年中行事大全』（天保三年）には、江戸の行事として「亥子の御祝　此日申《さる》の下刻（午後五時頃）より御譜代、其外《そのほか》、大名衆登城、大手下馬《げば》に篝火《かがりび》をたき、御玄猪の御祝とて諸大名へ餅を出さる、なり」と記載され、亥子の行事が徳川幕府にも定着していたことが確認できる。当日は、江戸城の本丸をはじめ、各所に釣瓶《つるべ》式の大篝火《かがりび》が焚かれ、大名・諸役人は熨斗目《のしめ》・長裃《ながかみしも》の礼服を着して、将軍から下賜される餅をありがたく頂戴したのである。

さて、『女用文章糸車』には、玄猪の祝いにおける餅の飾り方の絵図が示されている（図15）。「餅一《ひと》重《かさね》の上に五色の餅を乗せ、菊花と末廣《すえひろ》（扇子）を添える」という美々しい装飾で、正月の鏡餅を思わせる優雅さである。年間行事の献立を図解した『四季献立式』（江戸後期か）には「豕子　鏡餅・菊・菱餅・熨斗・末廣」とあって、菱餅が飾られた図を載せており（図16）、亥の子の祝いの飾りも一様ではなかったようであるが、人々の生活の中にしっかりと根付いた、楽しい行事であったことが窺われよう。

## 4　八朔《はっさく》

**八朔を「田の面《も》の祝」といふは、田の実のらん事を祝ひ、菓《くだもの》などを互ひに送りてことぶく也。禁中にても官女達、早稲《わせ》の焼き米を色紙に包みて送りかはさるゝとなり。又武家にて、絵行器《ゑほかい》を送りかはす家も有るなり。景物、葡萄《ぶどう》、棗《なつめ》、初紅葉《はつもみぢ》、刈萱《かるかや》、鶏頭《けいとう》、紫苑《しをん》、露草《つゆくさ》、鳥頭《とりかぶと》、漆《うるし》の花、梅もどき、竜胆《りんだう》。八朔を天中の節ともいふ。俗には名残の盆といふなり。**

江戸時代には旧暦八月一日を「八朔」の日として、贈り物を送り合った。

いわれは『書言字考節用集《しょげんじこうせつようしゅう》』（享保二年）に「或は仁和帝の朝に起こる、或は建長《けんちょう》年中に始まると

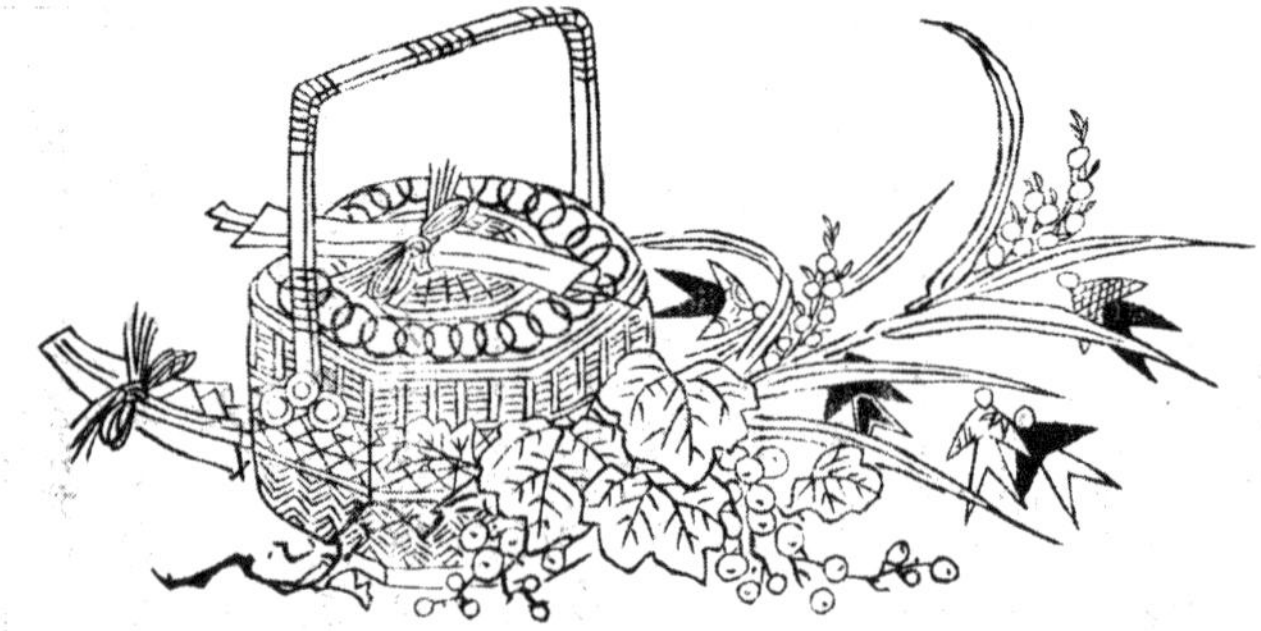

図17　八朔

いう。本説未詳、『四季物語』『公事根源』『蘂葉《ずいよう》』に見ゆ」（原漢文）とあるように、定かではない。それでも中世の日記にはたびたび記され、また徳川家康が初めて江戸城に入ったのが八月一日だとする巷説も広がり、江戸時代では武家から町人、中央から地方まで祝う風習が広がり、現在も各地でその風習が残っている。

どんな風に祝っていたかといえば、『書言字考節用集』に「あらかじめ西収を賀して飲宴す。故にこれを田面《たのめ》と謂う」とあるので、この頃、西収（秋の実り）を予祝して飲食したのである。京都の年中行事を記した『日次紀事《ひなみきじ》』（貞享二年）には「或は田実の節、又田面の節と号す」ともあって、その行事は田実《たのみ》の節句、もしくは田面《たのめ》の節句と呼ばれた。その節句は本来は「中世農民、稲の初穂を禁裏に献ず」とあり、早稲の初穂を宮中に献上するものであった。

江戸時代になると、

**武家、その訓を借用して「憑《たのみ》の節供」と称す。蓋し君臣朋友、相ひ依頼するの義なり。君臣朋友の間、互に贈答の儀あり。**

**今日、武家幷に地下の良賤、各々白帷子を着して互に慶を修す。**(『日次紀事』、原漢文)

とあって、「田の実」が「頼み」に通じるので、上司や恩人に贈り物をする習慣となった。一方、予祝の行事も祭礼や風習として各地に残り、大坂では家々で小豆飯を祝った。遊郭では遊女が白無垢の衣を着た。『女用文章糸車』によれば、民家では果物に景物の花を飾って贈り合ったという(図17)。とすれば、挿絵は当時のフルーツ・バスケットということになろうか。また武家の一部で贈り合うとされる絵行器《ゑほかい》は、豪華な蒔絵を施した器であろうと思われる。

## 5　占い

【大意】この即座占いをする時は、まず合掌した手に簪《かんざし》を挟み、心を無にして、手を少し緩めて畳の上に簪を落とす。その落ちた様子を卦《け》の図と照らし合わせて占うのである。この占いに簪を用いるのは、中国の『易経』で蓍《めどき》を見るのと同じことである。蓍は、決められた数を左右の手に取り分け、残った数で占う。手許にある有り合わせの簪、あるいは扇でもよく、とにかく形に元と末(上・下)のある物なら何でも、蓍の代用として用いることができる。占い方は、卦の図の各条で吉凶を見るのである。例えば縁談なら、この卦(かしら右に向かふ)になれば吉である。ただし、「善悪・願望」の卦なども見合わせた上で、よくよく吉凶を考えるべきである。待ち人を例に取れば、この卦(かしら先に向かふ図)に当たれば待ち人は来る。しかし「遅速」の項目も合わせ見れば、来るのは「遅い」

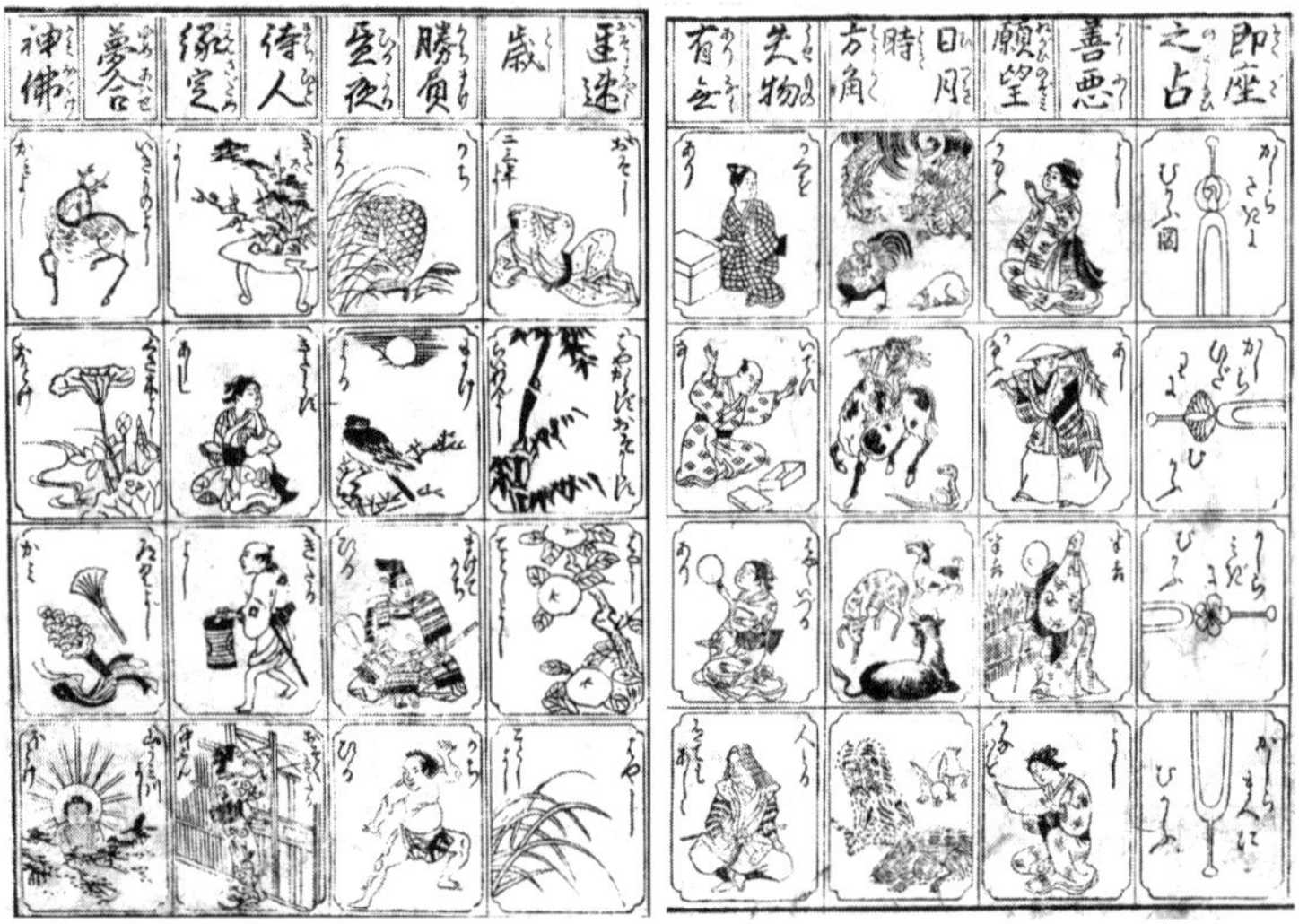
図 18　即座占い

とわかる。他のことも、これに倣って神意を知ればよい。信心して占えば、必ず当たるのである。

いつの世にも人々は不安な時に、占いの力に頼るものである。例えば、明和五年（一七六八）に書かれた上田秋成作の怪談『雨月物語』「吉《き》備《び》津《つ》の釜」を見てみよう。娘の結婚が決まって喜んだ父親は、娘の幸福を祈って吉《き》備《び》津《つ》神社《じんじゃ》の釜占《かまうらな》いをした。ところが結果は凶と出た。それでも父の懸念を母親が押し切って結婚は強行されたが、その結婚生活は不幸なものであった。死後に怨霊と化した妻から逃れるために夫が縋ったのもまた、陰陽師の占いであった。この物語は、いかに占いが霊験あらたかであるかを説いて締めくくられる。

現代においても、寺社に参拝した折に運勢を占うおみくじを引く人は多いであろう。信仰心よりも楽しみのため、という人もいるかもしれないが、引き当てた結果に一喜一憂する光景はよく目にする。まして、今ほど科学的知識の行き渡っていなかった時代にあって、迷える時には人知を超えた大いなるものの意思に従いたいと願うことは、自然なことであっただろう。

おみくじは、大野出『元三大師御籤本の研究――おみくじを読み解く――』によれば、中国から渡来した五言四句の籤詩《せんし》百首が基になっているという。江戸時代に元三大師《がんざんだいし》（良源）と結び付けられ、「元三大師御籤《みくじ》」と呼ばれるおみくじとして世に流布するようになった。やがてこの内容を一書にまとめた御籤本が出版されるようになり、生活の諸々の指針などを記した民間向けの平易な百科事典、「大雑書《おおざつしょ》」にも収められるようになった。江戸時代には他にも、夢合わせの本なども数多く出版されており、識字率の向上と相俟って、庶民が日常的に占いに親しむようになった様子が窺える。

この「即座占」は、わざわざ寺社に赴いたり占者を呼び寄せたりすることなく、身近な道具を使用して占いをする方法を教えるものである。中国の古典である『易経』の名を出して、その正統性を前面に押し出している。「蓍」は「めどき」、「めどぎ」「めど」とも言う。易で占いのために用いる五十本の細い棒のことで、始めは蓍萩《めどはぎ》の茎で作られたが、後に竹で作られるようになった。ここでは、そのような専門的な道具を用いなくても、女性が普段使用している簪《かんざし》や扇といった、元と末（上・下）があって、向きが判然とする品物であれば何でも代用できるという。これなら日常生活で気軽に占いができるというものだ。

具体的な占いの方法は、心を澄まして簪を合掌した手の間に挟み、静かに畳の上に落下させる。そして、簪の頭がどちらの方向を向いているかで吉凶を占うのである。その際に参照するのが、付された一覧表（図18）である。表にはまず、右端・縦軸に「即座之占」の語と四種類の簪の頭の方向が記される。そして次に、最上段・横軸に、右から順に「善悪《よしあし》・願望《ねがひのぞみ》」「日月　時　方角」「失物《うせもの》・有無《ありなし》」「遅速《おそしはやし》・歳」「勝負《かちまけ》・昼夜」「待人・縁定《えんさだめ》」「夢合《ゆめあはせ》・神仏」の七項目が立てられる。本文に挙げられた「縁定」を例とすれば、簪の頭が右側を向いているので、「待人・縁定」の項目の上から三段目、提灯を持った男の絵の左側の記述を見ると、「よし」とある。（ちなみに「待人」であれば、絵の右側、「来たる」が占いの結果となる。）他の項目は「よし」「あしし」「中ぶん（まあまあ）」であるから、良い卦《け》が出たと言えよう。ただし、「善悪・願望」について見ると、琵琶を背負った法師の絵の両側にいずれも「半吉」とある。こういった他の結果もよく考え合わせた上で、この縁談を進めるか否かを決断すべきである、というのである。

この占いで愉快なのは「夢合・神仏」の項目である。「神仏」について「かみよし／ほとけ／かみ／ほとけ」とあるのは、神と仏のいずれを頼るべきかについての占いなのである。神も仏も等しく人々の苦悩を救ってくださる、超越的な存在としてあるのであるが、尊崇すべき神仏さえも、どちらを拝むべきかという占いの対象となってしまっているところが、なんとも可笑しい。

## 第五節　女訓と江戸の小説

『女用文章糸車』の巻末には目録が附されている（図19・20）。板元・柏原屋清右衛門が出版している書物の広告である。「女性がご覧になって有益な書の目録」とあり、つまり、当時の女性にとって必要な「たしなみ」を身に付けるのにオススメの書物一覧ということである。

この目録は、「女訓書・女用文章」、「伊勢物語類」、「女性向け実用書」、「百人一首物」、「小説類」、「絵本類・手鑑」、「歌語・字典」、「医術情報誌・その他」などのジャンルごとに、ある程度まとまって並べられている。女訓書類が最初に並び、その中でも貝原益軒の作とされる『女大学宝箱』が冒頭に据えられ、同書は柏原屋清右衛門が出版する女性向け書籍の中で、最も主力商品であったことが窺える。

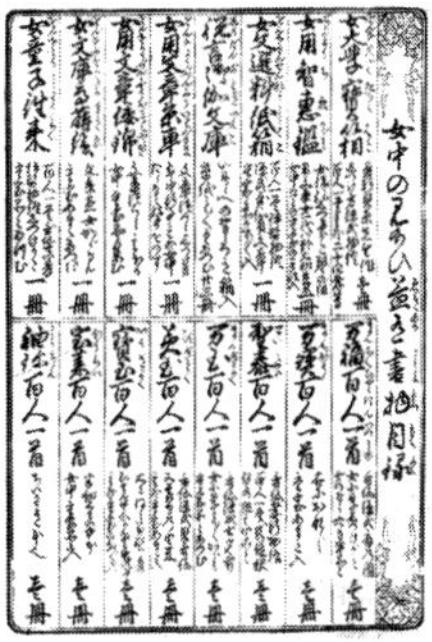

図19　目録

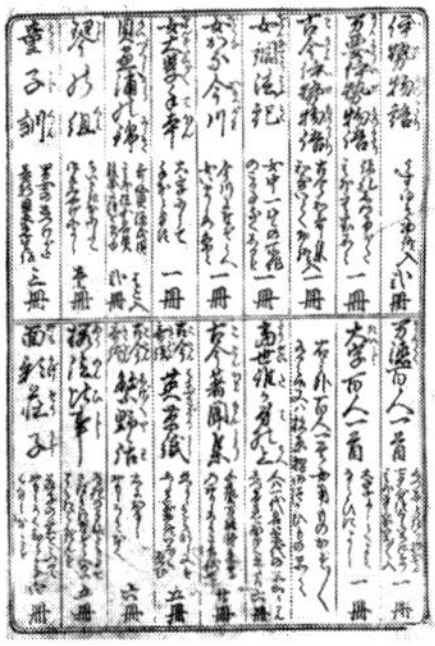

図20　目録

ところで、この目録の中で異質なのは「小説類」であろう。「女性が読んで役に立つ書」と言うには違和感があるのではないだろうか。特に、都賀庭鐘《つがていしょう》が書いた『英草紙《はなぶさぞうし》』（一七四九年）、『繁野話《しげしげやわ》』（一七六六年）は、（初期）読本《よみほん》と言う小説のジャンルで、内容や文章が難しく、女性が読むものとは考えられてこなかった。読本は中国の白話《はくわ》小説という口語体の小説を、日本風に翻案（アレンジ）した奇談であり、翻案元の中国小説を理解している読者層を前提に書かれているとされてきたからである。にもかかわらず、ここで女性向けの書物として挙げられているのはなぜなのだろうか。

白話小説は江戸時代中期に、通訳や禅僧が中国語の学習のために用いていたが、次第に知識人たちの間で流行していった。宝暦年間（一七五一～一七六四年）になると『小説奇言』（岡白駒《おかはっく》訳、一七五三年）、『小説粋言』（沢田一斎訳、一七五八年）の訓訳本が出版され、白話小説の読者層が一気に広がったが、初期読本の作者たちは原文を訓訳なしで読むことができた。『英草紙』の作者・都賀庭鐘はもちろん、『雨月物語』の作者として有名な上田秋成などもそうである。こういった高い知識を持った「男性」の文人たちの中から初期読本が生まれ、彼らの同好の士や、その周辺の白話小説愛好家が初期読本の受容層だと考えられてきた。

読本を読む楽しみの一つは、それがどの中国小説を典拠として用いているかに気付くことである。原話と比較してこそ、翻案作品の面白さを味わうことができるのである。そして従来、往来物の受容層である女性たちには、このおもしろさがわかるはずもない、とされてきた。

確かに、当時の女性たちが読本の翻案の趣向を理解できたわけではないだろう。しかし、果たして読本は「男性」のためだけに書かれたのだろうか。少なくとも売り手はもっと広い読者を獲得しようとしていたこと、白話小説の翻案ものの購読者として「往来物程度の教養」の女性を開拓していたことを、『女用文章糸車』の目録は示しているのだ。ちなみに、同じ目録は『女大学宝箱』などの女大学にも付されている。

したがって「往来物程度の教養」を持つ女性たちは「男性」の文人たちとは違う視点、すなわち「女性がご覧になって有益な書」として読んだということになる。この点を踏まえて『英草紙』の女性に対する教訓が含まれている話を見ていきたい。

第四編は、司馬遷《しばせん》が記した『史記』などにある「忠臣ハ二君ニ事《つか》ヘズ、貞女ハ二夫ヲ更《か》ヘズ」（忠臣は生涯で一人の主君にしか仕えない。貞操の固い女は生涯一人の夫しか持たず、再婚しない）というフレーズに代表されるように、中国小説でしばしば説かれる女性の持つべき貞操観念が主題で、道術の達人である夫が死んだふりをして、三回目の結婚で得た若い妻の貞操観念を試すという話である。夫が死亡したと思った妻は、数日で別の男性と結婚しようとするが、そこへ、夫が棺桶から甦ってきたため、妻は羞恥心のあまり首を吊るという結末を迎える。夫は道術の達人であるから、人間味に欠ける部分があるように描かれてはいるが、男性の読者にとっては女性に貞操を期待することの虚しさに共感する内容だろう。反対に、女性の読者に対しては貞操観念の欠如を戒める話となる。「貞女ハ二夫ヲ更ヘズ」が、たとえ非現実的だとしても、建前として存在していた時代においては、「女性が読んで役に立つ」内容であるだろう。

第六篇は、遊女三姉妹のそれぞれの生き様を描いた三部から成る。長女は遊女でありながら模範的な女性の在り方を体現した人物として、二女は清々しいまでの遊女然とした人物として、三女は仁義を通した人物として描かれている。遊郭が舞台ということもあり、第四編と比べれば平俗で親しみやすい雰囲気があり、女性の生き様を描いたという点で女性にも受け入れられやすいだろう。さらに、宿命の中でどう生きるかという普遍的なテーマを、最も下層の存在である遊女に託しているという皮肉は、庭鐘らしさが効いていると言えるだろう。

第八編は、妻と間夫が共謀して夫を殺害する話である。夫の奇怪な死に方、夫の亡霊の恐ろしい描写、なぞめいた言葉などの奇抜な演出で引きつけながら、最後に事件の種明かしがされる。夫の殺害が露見して妻と間夫は死罪となり、殺害方法の狡猾さと不義の浅はかさを戒める結末となる。

以上、『英草紙』には女性に対する教訓性と、読み物としての面白さが備わっていることを紹介した。この目録に載っている他の小説類についても少なからず同様の事が言え、江戸時代の女性に求められていた教養や教訓をくみ取って選ばれている。そして、封建社会の成熟に伴い、女性への教訓は出版・文学界において一つのテーマとなっていったことが浮かび上がってくる。この類の目録は「教訓書」「実用書」「俳諧書」などの分類別にまとめられているものが多いが、「女性が読んで役に立つ」というジャンルが成立していること自体が、市場の大きさを物語っていると言えよう。

当時大量に出版された女訓書は、女性たちの教養への欲求に支えられたものだったが、それは女性への社会的圧力の強さと表裏一体でもあった。他方で、女訓書によって規定された模範的な女性像は、生身の女性を浮き彫りにするという副作用をもたらした。『英草紙』の第四編は理想と現実とのギャップを過激に表して見せている。だが、その根底には女性の本質への深い関心と洞察があり、これは後続の読本『雨月物語』（一七八六年）にも引き継がれている。

『英草紙』を女訓として見た時、女性は情欲に流されやすく小賢しいのが本然である、という前提がある。第六篇は女性の生き様の物語であるとしても、三姉妹とも遊女であり、貞淑な女性ではない。だからこそ「貞女ハ二夫ヲ更ヘズ」という教訓が成り立ち、これを実践した少数の女性は称えられるのだ。一方、『雨月物語』においては愛欲の深さゆえの業が主題の一つとなっており、女性の不貞を扱わないという点が『英草紙』とは大きく異なる。鬼や蛇として描かれる女性でも、その恐ろしい行いは夫への愛情の深さに起因している。巻之三「吉備津の釜」の磯良は義父母によく仕え、さらには夫の妾にも気を使い援助を施す模範的な妻である。しかし、生前に募らせた嫉妬心から、死後に鬼となり妾と夫を殺害するのである。磯良は現実世界では（『英草紙』の世界でも）全く問題のない、むしろ模範的な女性であるにもかかわらず、鬼になるという業を背負うことになる。この点において言えば、『雨月物語』で描かれているのは、社会規範の外に置かれた女性の本心なのである。巻之二「浅茅が宿」に登場する宮木は、商人となって京に上った夫を戦乱の中でも待ち続けた後、夫との再会がかなわぬうちに死亡する。夫を慕い続ける健気さと、戦乱の中でも貞操を守る強さを持ち合わせた宮木は当時の理想の女性であり、貞女の典型として終着する物語かもしれない。だが、亡霊となってからの宮木にこそ本心が表れていると言える。それは、夫との再会をひたすら願う健気な気持ちばかりではない。宮木が残した「さりともと思ふ心にはかられて世にもけふまでいける命か」という歌には、夫への執着を捨てきれないわが身の哀しさが自嘲ぎみに詠まれており、執着心こそが宮木を亡霊にしたのだと示唆されている。

『雨月物語』の女性たちは、ある意味で愛情深く一途すぎるために現実味が薄いようにも思われる。しかし、女訓書の系譜に読本を置いたとき、読本の女訓の側面を前提としながら、そこから取りこぼされた女性の本心を描き出すのが『雨月物語』の手法の一つだったとすればどうだろうか。『雨月物語』の女性像について、女訓書の中の読本という枠組みから再考することができるのではないだろうか。

## 【コラム7】
## パロディにされた辞典
### ——『都会節用百家通』と『芝翫節用百戯通』

　江戸時代になってパロディ本がブームとなった。浮世絵作品の見立て（有名な作品の当世化）を含め、様々な作品が書かれた（以下、（　）内がパロディのネタ）。『仁勢物語』（伊勢物語）、『尤之双紙《もつとものそうし》』（枕草子）、『偽紫田舎源氏《にせむらさきいなかげんじ》』（源氏物語）はよく知られるが、「百人一首」、「唐詩選」のパロディに至っては枚挙にいとまがない。パロディ本が狙う「本家」は権威あるもの、内容が固いもの、雅なものであって、それらを俗に落とすところに笑いが生じるのである。しかし、何よりの条件として、パロディの本家が知られていることが肝要である。いくら凝ったパロディを作ろうとも、本家を知らなければ単なる自己満足であって、商品としては成り立たないであろう。

　ところが江戸戯作の中には、当時は有名であったかもしれないが、今となってはその自己満足とつい思ってしまう作品も多くある。『本草妓要《ほんぞうぎよう》』（医学書『本草備要』）、『絵本見立百花鳥《えほんみたてひやつかちよう》』（狩野派の『画図百花鳥』）、『異素六帖《いそろくじよう》』（中国の仏書『義楚六帖』）、『論語町《ろんごちよう》』（荻生徂徠の論語注釈『論語徴』）など、これまた挙げればキリがない。

　江戸のパロディ熱はとどまるところを知らず、実用書にまで及んだ。中でも『和漢三才図会』や『本草《ほんぞう》綱目《こうもく》』はターゲットになることが多い。本章では節用集のパロディを取り上げる。

　今や知りたいことがあれば、どんな事柄でもネットで容易に検索できるようになった。しかし一昔前は、国語辞書や家庭の医学、冠婚葬祭事典といった実用書が一家に一冊備えられ、礼状や見舞いの手紙を書く時、ちょっとした怪我や病気の時、まずはそれらを紐解いて急場を凌いだものである。

　江戸時代、そのような本の一つに『節用集』があった。『節用集』は室町時代に成立した国語辞書で、日常語を「いろは」に分け、さらに「乾坤《けんこん》」「時候」「人倫」などの部門別に分けて言葉を配列、用字や語義、来由などを説明したものである。度々増補され、江戸時代には付録として多彩な百科事典的な記事も付加されて、簡便で実用的な教養書として広く流布した。市場および一般に出回った『節用集』の量は膨大で、いくつもの書肆から、時には書肆を変え、タイトルを替えて流布し、その実態は把握できない。

　では、戯作者がパロディのターゲットに『節用集』を選んだ場合、世間に流布するその膨大な『節用集』からターゲットを選定する基準は何であろうか。

　暁鐘成が著した戯作『芝翫節用百戯通《しかんせつようひゃつけつう》』（文化十三年正月刊、図1）なる一書がある。芝翫は当時の大坂の人気歌舞伎役者、三代目中村歌右衛門のこと。文化五年三月から同九年十一月まで足かけ五年、大坂を離れて江戸に出勤、名を挙げて帰還したのも束の間、再び同十一年六月から一年余りも江戸に下った。本書はその芝翫の帰坂を待ち兼ねる大坂のファンのための、サービス精神に溢れた一冊であることが荻田清によって指摘されている（「『芝翫節用百戯通』考」『梅花女子大学文学部紀要』27号、一九九二年十二月）。

　この書物、タイトルに「節用」の文字がある通り、ある『節用集』のパロディ本であった。その『節用集』は、タイトルの「しかんせつようひゃっけつう」と「とかいせつようひゃっかつう」との音通からして、『都会節用百家通』（図2）であることは明らかである。単に題名のみならず、豪華な本の造りから取り上げられる項目に至るまで、本の全体をまるごと真似たパロディ本であることを、やはり荻田が紹介している。その内容は、①芝翫に関する各種の情報提供、②贔屓の人々についての情報提供、の二つに限定され、これをいかに本家の『都会節用百家通』に似通わせられるか、という点に力が尽くされている。

『都会節用百家通』を知ってこそ、この本の妙味がわかるのである。

ここで素朴な疑問が生まれよう。数多ある節用集の中でなにゆえに『都会節用百家通』がターゲットになったのか。そもそも『都会節用百家通』とはどのようなものなのか。

『都会節用百家通』（寛政十三年刊）は大坂で活躍した書家高安蘆屋《たかやすろおく》（寛政七年以前没）著、丹羽桃渓《にわとうけい》画、鎌田環斎の編集である。本来の辞書の部は三百二丁の大部なものであるが、その前後に五十丁以上にわたる付録が付いている。辞書にはこれまた様々な豊富な挿絵とともに知識が列挙されている。その内容は巻首「世界万国之図」に始まり、「十三門部分《ふわけ》之注」まで六十三項目、辞書の部も上下に二分割され、頭書に「天神七代地神五代系譜」から「助辞諺解《じょじげんかい》」まで三十五項目、そして巻尾には「毎日干支之操様《くりやう》」から「潮時盈虚《みちひ》之事」まで十四項目。「御武鑑」、「禁中御故実」、「礼式当用躾方《しつけがた》」、「歌書色紙《しきし》短冊書法」といった改まったもの、「諸病妙薬集」、「歳徳神《としとくじん》方角之事」「證文手形《しょうもんてがた》案紙」「改算塵劫記《かいさんぢんこうき》」「茶湯手引指南」「能之面道具之図」「和漢英雄之人物」「碁双六将棊《ごすごろくしやうぎ》之事」と続く。

暁鐘成がこの作品をパロディのターゲットに定めた理由は明らかではないが、一つには丹羽桃渓の絵が載る『節用集』であったからではないかと思われる。丹羽桃渓は当時の大坂の絵師の中でも注目される人物であった。

もう一つの理由は『都会節用百家通』の作者が高安蘆屋であったからであろうと思う。蘆屋は当時の浪速の奇人粋人の一人で、上田秋成や柳里恭《りゅうりきょう》、頼春水《らいしゅんすい》らとの交流もある。逸話にはこと欠かないが（近衛典子『上田秋成新考』）、もとは今津屋という富商で、書をよくし、没落して傭書《ようしょ》をして生活した。いつも病気のふりをしていたのであだ名は「病《やまい》」、その「放誕」な人となりは厳粛真面目な頼春水が次のように語っている（『在津紀事《ざいしんきじ》』、用字は一部改めた）。

ややもすれば無根の談話を造し、甚だしければこれを筆し、やや世間に伝播《でんぱ》す。人或いは就《つ》いてこれを質《ただ》すに、生（蘆屋）笑つてともに理《おさ》めず、さらに一話を出して人を悦《よろこ》ばしむ。余もまたしばしば騙《だま》せらる。後これを覚り、人に語《つ》げて曰く、高生の説話を造すは、なお人の客を見て茶菓を供するごときのみ。

すぐに事実無根のホラを吹いて人を楽しませる、のみならずそれを書いて出版する粋人、このような人物が「素晴らしい実用書」を出版したのである。戯作者が狙うには十分すぎる理由があったのではないだろうか。

図１　芝翫節用百戯通（国会図書館蔵）

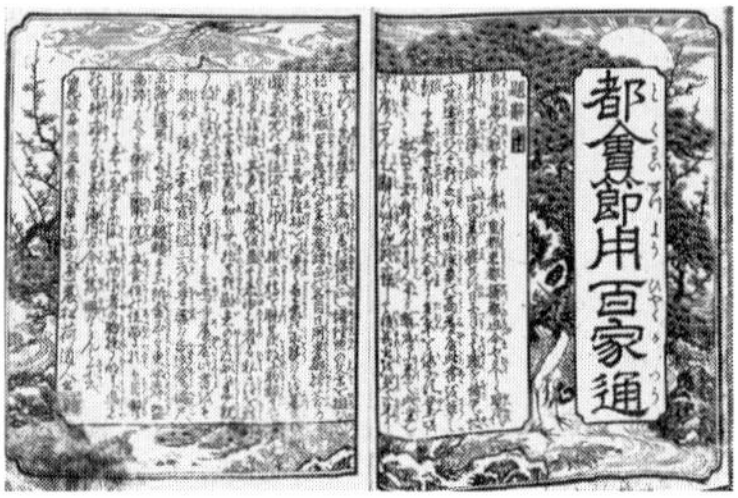

図２　都会節用百家通（個人蔵）

# 附録　原文

本文で扱った作品の該当部について、原文で楽しみたい方のために。

凡例

一、句読点や空欄は適宜施した。
一、用字は適宜改めた。

## 『和談三細図会』

星〳〵天ていへ申上けます。此たび下《げ》かい日本《につほん》なにはの津《つ》において、あかつきかねなりと申升るけさくしや、天ちじんのさんさいをうきよのこつけいしやれにこじつけ、わだんさんさいづゑとだいし、世にいだし升やうでござり升。もつとも初へんゟ二へん三べんにいたるまでのこらず天のぶでござり升るが、いかゞはからひませふ。

日〳〵なるほど。そのことはさきだつてきゝおよんたが、ずいぶんくるしふはない。此方のことはしやれにでもこつけいにでも何に見たて、作つてもかまはぬ。たゞぜんをすゝめあくをこらすもとゐとなれば、茶からいても酒からいてもつゞまる所が人の心をよくすることなればわれにおいてはよろこばしうおもふ。その方も書りんのはんもとに力をあはせてよくうれるやうにとりはからふがよいぞ。

星〳〵いさいかしこまりましてござり升。

星〳〵雷神風神どもに申わたすおもむきたしかにきけ。そも〳〵太平の代は五日に一度の風、十日に一たびの雨にしてもとやつかいなるゆへ、風えたをならさず、雨つちくれをやぶらずといふことあり。今すでに太平の御代なるに風雨のじゆんきはなはだふつかふなり。これまつたくその方どもがおこたりよりおこる所なるべし。このうへはばんじにゆだんなく風雨かんたんふじゆんなきやうきつとこゝろえ、五こくじやうじゆなさしむべし。もつとも風雨ともに年中のもん日はかならずゑんりよすべし。もん日が天気のあしくなるとあきふどがなんじうにおよぶ。すなはちきん〴〵ゆうづうのさしかまひとなる。人こんきうすればあくしをなす。たゞせけんはにぎはゝしうないとよい事はできんものじや。ずいぶん下かいのものをたすけるやうにするが天のみちじやとあふせ出された。よつてよく〳〵相こゝろへてよからふ。

風・雷〳〵いさいかしこまりましてござり升。

風〳〵ことしからきつとたしなんで、むちやくちやにうちわをつかはぬやうにせねばならぬ。

風〳〵ずいぶんやわらかに風をいれておこふ。あんまりつよくあをぐとあらくなつてわるい。とかく風にうらみはかずゞござるといはれぬやうにせねばならぬ。

(雷)〽たいこのなをしはきつふてまがいる。ぶさいくなことしたらどんくさいとわろふであらふ。

(雷)〽きよねんのなつおちてからとかくはらがたいこのやうにはつてぐわら〳〵いふゆへ、いしやにかゝつてたづねたら、これはらいびやうじやといわるゝゆへゑらふきしよくがわるい。どふでかみなりのびやうきじやから、なりのわるいはしやうちじやが、らいびやうといふと人がきらふにござる。

(雷)〽ひとゆふだちでげうさんに水がいるから大きにほねがをれる。しかし夕立をしまつすると下かいの人たちがあつさにくるしむからそれもきのどくじや。

(雷)〽雨の水にはとかくしほけがあるので、いなづまのさびがきつい。とのこでみがいても中々ひかりがでにくい。とのこ〳〵のきんがしれぬとはわるいこじつけしや。

(雷)〽らいてうをかふにはゑがたくさんにいつてたまらんことじや。

(雷)〽手すきなあいだにかみなりぼしをしておこふ。

(雷)〽かみなりどうふはいつくふてもうまいことじや。

(雷)〽らいじうにごろ〳〵せんべいをくわしてやらふ。どんといへ〳〵。

(雷)〽ごろ〳〵せんべいは大ぶんやきにくいものじや。おににせんべいといふやうにこゝろやすくはゆかん。

## 『犬の草紙』

巻一 ‐ 三「田犬毒蛇《でんけんどくじや》を咬《かん》で主《しゆ》を助《たす》く」

今《いま》は昔《むかし》、陸奥国《むつのくに》に住《すみ》ける賤《いやしき》ものあり。家《いへ》に数《かず》の狗飼《いぬかひ》て、常《つね》に具《ぐ》して深山《しんざん》に入《いり》て、猪鹿《いのしゝしか》をとらする事《こと》を、昼夜朝暮《ちうやてうぼ》の業《わざ》とす。狗《いぬ》も、主《しゆ》が山《やま》へいれば喜《よろこ》びて前後《あとさき》にたつてゆき、猪鹿《いのしゝしか》を咋殺《くひころ》すを役《やく》とす。斯《かく》する事《こと》を世人狗山《よのひといぬやま》といふなるべし。斯《かゝ》る時《とき》は、食物《しよくもつ》を持《もち》て二三日《にさんにち》も山《やま》に留《とゞま》る事多《ことおほ》し。或時《あるとき》、此男《このをのこ》例《れい》のごとく狗《いぬ》どもを従《したが》へ、山《やま》に入《いつ》て其夜《そのよ》は大《おほひ》なる木《き》の洞《うつほ》に入《いつ》て、傍《かたはら》に弓胡籙太刀《ゆみやなぐひたち》などを置《を》き、前《まへ》に火《ひ》を焼《たき》、犬《いぬ》どもは四面《めぐり》に皆《みな》ふしたりけり。然《しか》るに夜更《よふけ》て、犬《いぬ》どもゝよく寝入《ねいり》たるに、年来勝《としごろすぐ》れて賢《かしこ》き犬《いぬ》ありしが、俄《にはか》に起走《をきはし》りて主《しゆ》に向《むか》ひて夥《おびたゝ》しく吠《ほへ》ければ、主《しゆ》は何《なに》を吠《ほゆ》るにやと怪《あや》しく思《おも》ひて見《み》めぐらすに、吠《ほゆ》べき物なし。犬《いぬ》は尚吠《なをほへ》やまずして、主《しゆ》に向《むか》ひて跳《をどり》かゝり〳〵て頻《しき》りに吠《ほゆ》るに、主驚《しゆをどろき》きて、吠《ほゆ》べき物《もの》なきに斯《かゝ》有《る》は、獣《けだもの》は主《しゆ》を知《しら》ぬものなれば人《ひと》もなき山中《さんちう》にて我《われ》を喰《くら》わんと思《おも》ふならんと、切殺《きりころ》して捨《すて》ばやとて、太刀《たち》を抜《ぬい》ておどしけれども、少《すこし》も退《しりぞ》かず弥《いや》ましに吠《ほへ》ければ、斯《かゝ》る狭《せま》き穴《あな》にて喰《くら》ひつかれなば悪《あし》からんと思《おも》ひて、洞《ほら》より外《そと》へおどり出《いで》けり。此《この》時《とき》に彼犬洞《かのいぬほら》の上《うへ》の方《はう》におどり上《あが》りて、物《もの》に喰付《くひつき》ぬ。主《しゆ》、さては我《われ》を噉《くら》わんとて吠《ほへ》けるにはあらざりけりと見《み》るうちに、何かはしらず夥《おびたゝ》しきもの、犬《いぬ》と共《とも》に落《おち》たり。犬尚《いぬなを》も放《はな》さず喰付《くひつき》居《ゐ》たり。主《しゆ》、見《み》るに二丈《にじやう》あまりなる蛇《じや》なり。主《しゆ》、刀《かたな》を抜《ぬい》て蛇《じや》を切殺《きりころ》して犬《いぬ》を引放《ひきはな》しけり。是《これ》は此木《このき》の上《うへ》に大蛇《だいしや》の栖《すみ》けるを知《し》らで、其洞《そのうつほ》によりて臥《ふし》けるを、蛇《じや》の呑《のま》むとて下《さが》りしを見《み》て犬《いぬ》は吠《ほへ》けるなり。若《もし》、犬《いぬ》なくして此蛇《このじや》にまかれなば、何《なん》ぞ助《たすか》る事《こと》あらん哉《や》。我為《わがため》には無双忠《ならひなきちう》ある犬《いぬ》なりとて伴《ともな》ひ家《いゑ》に帰《かへ》りて、殊更《ことさら》に愛《あい》しけるとなん語伝《かたりつた》ふ。　今昔物語

参州犬頭《さんしうけんとう》の社《やしろ》の故事《こじ》、又、泉州犬鳴山《せんしういぬなきさん》の由来《ゆらい》に粗相似《ほゞあいに》たり。犬《いぬ》の主《しゆ》を思《おも》ふこと斯《かく》しば〳〵なり。尚後《なをのち》に記《しる》すべし。

巻二－一「達智門外《たつちもんぐわい》に犬人子《いぬひとのこ》を育《はごく》む」

今《いま》は往昔《むかし》、都《みやこ》に住《すめ》る男《をのこ》、嵯峨《さが》の辺《ほとり》に用《よう》ありて行《ゆき》けるが、一條《いちでう》大路《をほぢ》達智門《たつちもん》の前《まへ》を過《すぎ》けるに、門《もん》の下《した》に生《うま》れて僅十日餘《わづかとふかあま》りにもなるらんと見《みへ》たる清《きよ》げなる男子《おのこご》を筵《むしろ》の上に捨置《すておき》たり。頻《しき》りに泣《なけ》ば甚《いと》あはれに覚《おぼ》ゆれど、為方《せんすべ》なくて見《み》すぐしつゝ、嵯峨《さが》にいたり、其夜宿《そのよしゆく》して翌《あく》る朝帰《あさかへ》るさに又此所《このところ》を通《とふ》り見《み》るに、其子《そのこ》いまだ同《をな》じやうにて有《あり》ける。昨日《きのふ》見し時《とき》、さだめし狗《いぬ》にや喰《くわ》れなんと思《をも》ひしに、尓《さ》もなきは奇異《ふしぎ》なりと思《をも》ひつゝも家《いへ》に帰《かへ》りけるが、如何《いかん》とも不審晴《ふしんはれ》やらねば次《つぎ》の朝行《あさゆき》て見《み》るに、尚有《なほあり》しに変《かわ》らず。餘《あま》りに怪《あや》しみ思《をも》へば又夜《またよ》に入《いり》て暗《ひそか》に行《ゆき》て、達智《たつち》門《もん》の築地《ついぢ》の崩《くづ》れに隠《かく》れて是《これ》を伺《うかゞ》ふに、彼門《かのもん》の辺《ほと》りに狗多《いぬおほ》くあれども、児《ちご》が臥《ふし》たる傍《あたり》には寄《よら》ず。さればこそ故《ゆへ》ある事《こと》なりと思《をも》ふに、夜更《よふけ》て後《のち》いづくより来《く》るともしらず大《おほひ》なる狗来《いぬきた》りければ、他《た》の狗《いぬ》これを見《み》て直《たゞ》ちに逃《にげ》さりける。頓《やが》て此犬《このいぬ》、彼児《かのこ》が臥《ふし》たる所《ところ》によるを見《み》て、扨《さて》は今夜《こよひ》こそ此犬《このいぬ》に喰殺《くひころ》さるゝよと見《み》るに、さはなくて、犬《いぬ》は児《ちご》の傍《そば》に寄添《よりそひ》ふして児《ちご》に乳《ち》を吸《すは》せける。児《ちご》も人《ひと》の乳《ち》を飲《のむ》ごとく最《いと》よく呑《のん》で臥《ふし》たり。男《おとこ》、是《これ》を見《み》て、さればこそ此児《このちご》が斯生《かくいき》て有《ある》ことは此狗《このいぬ》の乳《ち》をのむ故《ゆへ》なりと始《はじ》めて悟《さと》りつゝ家《いへ》に帰《かへ》りぬ。夫《それ》より後《のち》、夜《よる》〳〵行《ゆき》て見《み》るに尚同《なをおな》じ如《ごと》くなりしが、人《ひと》の伺《うかゞ》ひ見《み》る事《こと》を知《しり》て外《ほか》へ連行《つれゆき》けるにや、児《ちご》も狗《いぬ》もいづくへ行《ゆき》けん、其先《そのさき》をしらざりけり。是《これ》を思《おも》ふに其犬《そのいぬ》たゞものにはあらじ。衆《もろもろ》の狗《いぬ》の逃去《にげさり》けるも佛菩薩《ぶつぼさつ》の変化《へんげ》して利益《りやく》し給ひけるにや。定《さだ》めて其児《そのちご》つゝがなく養《やしな》ひ立《たて》られけん、心得《こゝろへ》がたき事《こと》なり。此事《このこと》は彼男《かのをのこ》の語《かた》りけるをかくしるし伝《つた》ふるとなり。　今昔物語

巻三－七「主《しゆ》の頼《たのみ》を聞《きゝ》て犬猫《いぬねこ》の子《こ》を養《やしな》ふ」

京師《みやこ》堺町《さかいまち》某《それ》の町《てう》に住《すめ》る竜野何某《たつのなにがし》といへる医師《ゐし》、すぐれて情《なさけ》深《ふか》く、ものを憐《あわれ》む人《ひと》なり。家《いゑ》にやしなひたる猫《ねこ》ありて子《こ》を生《うみ》たるに、程《ほど》なく何地《いづち》へ行《ゆき》けん、出《いで》て帰《かへ》らず。子猫《こねこ》は乳《ち》にはなれて飢死《うゑじに》すべく見《み》へければ、主人《しゆじん》いかゞして救《すく》わんと思《をも》ひをこがし悲《かな》しみぬ。爰《こゝ》に常《つね》に此家《このや》に来《きた》り、食《しよく》をあたへられ憐《あわれ》みをかけて、能《よく》なれたる牝犬《めいぬ》あり。是《これ》も此頃子《このごろこ》を産《うみ》しかは、主《しゆ》人《じん》いよ〳〵あわれみて常《つね》に物《もの》あたへける有《ある》を、不図《ふと》おもひよりて此犬《このいぬ》を呼《よび》ていへるは、我家《わがいゑ》の猫子《ねここ》をうみて後行方《のちゆきがた》しらずなりぬ。いかで我子《わがこ》を捨《すて》て帰《かへ》らざる事《こと》の有《ある》べき。思《おも》ふに外《ほか》に

て殺害《せつがい》せられしものならんか。痛《いた》ましき事《こと》ならずや。せめて残《のこ》せる子猫《こねこ》を養《やしな》ひ、育《そだ》てんとすれど手段《てだて》なし。斯《かく》ては悉《ことごと》く飢《うへ》て死《し》せん。然《しか》るを手《て》を束《つか》ねて見殺《みごろ》しにせんこと、悲《かな》しくしのびがたし。夫犬《それいぬ》はよく恩《をん》をしり、又道理《まただうり》をも粗聞分《ほゞきゝわく》る獣《けもの》なり。されば和漢《わかん》ともに其主《そのしゅ》に忠《ちう》にして義犬《ぎけん》と称《しょう》せらるゝもの少《すくな》からず。犬《いぬ》と猫《ねこ》とは素《もと》より仇敵《あだがたき》の如《ごと》くなるものなれと、犬《いぬ》は道《だう》理《り》をわくるものなれば、義《ぎ》によりては其仇心《そのあだごゝろ》をすて、彼《かれ》が死《し》を救《すく》ふなるべし。今汝《いまなんぢ》が子《こ》を憐《あわれ》み愛《あい》する心《こゝろ》を推《すい》して、かの母《はゝ》猫《ねこ》が心《こゝろ》を察《さつ》し、又我久《またわれひさ》しく汝《なんぢ》を憐《あわれ》みたる恩《をん》を思《をも》はゞ、子猫《こねこ》の少《すこ》し成長《せいちゃう》し、飯《いひ》などをもて養《やしな》ふべきほどに至《いた》るまで、汝《なんぢ》が乳《ち》を分《わか》ちあたへて、其餓死《そのがし》を救《すく》へかし。斯《かく》ありてこそ恩《をん》を知《し》る義犬《ぎけん》ともいふべけれと、人《ひと》に対《たい》しいふ如《ごと》く、いと懇《ねもごろ》に繰《くり》かへし口説《くどき》けるに、犬《いぬ》は首《かしら》をたれてさも哀《あわ》れに聞入《きゝい》りたるやうに見《みへ》しかば、扨《さて》は我詞《わがことば》を聞《きゝ》わけしものならんと、先試《まづこゝろ》みに危《あや》ぶみながら、猫《ねこ》の子《こ》を取《とり》て先一疋犬《まづいつひきいぬ》の乳《ち》をさしよせしに、母猫《はゝねこ》なりと心得《こころえ》しにや、子猫《こねこ》はやがて乳《ち》に取《とり》つきける。犬《いぬ》は少《すこ》しも動《うご》くことなく、我子《わがこ》に乳《ち》を呑《のま》せるにひとしくせり。主《しゅ》人大《じんおほひ》に悦《よろこ》び、偖《さて》は心安《こころやす》しとて、其余《そのよ》の子猫《こねこ》をもさし付《つく》るに、悉《ことごと》くのませて懇《ねもごろ》にあわれむ容《かたち》なり。主人《しゅじん》いよ〳〵喜《よろこ》び且《かつ》ふしぎの思《おも》ひをなせり。爾後《そののち》もかくの如くはからひて、犬《いぬ》は我《わが》子《こ》と猫《ねこ》の子《こ》とを乳《ち》を分《わか》ちて養《やしな》ひけるに、程《ほど》なく子猫《こねこ》ども食物《しょくもつ》をあたへ養《やしな》ふべくやうになりしかば、夫《それ》より乳《ち》をやめ飯《めし》または肉《にく》など与《あた》へ、終《つひ》につゝがなく生《おひ》たちたり。後《のち》に道《みち》ゆく人《ひと》の此猫《このねこ》どもを見《み》て、不思議《ふしぎ》や此猫《このねこ》の子《こ》は、犬《いぬ》の顔《かほ》にさも似《に》たりといふを聞《きゝ》て、主人心付《しゅじんこころつき》よく〳〵見《み》るに、其顔何《そのかほなに》となく犬《いぬ》に似《に》たりし所《ところ》ありしと。或侯《あるこう》の京邸《きやうやしき》の留守《るす》の人語《ひとかた》られき。

閑度雑談

巻四－五「義《ぎ》を守《まも》つて犬《いぬ》、主《しゅ》の子《こ》を育《はごく》む」

今《いま》は往昔《むかし》、浪華《らうくわ》の名呉町《なごまち》に裏住《うらずみ》をなす夫婦《ふうふ》の者《もの》あり。男《をのこ》は日《ひ》毎《ごと》に市中《まちまち》をめぐりて紙屑《かみくず》を買《か》ひ集《あつ》め、紙屑《かみくず》の寄屋《よせや》に持行《もちゆき》て聊《いさゝか》の利《り》を得《え》て細《ほそ》き煙《けぶり》を立《たて》けるが、妻《つま》なる者懐妊《ものくわいにん》して一子《いっし》を産《うめ》り。時《とき》に年来此家《としごろこのいへ》に来《きた》りて愛《あい》せらるゝ牝犬《めいぬ》ありけるが、是《これ》も庭《にわ》の隅《すみ》にてひとしく子《こ》を産《うめ》り。亭主《ていしゅ》は産婦《さんふ》の介抱《かいはう》の隙《いとま》には此牝犬《このめいぬ》に食物《しょくもつ》をあたへて憐《あはれ》みける。しかるに妻《つま》は産後《さんご》の悩《なや》み強《つよ》くして漸《やうやく》に六日ばかりを過《すぎ》て身没《みまかり》ぬ。亭主《ていしゅ》の歎《なげ》き一《ひと》かたならず。野辺《のべ》の送《をく》りは済《すみ》しかども残《のこ》る赤子《あかご》の為方《せんすべ》なく、捨《すつ》るも遉《さすが》に不便《ふびん》なり。さりとて余家《よそ》に乳《ち》をもらひて育《そだ》てんことも、貧《まづ》しき其日過《そのひすぎ》なれば、子《こ》を懐《いだ》き抱《かゝ》へ居《を》りては今日《けう》の煙《けぶ》りの立《たて》がたく、左《と》やせん右《かく》やせんと思《をも》ひなやみて歎《なげ》きしが、不図《ふと》庭《には》なる牝犬《めいぬ》を見《み》つけ、是《これ》にこそ托《たの》みなんと赤子《あかご》をかゝへて傍《かたはら》によりそひ、汝《なんじ》こゝろあらば我《わが》たのむ事《こと》を聞《きく》べし。妻《つま》なるもの斯子《かくこ》をのこして身没《みまかり》たり。我家《わがいゑ》きわめて貧《まづ》しければ、子《こ》をいだきて他《た》に乳《ち》を貰《もら》ひ養育《よういく》せんこと思《をも》ひもよらず。さればとて街《ちまた》に捨《すて》なんも悼《いた》ましく、今更《いまさら》に為方《せんかた》なし。汝年来《なんぢとしごろ》わが庭《には》に来《きた》り、殊更吾妻《ことさらわがつま》とひとしく子《こ》を産《うめ》り。一河《いちが》の流《ながれ》をくみ一樹《いちしゆ》の蔭《かげ》に宿《やど》るも皆他生《みなたしやう》の縁《えん》と聞《き》けり。いかんともして今夜《こよひ》より汝《なんぢ》が乳《ち》を分《わけ》て我子《わがこ》に与《あた》へくれよかし。尓有《しかあら》ば我《われ》は日毎《ひごと》に出《いで》て活業《すぎわひ》をなし其日《そのひ》を送《をく》るべしと、くれ〴〵と掻《かき》くどき涙《なみだ》ながらに頼《たの》みしが、犬《いぬ》は首《かしら》をうなだれて涙《なみだ》をながし聞居《きゝい》たりしかば、畜《ちく》生《しやう》ながら切《せつ》なるわけを承引《うけひき》たるものならんと、頓《やが》て吾子《わがこ》を傍《そば》によするに、犬《いぬ》は乳《ち》ぶさを含《ふく》めて飲《のま》せける。亭主《あるじ》は大《おほひ》によろこび安堵《こゝろをちゐ》て其夜《そのよ》は安《やす》く臥《ふし》けるが、翌朝起出《あくるあさをきいで》て吾子《わがこ》はいかにと犬《いぬ》の形勢《ありさま》を見《み》るに、大切《たいせつ》にいだき抱《かゝへ》て乳《ち》をふくめ居《い》たりしが、奇異《ふしぎ》なるかな、狗児《いぬのこ》の泣声《なくこへ》さらに聴《きこ》へず。よく〳〵見《み》れば狗《いぬの》児《こ》はこと〴〵く死《し》して傍《かたはら》に捨《すて》たりけり。亭主《あるじ》はこれに仰天《ぎやうてん》し、大声《おほごへ》を揚《あげ》て歎《なき》さけび、偖《さて》は吾子《わがこ》を頼《たの》みし故《ゆへ》、恩愛《をんあい》の狗児《わがこ》をころし斯《かく》はからひし事《こと》よとて、犬《いぬ》の頸《くびすじ》を撫《なで》さすり屢《しば〳〵》なみだにくれけるとぞ。真《まこと》に忠義《ちうぎ》なること、人《ひと》も及《およ》ばざる事《こと》どもなり。尓後《そのゝち》久《ひさ》しく其児《そのちご》を養育《よういく》して終《つゐ》に成長《せいちやう》なしけるとなん。是《こ》は餘《あま》り古《ふる》き事《こと》にもあらず。予《よ》が幼《いとけな》き時《とき》ありし事《こと》とて母《はゝ》の語《かた》られしを聞《きけ》り。

巻四―三「茶道坊《さどうのぼう》を助《たす》けて犬恩《いぬをん》を報《ほう》ず」

寛文三年《くわんぶんさんねん》に駿府《すんふ》の在番酒井伊豫守殿《ざいばんさかゐいよのかみどの》おはせしに、小屋《こや》に白《しろ》犬《いぬ》の有《あり》しが常《つね》に豫州《よしう》どの、前《まへ》に出《いづ》るを、小坊主《こばうず》に仰《おゝ》せて物《もの》を喰《くは》せ給ひし。ある時《とき》、豫州殿遠《よしうどのとふ》まわりに、とうめと言所《いふところ》に出《いで》給ふ。小坊主《こばうず》も供《とも》にまいりしが過《あやま》つて谷《たに》へ落《おち》たりしに、何方《いづかた》より来《きた》りしやらん。件《くだん》の白犬《しろいぬ》はしりより、帯《をび》の結《むすび》めを噛《くわ》へ曳《ひき》て、岡《をか》を見上《みあげ》て吠《ほえ》ければ、各《をの〳〵》これに驚《おどろ》き引上《ひきあげ》て助《たす》けけり。是《これ》を見聞《みきく》もの、感《かん》ぜぬはなかりしとぞ。　新著聞集

巻四―六「主命《しゆのめい》に随《したが》て犬敵《いぬてき》の警衛《けいゑい》を窺《うかゞ》ふ」

新田左中将義貞《につたさちうじやうよしさだ》の麾下《きか》に武蔵国《むさしのくに》の住人《ぢうにん》、畑六郎左衛門時能《はたろくろざゑもんときよし》といへる英傑《ゑいけつ》あり。謀略《はかりこと》を巧《たくみ》にして能士卒《よくしそつ》をつかふ。義貞討《よしさだうち》死《じに》の後官軍勢《のちくわんぐんいきほ》ひを失《うしな》ひ、諸城《しよじやう》悉《こと〴〵》く陥《をつ》るといへども、時能《ときよし》が守《まも》るところの鷹巣《たかす》の城《しろ》のみ抜《ぬけ》ず。城中《じやうちう》の兵《つわもの》僅《わづか》に二十七人なり。尾州刺吏高経《びしうのしゝたかつね》、七千余騎《しちせんよき》の軍勢《ぐんぜい》を率《ひきゐ》て此城《このしろ》を囲《かこ》むこと十重廿重《とゑはたゑ》、三十余《さんじうよ》の陣営《ぢんえい》を分《わか》ち壁《かべ》を堅《かた》くし塹《ほり》を深《ふか》くす。爰《こゝ》に時能《ときよし》が養所《やしなふところ》の犬《いぬ》ありて、犬獅子《けんじゝ》と名《なづ》く。此犬《このいぬ》、主《しゆ》の詞《ことば》をよく聞《きゝ》わきまへたり。暗夜《あんや》にいたつて敵軍《てきぐん》を侵《をか》すの時《とき》、まづ敵《てき》の陣中《ぢんちう》に此犬《このいぬ》を入《いれ》しめて警衛《けいゑい》の隙《ひま》を伺《うかゞ》わしむ。敵《てき》の守《まも》り厳《きび》しくして隙《ひま》なき時《とき》は走《はし》り出《いで》て一声《いつせい》を吠《ほ》ゆ。又番兵《またばんへい》よく寝入《ねいり》、衛《まも》りに怠《おこた》るときは走《はし》り出《いで》て主《しゆ》に対《むか》ひ尾《を》を掉《ふつ》てこれを告《つぐ》る程《ほど》に、士卒此犬《しそつこのいぬ》を案内《あんない》に立《たて》て塀《へい》を乗《のり》こへ城中《じやうちう》にうち入《いり》て数千《すせん》の敵《てき》を悩《なや》まし頗《すこ》ぶる勝利《しやうり》を得《うる》こと、此故《このゆえ》なり。されば、出毎《いづるごと》に輒《たやす》く陣《ぢん》を破《やぶ》らずといふ事なし。原来時能万夫無當《もとよりときよしばんぷぶたう》の勇士《ゆふし》なることは人知《ひとし》る所《ところ》にして論《ろん》ずべからず。此犬獅子《このけんじゝ》、畜獣《ちくじう》にして其主《そのしゆ》

に忠《ちう》あり。其軍《そのいくさ》に功《こう》あること此《かく》のごとし。此時《このとき》にあたつて天《てん》下《が》の衆軍幾万《しゆぐんいくまん》といふ事《こと》を知《しら》ず。たゞ糧《かて》に飽《あく》ことを貴《たつとし》とし功《こう》を貪《むさぼ》る者多《ものおほ》し。此犬《このいぬ》に対《たい》せば豈《あに》その額《ひたい》に泚《あせ》せざらんやと言《いへ》り。実《げに》や畜類《ちくるい》は人《ひと》と異《こと》にして、功《こう》を立《たつ》るといへども誇《ほこ》らず、賞《しやう》を貪《むさぼ》るの欲心《よくしん》なく、栄花栄耀《ゑいぐわゑいよう》の望《のぞみ》もなく、只朝夕《ただてうせき》に養《やしなは》るゝの恩《をん》を以《もつ》て忠義《ちうぎ》を尽《つく》す。其心《そのこゝろ》の正直《せいちよく》なること感《かん》ずべし。　太平記

巻四－八「黄耳呉国《わうじごこく》に使《つかひ》す」

往昔《むかし》、震旦呉国《もろこしごこく》の傍《かたはら》に陸機《りくき》といふ人《ひと》ありけるが、常《つね》に猟《りやう》を好《この》むが故《ゆへ》に、一客快犬《あるひとよきいぬ》を進《しん》ずる。是《これ》を黄耳《わうじ》と名《なづ》く。陸機《りくき》、平日《つね》に愛《あい》して憐《あはれ》みける。爾後《そののち》、帝都《みやこ》に出《いで》て仕官《しくわん》の身《み》となるに此黄《このわう》耳《じ》をも連《つれ》て行《ゆき》ける。斯《かく》て洛《みやこ》に年月《としつき》を重《かさね》しが、更《さら》に故郷《こきやう》の音信《をとづれ》を聞《きか》ざりければ左右《とやかく》に思《おも》ひ煩《わづら》ふまゝに黄耳《わうじ》に対《むか》ひて戯《たはふ》れに語《かたつ》て曰《いわく》、吾家《わがいへ》絶《たへ》て久《ひさ》しく音信《をとづれ》なし。汝《なんぢ》よく馳《はせ》て故郷《こきやう》に使《つかひ》せん哉《や》いなやといふ。犬《いぬ》、尾《を》を揺《うごか》して声《こへ》を発《はつ》し、さながら人《ひと》の応答《こたふる》が如《ごと》し。さる程《ほど》に陸機《りくき》は書《しよ》を認《した、》め竹筒《たけつ、》にこめて是《これ》を犬《いぬ》の肩《かた》に結《ゆひ》つけければ、犬《いぬ》は忽《たちま》ち駅路《かいだう》に出《いで》て呉国《ごこく》をさして走《は》せ下《くだ》りぬ。偖《さて》、道《みち》すがら餓《うゆ》る時《とき》は草《くさ》を喰《くら》ひ水《みづ》をのみ、又大河《またたいが》を経《わた》る毎《ごと》に輙《すなは》ち渡守《わたしもり》に対《むか》ひて尾《を》を掉《うごか》して便舟《びんせん》を乞《こ》ふ。其人《そのひと》憐《あわれ》み愛《あい》して船《ふね》にのせて渡《わた》す。すでに岸《きし》に近《ちか》づく時《とき》は騰上《をどりあが》つて道《みち》を馳《は》せ、終《つい》に呉国《ごこく》に着《つき》て陸機《りくき》が家《いゑ》に到《いた》るに及《およ》び、故郷《こきやう》の人々《ひとびと》大《おほひ》に喜《よろこ》び、竹筒《たけのつ、》なる書《しよ》を取出《とりいだ》し読終《よみおわ》れば、犬《いぬ》、又声《またこへ》を発《はつ》して其返書《そのへんしよ》を乞《こ》ふ形勢《ありさま》なれば、実所理《げにことはり》なりと、先犬《まづいぬ》に食《しよく》をあたへて休息《きうそく》せしめ、其間返事《そのうちへんじ》の書《しよ》を認《した、》め彼竹筒《かのたけのつ、》に内《いれ》て前《さき》のごとくに結《ゆ》ひ付《つく》れば、犬《いぬ》は応答《へんじ》を得《え》たるを心得《こころえ》、たゞちに馳《はせ》て都《みやこ》に帰《かへ》りぬ。陸機《りくき》は犬《いぬ》が無事《ぶじ》に還《かへ》りしを喜《よろこ》び返書《へんしよ》を披《ひら》きて其功《そのこう》を賞《しやう》し、尚《なを》も慈愛《じあい》して養《やしな》ひける。則《すなは》ち呉国《ごこく》に下《くだ》る事《こと》を計《はか》るに、人行《ひとゆく》に容易《たやす》からざる遠路《ゑんろ》なるに、犬往還《いぬわうへん》すること纔《わづか》に半月《はんげつ》なり。斯《かく》て幾年《いくとし》を経《へ》て後《のち》、畜齢《ちくれい》つきて犬死《いぬし》せし程《ほど》に、殯葬《かりほうふり》して後《のち》に故郷《こきやう》へ送《をく》り厚《あつ》く葬《ほうふ》らしめ、黄耳塚《わうじのつか》といふ。陸機《りくき》が家《いゑ》を去《さ》る事《こと》二百歩《にひやくほ》にあり。　述異記

巻六－七「犬墳」

河内国《かわちのくに》暗《くらかり》嶺《たうげ》の半腹《はんふく》、街道《かいだう》の左《ひだり》の傍《かたわら》に犬塚《いぬづか》あり。此地《このち》は豊浦《とよら》村《むら》の在中《ざいちう》にして旅宿茶店《はたごやちやみせ》などあり。犬塚《いぬづか》の前《まへ》は山口屋《やまぐちや》といへる旅店《りよてん》なり。此墳《このつか》は予《よ》が建《たつ》るところにして始《はじ》めは外方《ほかゝた》に有《あり》しかども、故《ゆへ》ありてこゝに移《うつ》し、塚《つか》の傍辺《ほとり》に桜楓《さくらもみぢ》を数株《すちう》植《ゑ》をきしが、今《いま》は頗《すこぶ》る盛木《せいぼく》して春秋《しゆんじう》の眺望《ながめ》を増《ませ》り。碑《ひ》の形《かたち》は硯屏《けんびやう》の如《ごと》くにつくり、前《まへ》に犬《いぬ》の形《かたち》を刻《こく》して台石《だいいし》の上《うへ》に居《すゆ》る。石面《せきめん》に鐫《せん》して曰《いわく》。

館皓宝獣之碑

暁鐘-成-子曾テ有下所二愛畜一之狗上　名レ皓ト　是歳秋八

月廿一日暁天踰レ墻露臥乍為メニ二狗賊ノ一所レ害矣　主人不レ堪二悲哀ニ一既ニ獲テ二其骸ヲ於郊外ニ一即チ収テ二磁甕ニ一以テ瘞二諸于□山下ニ一　請レ僧追‐悼ス　幷テ将ニレ慰ント二他ノ衆犬ノ所レ害セラル之霊ヲ一　友人浦高積為ニ述レ之　銘曰

鳴呼霊獣　生愛死惜　埋封建碑　其魄茲宅

天保六歳乙未九月廿一日　　暁鐘成立

附録（『犬狗養畜伝』との重複記事は割愛した）

○犬《いぬ》、馬銭《まちん》の毒《どく》に中《あた》るときは、急《きう》に冷《ひへ》たる水《みづ》を呑《のま》しむべし。其毒《そのどく》を解《かい》す。又、平生《つねづね》に冷《ひへ》たる茶《ちや》を飲《の》ませをけば毒《どく》の中《あた》り少《すくな》しといふ。予《よ》が知人余《しるひとあま》りて捨《すつ》べき茶《ちや》を日毎《ひごと》に食《しよく》にかけて喰《くわ》せり。いまだ試《こころ》みざれども、茶《ちや》は冷《ひや》すものなれば、腹中《ふくちう》の熱《ねつ》をさまして最彼《もつともかれ》には薬《くすり》なるべし。

○狗蝿《いぬばひ》は多く老《をひ》たる狗《いぬ》にわくものにして、凡《おほよ》そ頸《くび》のほとりに群《むらが》り毛《け》の中《なか》を潜《くゞ》りて血《ち》を咂《す》ふものなり。狗蝿《いぬばひ》はたばこの脂《やに》を禁《きら》ふゆへに何《いづ》れも煙草《たばこ》のぢくを編《あみ》て頸環《くびたま》に作《つく》り掛《かく》るあり。此《この》趣向《しゆかふ》もつともよし。又、燈油《ともしあぶら》を惣身《そうみ》の皮毛《かわけ》にぬり付《つく》れば、忽《たちま》ち蝿《はい》さり死《し》するなり。油《あぶら》のをりなどにてよし。蚤《のみ》の多《おほ》くわく事は予《かね》て知《しる》ところなれども、虱《しらみ》の多《おほ》くわきたるを知《しら》ざりしが、近年《きんねん》、予《よ》が愛《あい》せし牝犬《めいぬ》の子《こ》を産《うみ》て後煩《のちわづら》ひたりしが種々《しゆじゆ》に心《こころ》を尽《つく》し遣《や》りしかども、畜齢《ちくれい》の尽《つく》る所《ところ》にや産後廿日《さんごはつか》ばかりにして死《し》せり。さる程に、いまだ乳《ち》の放《はな》れざる狗児《いぬのこ》なれば、白粥《しらかゆ》を煮《に》て魚《さかな》の味噌汁《みそしる》に和《くわ》し掌《てのひら》に盛《もり》て片手《かたて》にて抱《いだ》きかゝへて養《やしな》ひしが、食《しよく》する事《こと》をよく覚《をぼ》へし程《ほど》に、世話《せわ》なる事《こと》は言《い》ふばかりも有《あら》ざれども、育《そだ》つるには難《かた》からず見《み》へたり。然《しか》るに何《なに》の故《ゆへ》もなく二三疋《にさんびき》も続《つゞ》きて死《し》するにより、其病根《そのびやうこん》を試《こゝろみ》れども更《さら》に知《し》れず。数々《しばしば》いとをしみて抱《いだ》きつゝ撫《な》でさすりたるに、豈料《あにはか》らんや、身体一面《みうちいちめん》に虱《しらみ》を生《しやう》ぜり。背腹《せはら》のみかは、眼《め》のふち、鼻《はな》の際《きは》、聊《いさゝか》にても毛《け》ある所《ところ》には悉《ことごと》くわきて、見《み》るに身毛《みのけ》もよだつばかりなり。按《あんず》るに是《これ》は正《まさ》しく母犬《はゝいぬ》の病《やまひ》によりてわきたるを、昼夜身辺《ちうやそば》に有て伝《うつ》りしなるべし。さる程《ほど》に、何《なに》の故《ゆへ》もなく前《さき》に死《し》したるは此虫《このむし》ゆへに死《し》せしなり。甚不便《いとふびん》の事どもにこそ。其虱《そのしらみ》の形《かたち》、人《ひと》に生《しやう》ずる者《もの》と異《こと》にして、丸《まる》く色白《いろしろ》く足多《あしおほ》く、大《おほき》さ芥子《けし》、或《あるひ》は粟《あわ》のごとし。壁蝨《だに》といへるものとは別《べつ》なり。斯《か》くて生残《いきのこ》るもの既《すで》に二疋《にひき》に及《およ》べり。夫《それ》よりして即時《たゞち》に烟草《たばこ》のぢくを求《もと》めて煎《せん》じ出《いだ》し、程《ほど》よき湯加減《ゆかげん》となして全身《みうち》及び面《かほ》までも眼《め》の中《なか》に湯《ゆ》の入《い》らざる様《やう》に浴《ゆあ》みさせ、頓《やが》て浴衣《ゆかた》につゝみて暫時《しばらく》蒸《む》し、其後《そののち》よく拭《ぬぐ》ひ、櫛《くし》にてすき取《とる》に、狗児《いぬのこ》さも心《こころ》よげに吾々《われわれ》が膝《ひざ》の上《うへ》にて前後《ぜんご》もしらず熟睡《うまくい》ねたり。二疋《にひき》なれば一《ひとつ》は妻《つま》なるものいだきて斯《かく》の如《ごと》くし、一疋《いつぴき》は予《よ》が膝《ひざ》に置《おき》て介抱《かいほう》す。斯《かく》て日毎《ひごと》に浴《ゆあ》みさせ、凡《およ》そ半月《はんげつ》ばかり怠《をこた》る事《こと》なく手《て》を尽《つく》せしが、終《つひ》に親虱《おやじらみ》は勿論《もちろん》、虫子《むしのこ》といへる卵《たまご》までも殺《ころ》し尽《つく》し、二児《にじ》ともに壮健《すこやか》に成長《せいちやう》しけるぞ歓《よろこ》ばしかりし。斯《かゝ》ることは思《おも》ひよらざる事《こと》ゆへ、彼が痛苦《つうく》を知《しら》ずして終《つゐ》には死《し》に及《およ》べること不便《ふびん》なる事《こと》なり。慈愛《じあい》ある人々《ひとびと》はよく心得《こころえ》給ひて、若《も》しこれらの如《ごと》き事《こと》あらば、右の通《とほ》りにはからひ得《え》させ給へかし。尤《もつと》も犬の大小《だいせう》には拘《かゝは》るべからず。彼《かの》の成長《せいちやう》の犬《いぬ》に蝿《はい》の多《おほ》くわきたるにも、右《みぎ》にひとしく浴《ゆあ》みさせなば可《か》ならんと覚《をぼ》ゆ。

○生餅《なまもち》の和《やわら》かなるを喰《く》はすべからず。口中《くちのうち》に粘着《ねばりつ》き、あるひは咽喉《のんど》に詰《つめ》て苦《くる》しむ者《もの》なり。又、堅《かた》く乾《から》びたるは咬《か》み砕《くだ》きて食《しよく》するゆへ苦《くる》しからず。

○凡《およそ》、犬《いぬ》の諸病《しよびやう》には唐《たう》の烏薬《うやく》を末《まつ》にして食物《しよくもつ》にまぜ飲《のま》すべし。是《これ》に過《すぎ》たる薬《くすり》なし。然《しか》れども、薬《くすり》の香気《かうき》するゆへ、嫌《きら》ひて喰《く》わざるものなり。鰹《かつを》の粉《こ》にまぜて飲《のま》すもよし。又《また》、鰹《かつを》の末《まつ》にまぜて丸薬《ぐわんやく》の如《ごと》くして飲《のま》すもよし。此烏薬《このうやく》は猫《ねこ》の病気《びやうき》にも用《もち》ひてよし。

○必ず喉《のど》をかわかしむることなかれ。市中《しちう》に於《おゐ》ては暑《しよ》に至れば軒《のき》に施水《ほどこしみづ》を出《いだ》す事《こと》専《もつは》ら也。然《しか》れども、犬《いぬ》の施水《せすい》をなす者《もの》はなし。故《ゆへ》に暑《あつ》さに堪《たへ》かね溝《みぞ》の泥水《どろみづ》をのみ霤《あまだり》の腐水《くさりみづ》をのむこと最《もつと》もいたまし。苦《くる》しきこと楽《たの》しきこと、人畜《にんちく》なんぞ其隔《そのへだ》てあらん哉《や》。苦《くる》しみは救《すく》ひ、楽《たの》しみは与《あた》へたき者《もの》にこそ。

○犬《いぬ》は畜《かは》るゝ家《いへ》の四壁《しへき》のあいだに糞《ふん》をする事《こと》を慎《つゝし》む故《ゆへ》に、時《とき》によりては夜中外面《やちうそとも》に出《いで》んと頻《しき》りに戸《と》などを掻《か》くこと有《あり》。市《し》中《ちう》に於《おゐ》ては夜中外面《やちうそとも》に出《いだ》せば狗賊《くぞく》の難《なん》あり。裏広《うらひろ》き所《ところ》あれば、其所《そのところ》に出《いだ》し遣《や》るべし。尤《もつと》も斯《かゝ》る事《こと》は稀《まれ》也。

○常《つね》に食物《しよくもつ》の器《うつは》を洗《あら》ひて更《あら》たむべし。夏《なつ》は殊更《ことさら》のことなり。腐《くさ》りしものゝある上《うへ》に又痛《いた》みかゝりし物《もの》を入《いれ》て与《あた》ふるゆへ、忽《たちま》ち共《とも》に腐《くさり》ていかなる犬《いぬ》も食《しよく》しがたく成《なり》ゆくものなり。斯《かゝ》れば、あたら食物《しよくもつ》を空《むな》しく費《ついや》すなれば、其人《そのひと》の冥加《みやうが》もよろしからず。少《すこ》しの心得《こゝろえ》にて腐《くさ》りし食《しよく》の弥《いや》が上《うへ》にならざる様《やう》に成《なる》もの也。然《しか》れば、犬《いぬ》も食《しよく》して喜《よろこ》び、食物《しよくもつ》も廃《すた》らず、是則天地《これすなはちてんち》への勤《つと》めと思《おも》ふべし。

○たとへ聊《いさゝ》かの科《とが》ありとも打擲《てうちやく》すべきにあらず。（中略）唐土《もろこし》の聖代《せいだい》には罪人《つみんど》を打鞭《うつむち》を蒲《がま》にて作《つく》り、打擲《うちたゝ》けども音《をと》のみにして、身《み》を痛《いた》めずとぞ。斯《かゝ》る仁心《じんしん》深き君なりし程《ほど》に、国民《くにたみ》感《かん》じ伏《ふく》して悪事《あくじ》をなさず。益々泰平《ますますたいへい》にして彼《か》の刑罰《けいばつ》の蒲《がま》の鞭《むち》さへも打《うつ》べき罪人《つみんど》もあらざりしかば、終《つゐ》には朽《くち》たりしとなん。故《ゆへ》に刑鞭蒲《けいべんがま》くちて蛍《ほたる》となると詩《し》にも作《つく》れり。仁道《じんだう》には人《ひと》さへも斯《かく》のごとし。況《いわん》や愚痴《ぐち》なる畜生《ちくしやう》に於《おゐ》てをや。寛宥《くわんいう》のはからひ有《あら》ずんばあるべからず。

○若《も》し主《しゆ》なくして臥所《ふしどころ》も定《さだ》めぬ狗《いぬ》あらば、慈悲《じひ》を加《くわ》へて夜《よ》は晩刻《くれどき》より内に入《いれ》て庭《には》の隅《すみ》にも臥《ふさ》しめ、朝《あさ》は心《こころ》をつけて遅《をそ》く出《いだ》して、狗賊《くぞく》の難《なん》を救《すく》ふべし。

居家必用《きよかひつよう》云《にいはく》、生《しやう》を貪《むさぼ》り死《し》を畏《をそ》るゝ事《こと》、人《ひと》と物《もの》と同《をな》じ。親属《しんぞく》を憂《うれ》へ恋《した》ふこと、人《ひと》と物《もの》と同《をな》じ。殺戮《さつりく》に当《あた》つて痛苦《つうく》すること、人と物《もの》と同じ云々。

○狗睡《いぬねむ》るとき、夢《ゆめ》を見《み》ておそわるゝ事常《ことつね》にあり。是《これ》なん人《ひと》に打《うち》た丶かれ怖《をそ》ろしき目《め》にあひしを忘《わす》れずして、夢《ゆめ》に見《み》ておそわれる成《なる》べし。斯《か丶》るおもひ聊《いさ丶》かも人《ひと》にかわることなし。是等《これら》の事を想像《おもひやり》て必ず打擲《うちた丶き》すべからず。

【書誌】『和漢今昔犬の草紙』（国会図書館蔵）、外題「和漢今昔　いぬのさうし」、内題「古今霊獣」、見返し「浪華　鶏鳴舎暁晴翁輯録／和漢今昔　犬の草帋／京摂書買　岡田群鳳堂　藤井文政堂」、序「嘉永癸丑仲春静處散人正宣苞流居の南窓にしるす」。刊記「浪華鶏鳴舎暁晴翁輯録／嘉永七甲寅正月新版／三都書林　江戸下谷御成道　紙屋徳八・京寺町五條上ル山城屋佐兵衛・同堀川二條下ル　越後屋治兵衛・大坂北久太郎町三丁目　河内屋清七・同心斎橋筋博労町角　河内屋茂兵衛・同同筋本町角　河内屋藤兵衛」。

## 『犬狗養畜伝』

（表紙）

見もしらぬ人にもなる丶犬の子になとかほとけの心なからん　村上潔雄

南都法華寺土犬之図

（序文）

大《おほ》かたは生《いけ》る物《もの》を殺《ころ》し。いため闘《たゝ》かはしめて遊《あそ》び楽《たの》しまん人は。畜生残害《ちくせうざんがい》の類《たぐひ》也。万《よろづ》の鳥獣《とりけだもの》ちいさき虫までも心をとめてありさまを見るに。子を思《おもひ》ひ親をなつかしくし。夫婦をともなひ。ねたみいかり。欲おほく身を愛し。命をおしめる事ひとへに愚痴《ぐち》なる故に。人よりもまさりて甚《はなはだ》し。彼にくるしみをあたへ命をうばはん事。いかでかいたましからざらん。すべて一切の有情を見て。慈悲の心なからん人は人倫にあらずト云々。是《こ》は徒然草《つれづれぐさ》にあらはすところの文《ぶん》なるを。余《よ》紙あるに任せてこゝに出《いだ》し。此書《このふみ》の大意を表《へう》することしかり。

（口絵）

凡テ犬以テ二三月一ヲ而生ス　在ハレ畜属シレ木ニ　在ハレ卦属シレ艮　在ハレ禽応スニ婁星一ニ　生スルヲ二一子一ヲ曰レ獋ト又曰獋、二子ヲ曰レ獅ト三子ヲ曰レ獋

凡テ犬三月ヲ以テ生ス、畜在ハ木ニ属シ卦在ハ艮ニ属シ、禽在ハ婁星ニ応ズ、一子ヲ生スルヲ曰ク獋ト、又曰ク獋、二子ヲ獅ト曰、三子ヲ獋ト曰フ

主しらぬ岡部の里を来てとへバこたへぬ先に犬ぞとがむる　京極

犬狗養育伝《けんくようちくでん》　浪華　暁鐘成著述

周礼六書註《しうらいろくちうのちう》。獣可畜者六嘼《けもの、かふべきものろくきう》。牛馬羊犬豕雞《ぎうばようけんしけい》とあり。論語《ろんご》の古註《こちう》にも犬《いぬ》は守禦《まもりふせ》ぐを以《もつ》て人《ひと》に養《やしなは》ると云《いへ》り。又風俗通曰《またふうぞくつうにいはく》。俗説《ぞくせつ》に犬《いぬ》は賓主《ひんしゆ》を別《わけ》て善守禦《よくまもりふせ》ぐ故《ゆへ》に。四門《しもん》に着《つけ》て以《もつ》て盗賊《とうぞく》を避《さく》と也《なり》。続高僧伝《ぞくかうそうでん》には犬《いぬ》を防畜《ばうちく》と云《い》ひ。楞厳釋要鈔《れうごんのしやくようせう》には狗《いぬ》を名《なづけ》て守狗《しゆく》と云《いへ》り。されば兼好《けんかう》が徒然草《つれづれぐさ》にも。犬《いぬ》は守《まも》り防《ふせ》ぐつとめ。人《ひと》にも勝《まさ》りたれば必《かなら》ず有《ある》べしと云《いへ》り。実《げに》や犬《いぬ》は能《よく》恩《をん》を知《し》り仇《あだ》を酬《むく》ひ。鼻利《はなさと》くして能《よ》く気《き》を齅《か》ぎ。能《よ》く家《いへ》を守《まもつ》て非常《ひじやう》の人《ひと》を内《うち》に入《いれ》ず。厳《きびし》く吠《ほへ》て竊盗《せつたう》を防《ふせ》ぐ。官家賤民共《くわんけせんみんとも》に畜《かは》ずんば有《ある》べからざるの者《もの》なり。且《か》つ田犬《かりのいぬ》は狩猟《しうれう》の時《とき》まづ山野《さんや》に放《はな》ち入《い》れて禽獣《とりけだもの》の所在《ありか》を候《うかが》はしむ。乃《すなは》ち官家《くわんけ》の宝獣《ほうじう》なり。原来一切《もとよりいつさい》の邪魅妖術《じやみようじゆつ》を能《よ》く禳辟《はらひさく》るがゆゑに道家《どうか》に是《これ》を禁《きん》ずるといへり。凡《およ》そ犬《いぬ》の忠功人《ちうこうひと》に勝《すぐ》れ。其《そ》の養《やしな》へる主《しう》の恩《をん》を知《し》り。是《これ》を報《ほう》ずること往古《いにしへ》より和漢《わかん》ともに其例少《そのためしすくな》からず（史載こと多しといへども事しげければ略之）。

故《かるがゆへ》に世人狗《よのひといぬ》を養《やしな》ふに、慈愛《じあひ》あらずんば人道《じんどう》にあらず。夫《そ》れ生《いく》るを愛《あひ》し死《し》を悼《いた》むは仁《じん》の道《みち》なり。則《すなはち》これを慈悲《じひ》と云《いふ》。そも慈悲《じひ》の心《こころ》なきは人倫《じんりん》にあらず。法界次第云《はうかいしだいにいはく》。能《よ》く他《た》に楽《たのしみ》を与《あたふ》るの心《こころ》。これを名《なづけ》て慈《じ》とす。能《よ》く他《た》の苦《く》を抜《ぬく》の心《こころ》。これを名《なづけ》て悲《ひ》とす。又盆経通今記曰《またぼんけうつうこんきにいはく》。衆生《しゆじやう》を愍覆《みんぷく》して苦《く》を抜《ぬ》き。楽《たのしみ》を与《あたふ》を慈悲《じひ》と名《な》づくとあり。大論《たいろん》に曰《いはく》。胎卵湿化《たいらんしつくは》は生生《しやうじやう》の父母《ふぼ》。魚鳥禽獣《ぎよてうきんじう》は世世《せせ》の兄弟《けいてい》と。斯有《かゝれ》ば此世《このよ》に生《しやう》を受《うく》るもの。禽獣《とりけだもの》に至《いた》るまで皆兄弟《みなけいてい》なり。憐《あはれ》まずんばあるべからず。況《いはん》や家《いへ》に養《やしなふ》て朝夕狎《あさゆふなれ》て随者《したがふもの》に於《おい》てをや。予平生《われつね》に生《いけ》るを愛《あひ》し。死《し》を悼《いた》むがゆゑに。こゝに犬狗《けんく》を養《やしなふ》の心得《こころへ》を著《あらは》し。彼《かれ》を助《たす》くるの便《たより》とす。衆人閲《しうじんけみ》して用《もち》ひたまふことあらば。小子《やつがれ》が歓《よろこ》び是《これ》に過《すぎ》ずといふ。

○

○馬銭《まちん》の毒《どく》に中《あた》るときは急《きふ》に冷水《ひへたるみづ》を呑《のま》しむべし。其毒《そのどく》を解《かい》す。

○狗《いぬ》、癩病《らいびやう》を発《はつ》するときは、桃《もも》の木《き》の葉《は》を搗爛《つきたゝら》し。其皮毛《そのかはけ》に擦《す》りつけ。少時《しばらく》して是《これ》をあらひ去《さ》るべし。かくのごとく度々《たびたび》すれば終《つひ》に治《ぢ》する也。

○癬疥《ひぜん》を生《しやう》ずるときは好茶《よきちや》を煎《せん》じ。一夜冷《いちやひや》して後是《のちこれ》をあらふべし。

○創《きず》を受《うく》る時は急《きう》に小豆《あづき》を煮《に》て食《くらは》しむべし。若《も》し粒《つぶ》を嫌《きらひ》て食《くは》ざれば能《よ》く煮《に》たる汁《しる》ばかりを飲《のま》すべし。尤《もつと》も能《よ》く冷《ひや》して飲《のま》すべし。惣《そう》じてあつきものはあしく、冷物《ひへたるもの》をよしとす。且《か》つ灼傷打瘍等《やけどうちきずとう》にも小豆《あづき》を用《もちひ》てよし。小疵《いさゝかのきづ》は自《みづか》ら舐《ねぶり》て愈《いゆる》といへども。舐《ねぶ》る事あたはざる所《ところ》は癒《いへ》がたし。何《いづ》れにもあれ、創《きず》を受《うけ》なば小豆《あづき》を煮《に》てはやく痛苦《つうく》を救《すく》ふべし。小豆《あづき》を嫌《きら》ふことあらば鰹節《かつほぶし》をかき入《いれ》て食《くは》しむべし。

○壁蝨《だに》、皮《かは》に入《いつ》て血《ち》を吸《す》ふこと常《つね》にあり。多《おほ》くは指《ゆび》の股《また》に咬《くひ》つく故《ゆへ》に。必《かな》らず脚《あし》をかゞむる事あり。其《そ》の歩《あゆ》むに趁跛《ちんば》のごとく歩風《あるきぶり》あしきものは。指《ゆび》の股《また》を穿鑿《せんさく》して是《これ》を取《とり》て助《たす》くべし。然《しか》れども人《ひと》に打擲《うちたゝか》れ踦《ちんば》を引《ひく》もあれば。尚《なほ》よく考《かんが》ふべし。且《か》つ耳《みゝ》の中《うち》などにも咬《くひ》つきおれば時々《ときどき》見《み》て遣《つかは》すべし。其余《そのほか》蚤蝨《のみしらみ》をもとるべし。

○狗蠅《いぬばい》は多《おほ》く老《おひ》たる狗《いぬ》には着《つく》ものにして。凡《およ》そ頸《くび》のほとりに群《むらが》り。毛《け》の中《なか》を潜《くぐ》りて血《ち》を咂《す》ふものなり。煙草《たばこ》の脂《やに》を禁《きら》ふ故《ゆへ》に何《いづ》れも煙草《たばこ》のぢくを編《あみ》て頸環《くびだま》に作《つく》り掛《かく》るあり。此趣向《このしゆかう》もつともよし。狗蠅《いぬばい》は冬《ふゆ》にいたれば狗《いぬ》の耳《みみ》の中《なか》に蔵《かく》るゝといへり。然《しか》れば冬《ふゆ》の中《うち》に耳の中《なか》を探《さぐ》りて殺《ころ》し置《おき》なば。夏《なつ》にいたりての憂《うれ》ひあるまじく覚《おぼ》ゆ。又燈《とも》し油《あぶら》を惣身《そうみ》の皮毛《かはけ》にぬり付《つく》れば。忽《たちま》ち蠅《はい》さり死《しす》ると云。

○蚤虱《のみしらみ》を取《とる》には樟脳《しやうなう》を犬《いぬ》の全身《さうみ》にぬり付《つけ》をき。桶筥《をけはこ》の類《たぐい》を以て狗《いぬ》を覆《おほ》ひ蓋《ふた》して。少時《しばらく》ありてはなち出《いだ》せば其《そ》の蚤虱《のみしらみ》悉《ことごと》く落《おち》てすみやかに去《さる》なり。

○川鰕海鰕《かはゑびうみゑび》ともに喰《くは》すべからず。鰕《ゑび》るいを食《しよく》すれば脚《あし》かゞみ弱《よは》くなりて。腰抜《こしぬけ》のごとく成《なる》なり、かたく禁《いむ》べし。若《もし》あやまつて鰕《ゑび》を喰《くら》ひ此毒《このどく》にあたらば、黒大豆《くろまめ》の煮汁《にしる》を冷《ひや》し多《おお》く飲《のま》すべし。又鯡《にしん》を喰《くは》すもよし。

○咽喉《のんど》に魚《うを》の骨《ほね》などをたてくるしむ事あらば、飯《めし》のかたまりを喰《くは》すべし。

○惣《そう》じて辛《から》き物《もの》には熱物《ねつぶつ》多《おほ》し。必《かなら》ず与《あた》ふべからず。又酒《さけ》のかすなんど宜《よろ》しからず。

○常《つね》に臥所《ふすところ》には莚《むしろ》、稈薦《わらごも》、明俵《あきだはら》の類《たぐ》ひを敷て寝《ね》さすべし。犬《いぬ》は至《いたつ》て湿気《しつき》を悪《きら》ふものなれば心《こころ》を付《つけ》て得《え》さすべし。止事《やむこと》を得《え》ずして常《つね》に湿気《しつき》の地《ち》に眠《ねむ》る時は、必《かな》らず病《やまひ》を生《しやう》ずることあり。

○夜中《やちう》に門外《もんぐわい》へ出《いで》んと頻《しき》りに吠《ほゆ》ることあり。是《これ》は小便《せうべん》又は糞《ふん》をせんとて告《つぐ》る也。納屋《なや》或《あるひ》はうら口《ぐち》に出《いだ》して小便《せうべん》をさすべし。尤《もつと》も小便は裏口《うらぐち》などにてすれども、糞《ふん》は決《けつ》して畜《かは》る、家《いへ》の四《し》壁《へき》の間《あいだ》にすることを慎《つゝし》むゆへ。少《すこ》し離《はなれ》し所《ところ》ならでは糞《ふん》はせざるものと心会《こゝろゑ》べし。さればとて夜中《やちう》に外面《そとも》に出《いだ》すことは宜《よろ》しからず。納屋《なや》などに連《つれ》ゆくべし。

○狗《いぬ》は腹中《ふくちう》常《つね》に熱《ねつ》するもの故《ゆへ》に。暑《あつき》に至《いた》れば舌《した》を出《いだ》し喘《あへ》ぎ苦《くる》しめり。然《しか》れども是《これ》は病《やまひ》にあらず。暑《あつさ》に苦《くるし》むなれば、鉢《はち》などに冷水《ひへたるみづ》を湛《たた》へ置《おき》て飲《のま》しむべし。尤四時《もつともしいじ》ともに水《みづ》を絶《たや》さず鉢《はち》にたゝへ置《おく》べし。魚類《ぎよるい》を食《しよく》せし跡《あと》にては冬《ふゆ》にても水《みづ》を飲《のむ》もの也。必《かな》らず喉《のど》をかはかしむることなかれ。予《われ》、平生《つね》に冷水《れいすい》を湛《たた》へ近隣《きんりん》に養《やしな》へる多《おお》くの犬《いぬ》に与《あた》ふるに、其《そ》の快《こころよ》く飲《のめ》る形勢《ありさま》、さもこそと想像《おもひやら》る。人畜《にんちく》なんぞ苦楽《くらく》の隔《へだ》てあらんや。我《われ》よしとおもふことは、人《ひと》もさもあらんと施《ほどこ》し、あしき事《こと》は人《ひと》も否《いや》にあらんと思《おも》ひて、なさざるを恕《じよ》といふとぞ。故《ゆへ》に恕《じよ》を能《よ》く行《おこな》ばやがて仁《じん》にいたるといへり。

○秋《あき》より末《すへ》に至《いた》り雨中《あめのひ》などには、能《よ》く狎《なれ》たる狗《いぬ》は席上《たたみのうへ》に上《あが》らんと為《なす》こと有。是狗《これいぬ》は湿気《しつけ》を嫌《きら》ふがゆへに、床《ゆか》の上《うへ》に居《をら》んとするなれば、此時《このとき》は湿気《しめりけ》なき莚《むしろ》を地《ち》に敷《しき》て与《あた》ふれば其上《そのうへ》に臥《ふす》なり。必《かな》らず怪《あやし》みて禁《いまし》むる事なかれ。

○平生《つね〴〵》の食用《しよくよう》に強《こは》き飯《めし》ばかりを多《おゝ》く喰《くらは》しむべからず。彼《かれ》が性《せい》余《あま》れる物《もの》を探《さが》し求《もとめ》て喰《くら》ふもの故《ゆへ》、飽《あく》まで生飯《きめし》を喰《くはし》むれば病《やまひ》を発《はつ》すること有り。希《こひねがは》くは粥《かゆ》の冷《ひへ》たるをよしとす。或《あるひ》は飯櫃《めしびつ》の洗《あら》ひ水又《みづまた》は新米《しんまい》の糠《ぬか》を水《みづ》にて練《ね》りて与《あた》ふるもよし。豆腐《とうふ》から、蕎麦《そば》、小豆粥《あづきがゆ》などもよし。尤是等《もつともこれら》ばかりは喰《くら》ふに美《び》味《み》ならざれば嫌《きらふ》こともあるべし。飯粥《めしかゆ》などを与《あたふ》るに、一度《いちど》は飯《めし》、一度《いちど》は糠《ぬか》など、取《と》りまぜて食《くらは》すべし。彼《かれ》が身《み》の為《ため》に頗《すこぶ》るよし。尚盛長《なをせいちやう》の後《のち》はあまりに加減《かげん》に及《をよば》ざれども、生《うま》れて暫時《しばらく》の間《あいだ》は食《しよく》のかけ引《ひき》に心《こゝろ》を付《つく》べし。小狗《こいぬ》の愛《あい》らしきに溺《おぼ》れて生《き》飯《めし》ばかりを強《しい》て喰《くは》せば、上腹《うははら》はり出《いで》て終《つひ》には病《やまひ》を発《はつ》することあり。尓有《しかあれ》ばとて饑《うへ》に及ばずば甚《はなは》だあしく、只程《たゞほど》よく食《しよく》をあたふべし。小狗《こいぬ》は則《すなは》ち人間《にんげん》の小児《せうに》と心得《こゝろふ》べし。其《そ》の養《やしな》ひかたあしくして狂犬病犬《けうけんべうけん》と成《な》り、人《ひと》を咬《か》むがゆへに、遠《とほ》き山野《さんや》に捨《すつ》ること不便《ふびん》ならずや。そもや人間《にんげん》と畜類《ちくるい》と、皆別々《みなべつ〳〵》の物《もの》と思《おも》ふがゆへに心《こゝろ》を用《もちひ》ざる也。行基菩薩《ぎやうぎぼさつ》の歌《うた》に〽山鳥《やまどり》のほろ〳〵と啼《な》く声《こへ》きけば父《ちゝ》かとぞ思《おも》ふ母《はゝ》かとぞ思ふ。これ往古《いにしへ》六道衆生《ろくどうしゆじやう》。皆是我父母《かいぜがふぼ》といへる経文《きやうもん》にて詠《よめ》り。夫《そ》れ六道《ろくどう》を廻《めぐ》る衆生《しゆじやう》。親《おや》となり子《こ》となり、幾千万度《いくせんまんど》といふ事限《かぎ》りなし。されば人畜《にんちく》の隔《へだて》有べからず。偏《ひとへ》に慈悲をたれなんこそ願《ねが》はし。

○人過《ひとあやまつ》て彼《かれ》が尾《を》を踏《ふ》み。又は罪《つみ》なきに打《うた》んとして却《かへつ》て咬《かま》れ、創《きづ》を蒙《かうむ》るは人《ひと》のあしきにして、犬《いぬ》の科《とが》にあらず。是《これ》を咬犬《かみいぬ》・病狗《やまいぬ》など、罵《のゝし》るは非《ひ》也。譬《たと》へ聊《いさゝか》の科《とが》ありとも、強《つよ》く打擲《てうちやく》すべきにあらず。人《ひと》は萬物《ばんもつ》の長《てう》たり。上《かみ》たる者下《ものしも》を憐《あはれ》むは人倫《じんりん》の道《みち》也。若《も》し罪《つみ》あらば杖《つへ》を揚《あげ》て打形《うつさま》をすべし。何《なん》ぞ厳《きび》しく打擲《てつちやく》して幾許《いくばく》の益《えき》かあらん。所謂無益《いはゆるむえき》の殺生《せつしやう》なり。

○自《みづか》ら愛《あい》する狗《いぬ》を奨《けしか》け、他《ひと》の犬《いぬ》と闘《たゝかは》し、楽《たのし》めることは殺生《せつしやう》の至《いた》り也。他《ひと》の犬《いぬ》に打勝《うちかつ》て傷《きづ》をつけ何《なん》の益《えき》あり哉《や》。自犬創《わがいぬきず》をかうむらば眼前《がんぜん》に痛《いたは》しからず哉《や》。其上闘《そのうへたたかは》すこと数度《すど》に及《およ》べば、犬《いぬ》の気盛《きさか》んになりて、後《のち》には人《ひと》をも咬《かむ》ことあり。必《かな》らず闘《たゝか》はすことをすべからず。彼《かれ》は畜生残害《ちくしやうざんがい》とて互《たがひ》に咬《か》み合《あ》ひ争《あらそ》ふ性《せい》あり。是《これ》をさゝへて残害《ざんがい》せざる様《やう》はからふこそ人《ひと》の道《みち》也。しかるを是《これ》をあらそはせ楽《たの》しみとなすは、其畜生《そのちくしやう》にも劣《おと》るべし。且此闘《かつこのたゝ》かひよりして双方《さうはう》の人喧嘩口論《ひとけんくはかうろん》に及《およ》ぶことあり。甚《はなは》だ浅猿《あさま》しき事《こと》ども也。往昔相模入道崇鑑《いにしへさがみにふどうさうかん》、狗《いぬ》を闘《たたか》はす事を好《この》みしが、果《は》たして兵乱《へうらん》の前表《ぜんへう》たりしといふことあり。決《けつ》して宜《よろ》しからざる事也。尤《もつとも》、童《わらんべ》小者《こもの》の類《たぐ》ひ、何《なん》の弁《わきま》へもなくなすこと多《おほ》し。是等《これら》は其親々其主人《そのおやおやそのしゆじん》より教訓《けうくん》を加《くは》へ禁《いま》しむべきこと也。其子《そのこ》の所業《しよげう》あしきは親々《おや〳〵》の教《をしへ》あしきゆへ也。其召使《そのめしつか》ひの所作《しよさ》あしきは其主人《そのしゆじん》の教訓《けうくん》なきがゆへなるべし。全《まつた》く主親々《しゆおや〳〵》の恥《はぢ》といふべし。若《も》し両犬《りやうけん》のたゝかふことあらば、必《かな》らず鎮《しづ》め分《わく》るこそ慈悲《じひ》と云べし。

○梵網戒疏発隠《ぼんもうかいしよほついん》に曰《いはく》。慈悲《じひ》とは諸《もろ〳〵》の衆生《しゆじやう》を視《み》て赤子《せきし》を保《やす》んずるがごとく、傷《いた》みて忍《しの》ばざるなりとぞ。又慈鎮《じちん》の歌《うた》に〽誰《たれ》も皆《みな》わが身《み》をつみて思《おも》ふべし命《いのち》はをしきものと知《し》らずや。唯々《たゞ〳〵》畜生《ちくしやう》をあらそはせて、我身《わがみ》の楽《たの》しみとなす事をすべからざるものなり。

○凡《およそ》犬《いぬ》の病《やまひ》を得《え》るを瘈犬《きけん》・風犬《ふうけん》・狂犬《けうけん》・猘犬《せいけん》・癲犬《てんけん》など、号《がう》す。すべて時候《じこう》の不正《ただしからざる》に中《あた》るあり。食物《しよくもつ》より発《おこ》るあり。何《いづ》れも発病《はつびやう》の兆《きざ》しあれば、忽《たちま》ち其形状《そのかたち》常《つね》にかはることあり。若《も》し如此《かくのごとき》相《さう》あらば病重《やまひおも》らざる間《あいだ》にいそぎ薬《くすり》を飲《のま》しむべし。則《すなは》ち其《そ》の薬方《やくほう》を茲《ここ》に委《くは》しく著《あらは》さんと欲《おもへ》ども、人業用繁《ひとげふようしげ》くして製法《せいはう》なすことを倦《うと》み、予《よ》が意《こゝろ》に順《したが》ひ給ふこと有《ある》まじと覚《おぼゆ》るにより、今般《こたみ》その良薬《りやうやく》の法《ほう》を伝《つた》へ、滄海堂《そうかいどう》の老店《らうてん》にて、是《これ》を世《よ》に弘《ひろ》くなさしめんとす。犬狗《けんく》を憐《あはれ》み給ふの人《ひと》あらば、需《もと》めて用《もちひ》給はんことを希《こひねが》ふ。犬《いぬ》の病《やまひ》を助《たす》くるにおいて、人咬《ひとかま》るゝの難《なん》もなく、彼《かれ》を助《たす》け是《これ》を保《やす》んずるの理《ことはり》ならん歟《か》。尚病犬《なをびやうけん》の形状《かたち》の事は、其《そ》の良薬《りやうやく》の能書《のうしよ》に詳《つまびら》かに識《しる》すを以《もつ》てこゝにもらせり。

○犬《いぬ》は夜中安《やちうやす》く眠《ねむ》ることをせざれば、夜《よる》の明《あく》るを待《まち》かね、外《そと》面《も》に出《いで》んとて主《しゆ》をせがめども、必《かなら》ず未明《あさまだき》より外面《そとも》に出《いだ》す事なかれ。近年狗賊多《きんねんくぞくおほ》く徘徊《はいくわい》して所々《しよ〳〵》に於《おい》て撃取《うちとる》こと夥《おびたゝ》し。然《しかれ》ば日東《ひひがし》に高《たか》く昇《のぼ》り、往来《わうらい》の行人繁《かうじんしげ》くなるを待《まつ》て出《いだ》すべし。既《すで》に予《よ》が愛《あい》する所の白犬も、過《すぎ》し秋狗賊《あきくぞく》の為《ため》に害《がい》せられ命《いのち》を果《はた》せり。故《ゆへ》に尚此事《なをこのこと》を衆人《しゆじん》に告《つ》げて、其《そ》の横変《わざはひ》なからん事を願《ねが》ふ。

○都《すべ》て主《しゆ》なき狗《いぬ》は終夜《よもすがら》路頭《ろとう》に臥《ふす》ゆへ、夜気《やき》にあたり風寒《ふうかん》に冒《おか》され、時候《じこう》の外邪《ぐわいじや》に感《かん》じ、病《やまひ》を発《はつ》すること多《おほ》し。其上《そのうへ》狗賊《くぞく》の為《ため》に悉《ことごと》く害《がい》せらるれば、若《も》し近辺《きんへん》に主《しゆ》なくして臥《ふ》す所《ところ》を定《さだ》めぬ狗《いぬ》あらば、必《かなら》ず慈悲《じひ》を加《くは》へ、夜《よ》は晩刻《くれかた》より内に入て臥《ふさ》しめ、朝は心を付《つけ》て遅《おそ》く出し、賊難《ぞくなん》を救《すく》ひ助《たす》け玉はん事を希《こひねが》ふ。

○夫《そ》れ朝暮《てうぼ》に神《かみ》を信《しんじ》て幸福《こうふく》を祈《いの》り、仏《ほとけ》を念《ねん》じて後世《ごせ》を願《ねが》ふとも、慈悲《じひ》の心なくして何《なん》ぞ神仏《しんぶつ》の意《こころ》に叶《かな》ふべき哉《や》。たゞ偏《ひとへ》に上《かみ》を敬《うやま》ひ掟《おきて》を守《まも》り、下《しも》を憐《あはれ》み慈悲《じひ》を施《ほどこ》さば、自《おのづか》ら神慮仏意《しんりよぶつい》に叶《かな》ひて、祈《いの》らずとても冥助《めうじよ》あるべし。

## 瘈狗良方

犬の病を治す薬

犬《いぬ》の性《せい》は能《よ》く恩《おん》を知《し》り、仇《あだ》を酬《むく》ひ、鼻利《はなさと》くして能《よ》く気《き》を齅《か》ぎ、能《よ》く家《いへ》を守《まもつ》て非常《ひじやう》の人《ひと》を内《うち》に入《いれ》ず。厳《きび》しく吠《ほへ》て窃盗《せつたう》を防《ふせ》ぎ、一切《いつさい》の邪魅妖術《じやみようじゆつ》を禳辟《はらふ》の良獣《りやうじう》にして、往古《いにしへ》より犬《いぬ》の忠功《ちうこう》人に勝《すぐ》る事《こと》和漢《わかん》ともに其《そ》の例《ためし》すくなからず。故《かるがゆへ》に世人《よのひと》是《これ》を養《やしな》ふに慈愛《じあひ》あらずんば有《ある》べからず。然《しか》はあれど養《やしな》ふ人多《ひとおお》くは彼《かれ》が壮健《さうけん》の時《とき》は愛《あひ》すといへども、既《すで》に病《やまひ》を発《はつ》するに至《いた》りては、治療《ぢりやう》を加《くは》ゆるの事《こと》を聞《きか》ず。夫《そ》れ生《いけ》るを愛《あひ》し死《し》を悼《いた》むは仁《じん》の道《みち》也。又他《またた》に楽《たの》しみを与《あた》ふるを慈《じ》といひ、他《た》の苦《く》を救《すく》ふを悲《ひ》といふ。尤《もつと》も人《ひと》として此慈悲《このじひ》の心《こころ》なきにはあらずといへども、全《まつた》く其《そ》の病苦《びやうく》を助《たす》くべき良薬《りやうやく》。世《よ》に容易《たやすく》なきを以《もつ》て、寵愛《てうあひ》の犬《いぬ》病《やまひ》に苦《くるし》むといへども、手《て》を空《むなしく》して日《ひ》を送《をく》る故《ゆへ》に。終《つひ》には病増《やまひざう》長《てう》し病苦《びやうく》に狂《くる》ひて人《ひと》を咬《かむ》におよぶ。此時《このとき》に至《いたつ》ては自《われ》も他《ひと》も忌《い》み嫌《きら》ひ、止事《やむこと》を得《え》ずして遠《とほ》き野《の》に捨《す》て山《やま》に放《はな》ち、或《ある》ひは無慈《むじ》悲《ひ》に撃殺《うちころ》しなんど致《いた》す事、哀《あは》れといふも余《あま》りあり。予《われ》平生《つね》に此事《このこと》を憂《うれふ》るにより、今般《こたみ》其《そ》の治療《ちりやう》の薬《くすり》を製《せい》し、世《よ》に弘《ひろ》くなさんことを希《こひねが》ふ。瘈狗《きく》の人《ひと》を咬《か》む事《こと》ひとへに犬《いぬ》の所業《しわざ》にあらず。病《やまひ》の致《いた》すところなれば、予《かね》て愛《あひ》し養《やしな》ふ人は其病《そのやまひ》の発《はつ》せざる様《やう》こゝろを用《もち》ひ、若《も》し病《やまひ》の兆《きざし》あらば薬《くすり》を与《あた》へて治《ぢ》せしむべし。抑《そもそも》其病《そのやまひ》の発《はつ》する事《こと》、大概《おゝむね》人の身《み》にかはることなし。先朝夕《まづあさゆふ》露《あらは》に臥《ふし》て時《とき》ならざる不順《ふじゆん》の気《き》を感《かん》じ、風犬《ふうけん》となる。是《こ》れ人《ひと》の風邪《かぜをひき》又は時気《じき》に中《あた》りしといふに同《おな》じ。又《また》は食《しよく》に饑《うゆ》るより発《おこ》り、食《しよく》の過《すぐ》るより発《をこる》あり。将又生質《はたまたうまれつき》短気《たんき》にして性急《せいきう》なるもの、他《た》の犬《いぬ》と数回《あまたゝび》たゝかひ益《ますく〵》気高《きたか》ぶりて狂犬《けうけん》となる者《もの》あり。是《こ》れ人《ひと》の癇気《かんき》高《たか》ぶりて乱心狂気《らんしんけうき》となるに斉《ひと》し。且《かつ》は身《み》に瘡《きず》を蒙《かうむ》り其瘡口《そのきづぐち》より風気《ふうき》をうけ病《やまひ》となるもあり。何《いづ》れにもあれ病《やまひ》を兆《きざせ》ば、旦暮《あけくれ》の挙動《ふるまひ》かならず常《つね》に異所《かはるところ》あり。其形状《そのかたち》を左《さ》に委《くわし》く識《しる》せり。犬《いぬ》を養人閲《かふひとえつ》し玉ひて病《やまひ》の兆《きざし》を察《さつ》し、若《も》し此形状《このかたち》あらば急《きふ》に薬《くすり》を飲《のま》しめ、病苦《びやうく》を救《すく》ひ得《え》さしめ玉へ。病重《やまひおも》りて人《ひと》を多《お》く咬《か》むに至《いた》れば、薬《くすり》を飲《のま》しむるにも咬《かま》れやせんと人近《ひとちか》づく事を恐《おそ》るゝ故《ゆへ》に、薬《くすり》を与《あたへ》んにも煩《わづらは》しければ、左右《とかく》に病《やまひ》の軽《かる》き間《あいだ》に早《はや》く救《すくは》せ給ふべし。然《しかる》においては狗《いぬ》をも助《たす》け、人咬《ひとかま》るゝの難《なん》をも除《のぞ》き、人畜《にんちく》ともに安全《あんぜん》の基《もとひ》たらんかしと謹《つつしんで》白《もうす》。

○病犬《びやうけん》の形状《かたち》

○尾《を》を垂下《たれさげ》るもの○眼色赤《めのいろあか》きもの○舌黒《したくろ》く涎《よだれ》を流《なが》す○鼻先《はなのさき》かはくもの○頭《かしら》を傾《かたむ》け走《はしる》もの○吠声出《ほゆるこへいで》がたきもの○眼昏朦《まなこくらむ》もの○食《しよく》を喰《くらは》ざるもの○人《ひと》を避身《さけみ》を隠《かく》すもの○舌《した》を出《いだ》し喘《あへ》ぐもの。但し夏《なつ》の炎天《えんてん》には舌《した》を出《いだ》し喘《あへ》ぐ事《こと》あれども舌《した》の色《いろ》も黒《くろ》からず、目《め》の色《いろ》も赤《あか》からず、唯暑《ただあつ》さをくるしむものなれば病《やまひ》にあらず。平生《つね》に冷水《ひやみづ》を飲《のま》しむべし。

右《みぎ》あらはす形状《かたち》いづれも病犬《びやうけん》・狂犬《けうけん》の相《さう》なり。若《も》し是《これ》にあらはす形状《かたち》をなさば、急《いそ》ぎ薬《くすり》を飲《のま》しむべし。又生質《またうまれつき》短気《たんき》にして性急《せいきふ》なるものあらば、平生《つね》に用《もち》ゆる良薬《りやうやく》別《べつ》にあり。是《これ》をあたへて心気《しんき》を寛《ゆるやか》にすべし。

○瘈犬快生散《きけんくわいせいさん》

○用ひやうは、何にても食もつにふりかけてのますべし。もしくはざれば、かつほぶしのこ、又は何にてもなまぐさきものをすこし入てくわすべし。

○此薬《このくすり》は狗《いぬ》、時気不正《じきふせう》の外邪《ぐわいじや》を感《かん》じ、風犬《ふうけん》・狂犬《けうけん》・癲犬《てんけん》・猘《せい》犬《けん》となるものを治《ぢ》するの妙薬《めうやく》也。既《すで》に病犬《べうけん》の形状《かたち》は前《さき》につまびらかに著《あらは》すごとくなれば、若《もし》その形状《かたち》あらば、急《いそ》ぎ重病《ぢうべう》とならざるうちに、此薬を用《もちひ》て痛苦《つうく》を救《すく》ひ給ふべし。但し、病《べう》中《ちう》の食物《しよくもつ》は小豆《あづき》の粥《かゆ》を焚《たき》てくはすべし。全快《ぜんくわい》一トしほすみやか也。

○猘犬潤和散《せいけんじゆんくわさん》

○用ひやう、つねのしよくもつにふりかけてくはすべし。もしきらひてくはざれば、かつほぶしのこか、又は何にてもなまぐさものを入てくはすべし。

○是《これ》は性質《うまれつき》短気《たんき》にして良《やゝ》もすれば人《ひと》を咬《かま》んとなすもの、或《あるひ》は眼《まなこ》をつり上ゲ心気《しんき》いらちて身《み》をくる〱廻《まは》し、又は聊《いさゝ》かの事《こと》をも飛出《とびいだ》し、惣而癇気《そうじてかんき》の高《たか》ぶると見《み》ゆるもの、必《かな》らず後々《のち〱》には狂犬《けうけん》となることあり。兼《かね》て此くすりをあたへて其性《そのせい》を緩《ゆるやか》にし、後《のち》の患苦《くわんく》を助《たす》け玉ふべし。

○閉犬速開散《へいけんそくかいさん》

○用ひやうは、しよくもつにふりかけてくはすべし。もしくわざれば、何にてもなまぐさきものを入てくわすべし。但し水にてせんじのますもよし。

○犬《いぬ》、病《やまひ》をうけて気《き》をふさぎ外に出《いで》ず、常《つね》ていに食《しよく》をくらはず、人にたとふれば気《き》ぶせうなる形状《ありさま》にてたゞ何《なに》となく煩《わづらは》しくみゆる物に是《これ》を用ひ、速《すみやか》に閉塞《とぢふさ》げたるを開《ひらか》し、鬱《うつ》を散《さん》じ壮《さう》健《けん》ならしむること妙《めう》也。

○柔狗強壮散《にうくきやうさうさん》

○用ひやうは、つねぐ〱のしよくもつにふりかけてくはすべし。但し一日に薬の目方壱トばかりツヽ、用ゆべし。

○是《これ》は其性質《そのうまれつき》虚弱《きよわき》ものを健《すこやか》にし、痩《やせ》たるを肥《こや》し、臆病《をくびやう》なるを治《ぢ》し、毛色《けいろ》あしきものをして艶《つや》よく美《うつく》しくならしむるの妙《めう》薬《やく》なり。但し風犬《ふうけん》・狂犬《けうけん》のたぐひには用《もち》ゆべからず。

右四種《よしな》何《いづ》れも散薬《こぐすり》のまゝ食《しよく》せざれば、水《みつ》にてせんじ、食《しよく》もつにかけのましむべし。尤矮狗《ちん》・猫《ねこ》ともに用《もち》ひてよし。

瘈犬咬傷救愈散《きけんかうしやうきうゆさん》

犬《いぬ》にかまれたるを速《すみやか》に治《なを》す薬《くすり》

夫犬《それいぬ》は一切《いつさい》の邪魅妖魔《じやみえうま》を禳碎《はらひ》、窃盗《せつたう》を防《ふせ》ぎ、能《よ》く家《いへ》を守《まもる》の良獣《りやうじゆ》にして人を咬《か》むの悪獣《あくじう》ならずといへども、彼病《かれやまひ》を発《はつ》するに及《およ》びては、其病苦《そのびやうく》に狂《くるひ》て往来《わうらい》の人《ひと》に咬《か》みつくことあり。俗《ぞく》に是《これ》を病犬《びやうけん》と号《がう》す。されば此瘈狗《このきく》の為《ため》に咬《かま》れ傷《きず》を受《うく》るもの、急《きふ》に治療《ぢりやう》を加《くは》へざれば、忽《たちま》ち毒気《どくき》身中《みうち》に入《いつ》て、九死一《きうしいつ》生《しやう》の患《うれひ》と成《なれ》り。其証《そのしやう》凡《およそ》大熱《だいねつ》を発《はつ》し、恰《あたか》も傷寒《しやうかん》の如《ごと》く口噤《くちつぐ》み、牙《きば》を咬《か》み身《み》を反《そら》すあり。又涎《またよだれ》を流《なが》し沫《あは》を吐《は》き汗《あせ》を出《いだ》し睾《きん》丸《たま》ちゞみ、大小便通《だいせうべんつう》ぜず。舌《した》を巻《ま》き食下《しよくさが》らず。或《あるひ》は狂犬《けうけん》の吠《ほゆ》るが如《ごと》く声《こへ》を発《はつ》し、終《つひ》には死《し》する者《もの》あり。初《はじ》めに理療《ぢりやう》を誤《あや》まれば、毒抜《どくぬけ》ずして死《し》に至《いた》る則《ときん》ば、良医《よきいし》も療《りやう》を施《ほどこ》しがたし。是《これ》によつて今般良薬《こたみりやうやく》を製《せい》し、病犬《びやうけん》の難《なん》にあふ人《ひと》治療《ぢりやう》に怠《おこた》らざるの一助《いちじよ》とせり。尤瘡口癒《もつともきずぐちいゆ》るといへども、後《のち》に食物《しよくもつ》の禁忌《きんき》を厳《きびし》く守《まもら》ざれば、必《かなら》ず再発《さいほつ》して治《ぢ》しがたきが故《ゆへ》に、尚禁物《なほきんもつ》の品々《しな〳〵》を詳《つまびらか》に著《あらは》し、且咬《かつかま》れし時の心会《こころへ》等《とう》を委《くわし》く識《しる》し、右《みぎ》の薬《くすり》にそへ侍《はべ》り。されば衆人《しゆじん》かねて是《これ》を所持《しよじ》し給ふべし。生涯此《しやうがいこの》難《なん》に会《あは》ずして此薬《このくすり》の役《やく》に立《たた》ざれば、僥倖是《さいはひこれ》に過《すぎ》ざるべし。若《もし》不慮《はからず》も此瘡《このきづ》を受《うけ》なば、其功広大無量《そのこうくわうだいむりやう》也。将自《はたみづから》傷《きず》を受《うけ》ずとも、他咬難《ひとかうなん》に会《あふ》を救《すく》はゞ則陰徳《すなはちいんとく》の一《ひとつ》ならずや。原来《もとより》市中《しちう》に風犬《ふうけん》、狂犬《けうけん》の類《たぐひ》あり。山野《さんや》にしては猘犬《せいけん》、癲狗《てんく》、豺《やまいぬ》、狼《おゝかみ》等《とう》あり。他出旅行《たしゆつりよこう》の客《かく》はきはめて携《たづさ》へ玉ふべし。偏《ひとへ》に自他《じた》の重宝《てうほう》なりと勧《す》め申《まうす》こと爾云り。

大坂心斎ばし通博労町北入二けん目　清水谷滄海堂製　「「明啓」印」。

本家ばくろう町

ゆびぐすり

一切のいたみをとめる事めうなり

右御薬《みぎおんくすり》の儀《ぎ》はゆびのみに限《かぎ》らず一切《いつさい》の腫物《はれもの》、きりきず、やけど等《とう》にも即座《そくざ》にいたみをとめる事妙《めう》なり。

一ひやうそ　一つまばらみ　一ようてう　一やけど　一きりきず　一つききず　一うちきず　一そこまめ　一はなをづれ　一わらじくひ　一はりとがめ　一ねぶと　一ぢ一さい　一灸のいぼい　一ちのでき物　一かんそう　一よこね　一ひぜんのより　一がんがさ　一いんもんのきず　一できもの一切　一そげの立たる　一ひゞ　一しもやけ　一あかぎれ　一かたくさ　一手あしのいたみ　一おもはずはれいたむによし　一ひゑしつ一さいのできもの　一どくむしのさしたるによし

近年諸方にまぎらはしき類薬出来候間、何とぞ名所御ぎんみの上、御もとめ可被下候。私店は昔よりさるのかんばんを御目じるしに仕来り候間、是を御目あてに御求可被下候。

大坂心斎ばし通博労町北入二けん目　清水谷滄海堂製　（明啓印）

【書誌】西尾市岩瀬文庫蔵。

## 『浪華朝顔作方聞書』

浪華

朝顔作方聞書（表紙）

一　鉢の水なき穴へ瓦ヲふせ其上へ置、床砂位ノ小石ヲ入其上へ土ヲ入候事

一　鉢大サ差わたし五六寸高サ四五寸斗鉢壱ツニ種一粒ツ、二粒ヨリ余慶あしく其内一鉢ニ一粒ヲよしとする事

一　土ハごもくの中へ自ラ留りノ土ヲふるひ川砂ヲ当分ニ交セ合用事

亦土三歩砂七分トモ云。鉢植地植共同様之事

一　種蒔様は土より又六歩下ケ埋置、むらなき様水ヲ掛、穴初水沢山ニかけ候へは種くさり候。蒔付ニ而大体」（1オ）

一　五六日目位ニ又水掛ケ候事

一　二葉出候而本葉出かけ候時□（虫損）ヨリ養ヲ入候事

一　養ヒ様ハ水かけ候替りニごまめ又ハにしんの類ヲ水出しいたしかけ候事

一　三日めか四日目か日ヲ定、水がけ無之様土用ニ至り候ハ、毎日朝昼ニかけ□□（虫損）土乾キ候事也
亦油かす養ニ悪由也

一　生立五六寸又ハ七八寸位と見候時、は先キヲ爪切、花莟ニても可有之候哉」（1ウ）
存候ヲ考江身木先ツミ切候事
如此候得は葉毎ヨリ蔓出しテ可残と存候。蔓壱枝か二枝かヲ残置、其外不残取捨候得は花も大輪ニ而木柄長かく成候事

一　蔓出し不申花竹なと立仕候而まとひ付不申、丈ケ五六寸ゟ壱尺位迠之内ニて蔓なし、花大サ□（虫損）〈「二」カ〉寸六七分ゟ四寸五六分位ニ咲セ候。是も花ニより大輪ニ成候花と不相成花と有之。見立撰立候而大輪ニ咲□□（虫損）木一本ニ花数凡三五輪迠之事」（2オ）

一　蒔旬之事普通彼岸迠と申候。併蒔悪キ候而ハ種くさ□□（虫損）〈「り候」カ〉先三月中穀雨ナリゟ四月節頃、真大切之種ニ候ハ、四月中小満にも蒔候。何れ大体八十八夜前後なれは蒔旬候事

一　鉢植は鉢ニ種ヲ蒔植かへ候事あしし。地うへも是に同し

一　日の有間ハ影ニ不置、日ニてり付、さつ□（虫損）作り候得は葉もあつく軸もふとく枝も出候事」（2ウ）
若蔓先長ク竹ニ而やしなひ候ハ、
如此□□（虫損）〈「一本」カ〉ニて先ヲはさミ候事

（図）

此二葉花終る迠アルヲ上手作りト云候事
右之ごとく鉢植ニて枝ヲ出し竹のやしなひなきヲ上手と云事
右大坂ニて北作りと云テ上品也

（図）

右大坂ニて南作りと云、下品也

一　地植土気多く根□（虫損）〈「は」カ〉ひこり候得は葉大キ成蔓もふとく相成種ヲ取ニ」（3オ）
第一よき也。しかしふ入葉・紅葉葉なと尋常の葉□（虫損）〈「二」カ〉成候花も梅咲、五手船、切込色々変花いたし、只の丸咲□（虫損）為成可申候事

一　葉替之名大抵

常葉　紅葉は　黄葉　ふ入
細葉　ところ葉　いも　あふひ
かりがね　いさは　染分　ひらぎ
なんてん　七五三
一　花替之名大抵
丸咲　か丶へ　しぼり　かすり」（3ウ）
台咲　ち丶ミ　ひうしく　ひよく
りんどう　巻絹　梅　さくら
かざし　五手船又桔梗トモ　猩々頭
ちよく　牡丹　獅子　みだれ
吹ぎれ　ひげ　孔雀　柳葉
古渓　防蘭　うつ川」（4オ）
（4ウ白紙）
（裏表紙白紙）
【書誌】西尾市岩瀬文庫蔵。写本一綴。縦十二・一cm、横十七・四cm。全六丁。墨付き四丁。解説は、72ページを参照。

『蕣花秘書』

蕣花秘書（書題簽）（表紙）
蕣花秘書

茗軒」（1オ）
「浦岩／圖書」（白文朱方印）
秋叢園口伝
一　親木ハ上紺青葉を上丶とす。是ゟ変化して井出・鳩之類
を生す。其外色かわりを産すものは上紺にかきるへし
薄鳩の類ハかわる事なかるへし。」（2オ）
一　車牡丹ハ親木の根瓦石之間に入て漸〳〵に水気を以疲た
る木の蔓すゑに一ツ種を上とす。毎度例しあるよし
一　獅子の類も親木車のことく瓦石のあひたに根のはさまり
て上ミにハへりぬ□(虫損)也」（2ウ）
親木を石植なとにも致すといへり
一　植土之法ハ川砂に畠土よろしきをふるひ当分にませてう
ゆ[る](虫損)也
一　植木鉢ハ高サ七寸はかり渡《わた》り五六寸はかり素焼にて是ハ
上方製にてこれをよしといへるにハあらされとも底深く
根張安」（3オ）
く小鉢ハよろしからす
一　[植](虫損)よふハ二葉のうちにしほり、かはり色、獅丶なと初よ
り知れ安きものあり替り花二葉ニ而見わけ等聞落す獅丶、獅丶牡丹、六曜
□(虫損)類ハ植ゆる時油糟を菌《しのだけ》に遣す
（図）
分量図之入物ニ一はい」（3ウ）

三鉢四鉢位に遣す。随分根□(虫損)□き所へ最初より入おく也
牡丹其外のものハ植て二葉[よ](虫損)り三は四葉も出て鉢の両脇
（図）如此根のなき所へゐる、也。又十日も過て（図）
如此二方へ入る也。又十日も立て已前之如くすれハ
」（4オ）
其内莟生すといへり。莟いつれハ箘遣るに及はすと歟い
へり。しかと不覚。右の分量ハ前の器一盃なれハ四五鉢
に分てよろし。尤二ヶ所へ入れて四五鉢といへ[り](虫損)。多き
ハよろしからす。
鉢の下へ小石を入。但し水抜尤よし」（4ウ）

一　蒔ときは八十八夜三日過を比とす。大□(虫損)鉢へ蒔つける
といへり。但土ハ失□(虫損)川砂□(虫損)[当](虫損)分なるへし。箘之事も聞落す。

一　日うけハ直〳〵日を嫌ふ責□□(虫損)〈「越し」カ〉の日を上
加減とす。青葉ハ直〳〵日にてもよろし。黄葉斑入葉な
とハ日を厭ふなり

一　咲せやうハ先ツ明後日会あらハ今日より」（5オ）
明後日咲く莟を見立其鉢の水気をひかへてかわき勝ちに
いたし、最早翌といふ夕かたにたつふと水を遣る也。か
くのことくいたせハ花の勢ひよろしく花形も崩れす能緑
出して咲く也

一　手もちハ二葉のいつ□(虫損)ても付きた[る](虫損)□(虫損)」（5ウ）
上手のよふに申候へとも今ハ左様にも□(虫損)しよふに承る。
是ハ朝詠め仕舞へハ元の所へ戻しおくへし。若一日昼前
後までも家内へ居きて其後元へ戻せハ忽二葉枯落る也
」（6オ）
右秋叢園初而面会之節口伝承る処也すみ屋五郎助とてすみ五郎といふ書林のよし也本
性　大坂上町南革屋町　　山内五郎助
安政三丙辰年十一月十四日記ス　　茗翁□(虫損)」（6ウ）

（貼紙）「安政柔兆執徐相天
「槿花／長者／穐叢園（朱文方印）」
槿花長者／穐叢園
茗軒藤茂もと篆」

本冊ハ先考酔茗翁之秘笈也。茗翁篆刻之杖ヲ以テ当時ノ雅客ノ間ニ文友多カリシト。依テ秋叢園ノ訪ヲ受ケタルナラン。茲ニ故翁刻候トコロノ印譜一葉ヲ添付ス。是秋叢園之章也。
明治二十三年後記」（7オ）
（7ウ白紙）

【書誌】写本一冊。縦十二・一㎝、横十七・四㎝。全九丁。紺表紙、書題簽・扉題ともに「蕣花秘書」。四針眼。
解説は、79ページを参照。

## 『秘伝花鏡』

【自序】〈本文〉

余生無所好。惟嗜書与花。年来虚度二万八千日。大半沉酣於断簡残編。半馳情於園林花鳥。故貧無長物。只贏筆乗書嚢。枕有秘函。所載花経薬譜也。世多笑余花癖。兼号書癡。噫嘻読書乃儒家正務。何得云癡。至於鋤園芸圃。調鶴栽花。聊以息心娯老耳。淵明有云。「富貴非吾願。帝郷不可期」。余棲息一廛。快読之暇。即以課花為事。而飲食坐臥。日在錦茵香谷中。時而梅呈人艶。柳破金芽。海棠紅媚。蘭瑞芳誇。梨梢月浸。桃浪風斜。樹頭蜂抱花鬚。香径蜨迷林下。一庭新色。遍地繁華。則読倦縦観。豈非三春楽事乎。未幾榴火烘天。葵心傾日。荷蓋揺風。揚花舞雪。喬木鬱蓊。群葩斂実。篁清三径之涼。槐蔭両堦之燦。紫燕点波。錦鱗躍浪。則高臥北窓。聴蛙鼓于草間。散歩朗吟。靄薫風于沢畔。誠避炎之楽土也。至於白帝徂秋。金風播爽。雲中桂子。月下梧桐。籬辺叢菊。沼上芙蓉。霞丹楓柏。雪泛荻蘆。晩花尚留凍蜨。短砌猶噪寒蟬。鷗瞑衰草。雁戻書空。同人雅集。満園香沁詩脾。飡秀啣杯。随托足供聯詠。乃清秋佳境也。迄乎冬冥司令。于衆芳揺落之時。而我圃不謝之花。尚有枇杷累玉。蠟瓣舒香。茶苞含五色之葩。月季逞四時之麗。則曝背看書。猶藉簷前碧草。登楼遠眺。且喜窓外松筠。怡情適志。楽此忘疲。要知焚香煮茗。摹榻澆花。不過文園館課之逸事。繁劇無聊之良剤耳。癡耶。癖耶。余惟終老於斯矣。堪笑世人鹿鹿。非混跡市廛。即情縈圭組。昧芸植之理。雖対名花。徒供一朝賞翫。転眼即成槁木耳。客曰唯唯。既非花癖。何不発翁枕秘。授我花鏡一書。以公海内。俾人々尽得種植之方。咸誦翁為花仙可乎。

時康熙戊辰桂月　西湖花隠翁陳淏子漫題

〈訓読〉

余は生まれて好むところなく、ただ書と花とを嗜《たしな》み、年来虚《むな》しく二万八千日を度《わた》る。大半は断簡残編に沈酣《ちんかん》し、半ばは園林華鳥に情を馳す。故に貧にして長物なく、ただ筆乗書嚢を贏《あま》すのみ。枕に秘函《ひかん》あり。載するところは「花経薬譜」なり。世多く余を笑ひて「花癖」とし、兼《ま》た「書癡《しょち》」と号す。噫嘻《ああ》、読書はすなわち儒家の正務、何ぞ癡といふことを得ん。園を鋤《す》き圃に芸《う》へ、鶴を調し花を栽《う》へて、聊《いささ》か以て心を息《やす》ませ老を娯《たの》しむのみ。

淵明《えんめい》いへることあり、「富貴は吾が願ひにあらず、帝郷は期すべからず」と。余は一廛《いちてん》に棲息して、快読の暇に即ち花を課するをもつて事となす。而《しこう》して飲食坐臥、日に錦茵《にしきのしとね》香谷の中に在り。

時として梅は人艶を呈し、柳は金芽を破り、海棠は紅に媚び、蘭瑞は芳《かんば》しさに誇る。梨梢には月浸し、桃浪には風斜なり。樹頭には蜂が花鬚を抱き、香徑には蜨《ちょう》が林下に迷ふ。一庭の新色、遍地の繁華、則ち読むに倦《う》むときは縦観す。豈《あ》に三春の楽事にあらずや。いまだ幾ばくならずして、榴火《りゅうか》は天を烘《あぶ》り、葵心《きしん》日に傾き、荷蓋《きがい》は風に揺るぎ、揚華は雪を舞はし、喬木は鬱蓊《うつおう》として群葩《ぐんぱ》は斂実《れんじつ》す。篁清《こうせい》三径の涼、槐蔭《かいいん》両堦の燦、紫燕は波に点じ、錦鱗は浪に躍る。則ち北窓に高臥して蛙鼓《かえるのつづみ》を草間に聴き、散歩朗吟して薫風は沢畔に靄《もや》たり。誠に避炎の楽土なり。

白帝、秋に徂《ゆ》き、金風、爽を播《し》くに至つて、雲中の桂子、月下の梧桐、籬辺の叢菊、沼上の芙蓉、霞は楓柏《ふうきゅう》に丹《あか》く、雪は荻蘆《てきろ》に泛《うか》ぶ。晩華には尚ほ凍蜨《とうしょう》を留め、短砌には猶ほ寒蟬を噪《そう》す。鷗は衰草に瞑《ねむ》り、雁は戻りて空に書す。同人の雅集には満園の香、詩牌を沁《ひた》し、秀を餐《さん》し杯を啣《ふく》み、随托《とりどり》に聯詠《れんえい》に供するに足る。乃ち清秋《せいしゅう》の佳境なり。

冬冥、令を司《つかさど》り、衆芳揺落の時に迄《およ》んで、我が圃に謝せざるの花、尚ほ枇杷は玉を累し、蠟瓣《ろうべん》は香を舒《の》べ、茶苞は五色の葩《はなびら》を含み、月季、四時の麗を逞《たくま》しうするあり。則ち背を曝して書を看《み》て、猶ほ簷前《えんぜん》の碧草を藉《せき》し、楼に登りて遠く眺め、且つ窓外の松筠を喜ぶ。情を怡《やはら》げ志に適《かな》ふ。これを楽しみて疲れを忘る。香を焚き茗《ちゃ》を煮て榻を摹《う》ち花に澆《そそ》ぐことを知らんと要せば、文園館課の逸事、繁劇無聊の良剤に過ぎざるのみ。

癡なるかな?・癖なるかな?

余、老をここに終らんと惟《おも》ふ。笑ふに堪へたり、世人の鹿鹿として跡を市廛に混ずるにあらざれば即ち情を圭組に縈《めぐ》らすことを。芸植の理に昧《くら》ければ、名花に対すと雖も、徒《た》だ一朝の賞翫に供して、眼を転ずれば即ち槁木となるのみ。

客曰く、唯。唯。既に花癖にあらずんば、何ぞ翁の枕秘を発《ひら》きて、我に花鏡の一書を授けて、以て海内に公《おおやけ》にし、人々をして尽《ことごと》く種植の方を得せしめざる。咸《み》な翁を誦して「花仙」となすときは可ならん。

時に康熙戊辰の桂月、西湖花隠翁陳淏子漫題

## 【牡丹】

〈本文〉

牡丹為花中之王。北地最多。花有五色。千葉、重楼之異。以黄紫者為最。欧陽修作記後。人皆烘伝其名。遂有牡丹譜。今取其一百三十一種。詳釈於後。其性宜涼畏熱。喜燥悪湿。根窠楽得新土則茂。惧烈風酷日。須栽高敞向陽之所。則花大而色妍。移植在八月社前。或秋分後皆可。根下宿土少留。切勿掘断細根。毎種過。先将白斂末一斤。拌匀新土内。（因其根甜多引土蚕蠐螬、故用白斂殺之。）再以小麦数十粒撒下。然後坐花於上。以土覆満。復将牡丹提与地平。使其根直。則易活。不可踏実。隋以天落水。或河水澆之。子類母丁香而黒。六月収置向風処晾一日。以瓦盆拌湿土盛之。至八月中。取其

下水即沈者。而畦種之。待其春芽長大。五六月以葦箔遮日。夜則露之至次年便可移種矣。然結子畦種。不若根上生苗。分植之便。其接換。亦在秋社前後。将種活五年以上小牡丹。去地留一二寸。将利刀斜削去一半。再以佳種旺条截一段。斜削去一半。上留二三眼。貼於小樹上。合如一木。以麻縛定。用湿泥抹其縛処。両瓦合之内塡細土。待来春驚蟄後。出瓦与土。隋以草薦囲之。未有不活者。其花愈接愈匂。昔張茂卿。接牡丹於椿樹之上。每開則登楼宴賞。至今称之。夏月澆漑必清晨或初更。必候地涼方可漑。八九月。五七日一漑十月十一月。三四日一漑。十二月地凍。止可用猪糞壅之。春分後便不可澆肥。直至花放後略用軽肥。六月尤忌澆。澆則損根。来年無花。花未放時。去其痩蕊。謂之打剥。花将放必用高幕遮日。則花耐久。開残即剪。勿令結子留子則来年不盛。冬至日以鍾乳粉和硫黄少許。置根下有益。如枝梗虫蛀。当尋其蛀眼。用硫黄或塞或薫。或用杉木作針。釘之自斃。性畏麝香桐油生漆気。旁宜植逼麝草。如無。即種大蒜葱韮亦可。不使乱草侵土。幷熱手撫摩。若折枝揷瓶。先焼断処。鎔蠟封之。可貯数日不萎。或用蜜養更妙。（花榭（謝）後蜜仍可用養芍薬亦然。）如将萎者。剪去下截。用竹架起。投水缸中。浸一宿復鮮。一法。以白朮末放根下。諸般花色、悉帯腰金。若北方地厚。雖無肥糞。即油粈之肥壅之亦盛。不可一例論也。但忌犬糞。八月十五。是牡丹生日。洛下名園有牡丹数千本者。每歳盛開、主人輙置酒延賞。若遇風日晴和。花忽盤旋翔舞。香馥異常。此乃花神至也。主人必起具酒脯。羅拝花前。移時始定。歳以為常。

附牡丹釈名　　共百三十一種

正黄色　計十一品

御衣黄（千葉、黄葵）。姚黄（千葉、楼子。産姚崇家）。淡鵝黄（平頭。初黄後漸白）。

禁院黄（千葉、起楼子）。甘草黄（単葉、深黄色）。愛雲黄（大弁平頭。宜重肥）。

黄気毬（弁円転。淡黄）。　金帯腰（腰間色深黄）。女真黄（千葉而香濃。喜陰）。

太平楼閣（千葉、高楼）。密嬌（本如樗葉尖長。花五弁。蜜臘色。中有蕊根壇心）。

大紅色　計十八品

錦袍紅（即潜渓緋。千葉）。状元紅（千葉楼子。喜陰）。朱砂紅（日照如猩血。喜陰）。舞青倪（中吐五青弁）。石榴紅（千葉、楼子。喜陽）。九蕊珍珠（紅葉上有白点如珠）。

酔胭脂（千葉、頸長、頭垂）。西瓜穣（内深紅。辺漸淡）。

錦繡球（葉微小。千弁円転）。羊血紅（千葉、平頭。易開）。

砕剪絨（葉尖多欠如剪）。金糸紅（平頭、弁上有金線）。

七宝冠（千葉、楼子。難開）。映日紅（千葉、細弁。喜陽）。

石家紅（平頭、千葉。不甚緊）。

　鶴頂紅（千葉。中心更紅）。王家紅（千葉、楼尖微曲）。小葉大紅（頭小葉多。難開）。

桃花色　計二十七品

　蓮蕊紅（有青趺三重）。西番頭（千葉、難開。宜陰）。寿安紅（平頭。細葉黄心。宜陽）。添色紅（初白。漸紅。後深）。鳳頭紅（花高大。中特起）。大葉桃紅（濶弁、楼子、宜陰）。梅紅（千葉、平頭、深紅色）。西子紅（千葉、円花、宜陰）。舞青霓（千葉、心吐五青弁）。西瓜紅（胎紅而長、宜陽）。美人紅（千葉、軟条、楼子）。嬌紅楼台（千葉、重楼、宜陰）。海天霞（平頭花大如盤）。軽羅紅（千葉而薄）。皺葉紅（葉円有皺紋。宜陰）。

　陳州紅（千葉、以地得名）。殿春芳（晩開。有楼子）。花紅綉毬（細弁而円花）。

　四面鏡（有旋弁。四面花）。酔仙桃（外白内紅宜陰）。出茎桃紅（茎長有尺許）。

　翠紅粧（起楼。難開。宜陰）。嬌紅（似魏紅而不甚大）。鞓紅（単葉、紅花、稍白、即青州紅）。

　罌粟紅（単葉。皆倒暈）。魏家紅（千葉肉紅。略有粉梢。開最大。以姓得名）。

粉紅色　計二十四品

　観音面（千葉、花緊、宜陽）。粉西施（淡。中微有紅暈）。玉兎天香（中有二弁如兎耳）。玉楼春（千葉、多雨盛開）。素鸞嬌（千葉、楼子。宜陰）。酔楊妃（千葉、平頭。最畏烈日）。

　粉霞紅（千葉、大平頭）。倒暈檀心（外紅心白）。木紅毬（千葉。外白内紅如毬）。

　三学士（係三頭聚萼）。合歓嬌（一蔕双頭者）。酔春容（似酔西施。開久露頂）。

　紅玉盤（平頭。辺白。心紅）。玉芙蓉（成樹則開。宜陰）。鶴翎紅（千葉、細長。本紅　末白）。西天春（開早。初嬌後淡）。回回粉（細弁。外紅内白）。瑪瑙盤（千葉。淡紅白梢檀心）。雲葉紅（弁層次如露）。満園春（清明時即開）。瑞露蟬（花中抽碧心。如合蟬）。

　畳羅（中心瑣砕。如羅紋）。一捻紅（昔日貴妃匀面。脂在手。偶印花上。来年花生。皆有指甲紅痕。至今称以為異）。

紫色　計二十六品

　朝天紫（金紫。如夫人服）。腰金紫（腰間囲有黄鬚）。金花状元（微紫。葉有黄鬚）。

　紫重楼（千葉楼。最難開）。葛巾紫（円正富麗如巾）。紫雲芳（千葉。花中包有黄蕊）。

　紫羅袍（千葉弁薄。宜陽）。丁香紫（千葉、小楼子）。茄花紫（千葉、楼深紫、即藕糸）。瑞香紫（浅紫。大弁而香）。舞青倪（千葉、有五青弁）。駝褐紫（大弁。色似褐衣。宜陰）。

紫姑仙（大弁、楼子。淡紫）。煙籠紫（千葉、浅淡交映）。潜渓緋（叢中特出緋者一二）。紫金盤（千葉、深紫。宜陽）。紫繍毬（即魏紫也。千弁、楼子。葉肥大而円転可愛）。

檀心紫（中有深檀心）。葉底紫（似墨紫花在叢中。旁必生一枝引葉覆上。即軍容紫）。

潑墨紫（深紫。色類墨葵）。鹿胎紫（千葉紫弁。上有白点。儼若鹿皮紋。宜陽）。

魏家紫（千葉、大花。産魏相家）。平頭紫（即左紫也。千葉、花大。径尺。而斉如截宜陽）。

乾道紫（色稍淡而暈紅）。紫玉（千葉、白弁。中有深紫色糸紋。宜陰）。

錦団縁（其幹乱生成叢。葉斉小而短厚花千弁。粉紫色。合紐如撮弁細紋）。

白色　計二十二品

玉天仙（多葉、白弁。檀心）。慶天香（千葉、粉白色）。玉重楼（千葉、高楼子。宜陰）。縁辺白（弁辺有緑暈）。蜜嬌姿（初開微蜜。後白）。万巻書（即玉玲瓏。千弁細長）。

銀粧点（千葉、楼子。宜陰）。水晶毬（弁円倶垂下）。玉剪裁（平頭、葉辺如鋸歯）。

白青猊（中有五青弁）。蓮香白（平頭、花香如蓮）。伏家白（以姓得名。猶如姚黄）。

凰尾白（中有長弁特出）。玉盤盂（多葉大弁。開早）。玉版白（単葉。細長如拍板）。

鶴翎白（多葉而長。檀心）。金糸白（弁上有淡黄糸）。羊脂玉（千葉、楼子。大白弁）。

青心白（千葉、青色心）。玉碗白（単葉、大円花）。平頭白（花大尺許。難開。宜陰）。一百五（弁長多葉。黄蕊檀心。花最大、此品曾至一百五日先開）。

青色　計三品

仏頭青（一名欧碧、群花謝後。此種始開）。緑胡蝶（一名萼緑華。千弁。色微帯緑）。

鴨蛋青（花色如蛋殻。宜陰）。

牡丹花之五色燦爛。其形。其色。其態度変幻。原可名状。後之命名。亦隋人之喜好。約数百種。然而雷同者不少。茲存一百三十種。尚有疑似処。望博雅栽之。

〈訓読〉

牡丹、花中の王と為す。北地に最も多し。花に五色、千葉、重楼の異有り。黄紫を以て最もと為す。欧陽修記を作りて後より、人皆其の名を烘伝し、遂に牡丹譜有り。今、其の一百三十一種を取りて、後に詳釈す。其の性、涼に宜く熱を畏る。燥を喜み、湿を悪む。根窠新土を楽《この》て得、則ち茂す。烈風酷日を惧る。須く高廠にして陽に向ふの所に栽すべくすれば、則ち花大にして色妍なり。移植は八月社前に在り。或は秋分の後皆可なり。根下の宿土少く留めて。切に細根を掘断すること勿かれ。種へ過る毎に。先に白歛の末一斤を将て、新土の内に拌《かき》ぜ匀《ととの》へ、(其の根甜にして多く土蚕蠐螬虫を引くに因りて、故に白歛を以って之を殺す)再び小麦数十粒を以て撒き下し、然る後、花を上に坐し、土を以て覆ひ満て。復た牡丹を将て提け地平にし、其の根をして直ならしめんとすれば、則ち活し易し。踏み実すべからず。隋て天落水或は河水を以て之に澆ぐ。子は母丁香に類して黒し。六月収めて風に向く処に置き晾すること一日。瓦盆を以て湿土に拌《かき》ぜ之に盛り、八月中に至りて。其の水に下すに即ち沈む者を取て。而して之を畦種す。其の春芽長大なるを待て。五六月に葦箔を以て日を遮り。夜は即ち之を露し。次年に至て便ち移種すべしかな。然るに結子畦種するは。根上の生苗、分植《めわけ》の便なるに若かず。其の接換《わきかへ》も亦秋社前後に在り。種活して五年以上の小牡丹を将て、地を去ること一二寸に留め。利刀を将て斜めに一半を削り去り。再び佳種の旺条を以て一段に截り、斜めに削り去ること一半、上に二三眼を留して、小樹上に貼し、合して一木の如くに麻を以て縛し定め。湿泥を其の縛処に抹し。両瓦之を合せ、内に細土を塡し。来春驚蟄後を待て。瓦を土に出し、隋て草薦を以て之を囲み。未だ活せざる者有るは、其の花愈接して愈匂す。昔張茂卿、牡丹を椿樹の上に接す。開く毎に則ち楼に登て宴賞す。今に至て之を称す。夏月の澆漑、清晨或は初更を必とす。必ず地の涼を候ちて方に漑ぐべし。八九月は、五七日に一たび漑ぐ。十月十一月は。三四日に一たび漑ぐ。十二月地凍ては。止だ猪糞を用て之を壅すべし。春分の後は便ち肥を澆ぐべからず。直に花放《さ》く後に至て略して軽肥を用ゆ。六月は尤も澆を忌む。澆《そそ》げば則ち根を損す。来年花無し。花未だ放せざる時。其の瘦蕊を去る、之を打剥と謂ふ。花将に放たんとするときは。必ず高幕を用て日を遮れば、則ち花久に耐ゆ。開きて残れば則ち剪つ。子を結ばしむること勿かれ。子を留れば則ち来年盛ならず。冬至の日鍾乳粉を以て硫黄少し許に和し、根下に置けば益有り。如《も》し枝梗に虫蛀せば、当に其の蛀眼を尋ね、硫黄を用て或は塞ぎ、或は薫すべし。或は杉木を用て針と作し。之に釘すれは自ら斃する。性は麝香、桐油、生漆気を畏る。旁らに宜く麝草を植逼すべし。如《も》し無んば、即ち大蒜葱韮を種るも亦可なり。乱草をして土を侵さしめず、幷に熱手にて撫摩せしめず。若《も》し枝を折て瓶に挿すは。先ず断処を焼き、蠟を鎔かして之を封じれば、貯ること数日にして萎えざるも可なり。或は蜜を用て養へば更に妙なり。(花榭(謝)して後、蜜仍ち用ゆべし。芍薬を養ふも亦然り。)如《も》し将に萎んとする者は、下截を剪り去り、竹を用て架し起し、水缸中に投じ、浸すこと一宿すれば復た鮮なり。一法に白朮の末を根下に放けば、諸般の花色、悉く腰金を帯びる。北方の若きは地厚くして、肥糞無しと雖も、即ち油粈之を壅す肥亦盛なり。一例に論すべからずなり。但犬糞を忌む。八月十五は是牡丹の生日なり。洛下名園牡丹数千本を植える者有り。毎歳盛んに開けば、主人輙ち酒を置て延賞す。若《も》し風日晴和に遇へば、花忽ち盤旋翔舞す。香馥常に異なり、此に乃ち花神至るなり。主人必ず起て酒脯を具し、花前に羅拝す。時を移して始て定る。歳ことに以て常と為す。

牡丹釈名を附す　　共に百三十一種なり

正黄色　計十一品

御衣黄（千葉、黄葵に似たり）。姚黄（千葉、楼子たり、家に姚崇を産ず）。淡鵝黄（平頭、初め黄にして後に漸く白たり）。禁院黄（千葉より楼子を起こす）。甘草黄（単葉、深黄色なり）。愛雲黄（大弁、平頭なり、重肥に宜し）。黄気毬（弁は円転して淡黄なり）。金帯腰（腰間色は深黄なり）。女真黄（千葉にして香濃し、陰を喜ぶ）。太平楼閣（千葉にして高楼なり）。密嬌（本は樗の如し、葉は尖にして長し、花は五弁なり、蜜は臘色たり、中に蕊あり、根は壇心なり）

大紅色　計十八品

錦袍紅（即ち潜渓緋、千葉なり）。状元紅（千葉、楼子たり、陰を喜ぶ）。朱砂紅（日照せば猩血の如し陰を喜ぶ）。舞青倪（中に五の青い弁を吐く）。石榴紅（千葉、楼子たり、陽を喜ぶ）。九蕊珍珠（紅葉の上に白点有りて珠の如し）。酔胭脂（千葉、頸長く、頭は垂るる）。西瓜穣（内は深紅なり、辺は漸に淡し）。錦繍球（葉は微小たり、千弁にして円転す）。羊血紅（千葉にして平頭なり、開き易し）。砕剪絨（葉は尖り多く欠して剪の如し）。金糸紅（平頭にして、弁の上に金線有り）。七宝冠（千葉、楼子たり、開き難し）。映日紅（千葉、細弁なり、陽を喜ぶ）、石家紅（平頭にして千葉なり、甚だしくは緊《ちぢ》まず）。鶴頂紅（千葉にして、中心更に紅たり）。王家紅（千葉、楼は尖りて微し曲がりたり）。小葉大紅（頭は小さく葉多し、開き難し）。

桃花色　計二十七品

蓮蕊紅（青趺有りて三重たり）。西番頭（千葉にして、開き難し、陰を宜しくす）。寿安紅（平頭にして細葉、黄心たり、陽を宜しくす）。添色紅（初白く、漸く紅となる、後深し）。鳳頭紅（花高くして大なり、中は特に起す）。大葉桃紅（潤《ひろ》き弁にして楼子たり、陰を宜しくす）。梅紅（千葉にして平頭、深紅色たり）。西子紅（千葉、円き花なり、陰を宜しくす）。舞青霓（千葉なり、心は五つの青弁あり）。西瓜紅（胎は紅にして長し、陽を宜しくす）。美人紅（千葉にして、軟条、楼子たり）。嬌紅楼台（千葉にして重楼たり、陰を宜しくす）。海天霞（平頭にして花大きく盤の如し）。軽羅紅（千葉にして薄し）。皺葉紅（葉円くして皺紋有り、陰を宜しくす）。陳州紅（千葉たり、地を以て名を得たり）。殿春芳（晩くに開く、楼子有り）。花紅綉毬（細弁にして円い花なり）。四面鏡（旋弁有りて四面花なり）。酔仙桃（外白くして内は紅なり、陰を宜しくす）。出茎桃紅（茎長くして尺ばかり有り）。翠紅粧（起楼す。開き難し、陰を宜しくす）。嬌紅（魏紅に似たり、而して甚だは大きからず）。鞓紅（単葉なり、紅花にして稍《やや》白し、即ち青州の紅なり）。罌粟紅（単葉にして、皆倒暈たり）。魏家紅（千葉にして肉は紅なり、略そ紅梢有りて開きて最大なり、姓を以て名を得たり）。

粉紅色　計二十四品

観音面（千葉にして花は緊《ちぢ》む、陽を宜しくす）。粉西施（淡き中微に紅暈あり）。玉免天香（中に二弁有りて兎耳の如し）。玉楼春（千葉、多雨なれば盛んに開く）。素鸞嬌（千葉、楼子たり、陰を宜しくす）。酔楊妃（千葉にして平頭なり、烈日を最も畏るる）。粉霞紅（千葉、大平頭たり）。倒暈檀心（外は紅にして、心は白なり）。木紅毬（千葉なり、外は白く内は紅たり、毬の如し）。三学士（三頭に係りて萼を聚める）。合歓嬌（一蔕にして双頭なり）。酔春容（酔ひたる西施に似たり、開きて久しくして頂きを露わにす）。紅玉盤（平頭にして、辺は白く心は紅なり）。玉芙蓉（樹に成れば則ち開き、陰を宜しくす）。鶴翎紅（千葉にして細く長し、本は紅くして末は白し）。西天春（開くは早し、初め嬌にして後淡し）。回回粉（細き弁なり、外は紅にして内は白し）。瑪瑙盤（千葉にして淡紅なり、白き梢、檀心なり）。雲葉紅（弁の層次は露の如し）。満園春（清明時に即ち開く）。瑞露蟬（花は中より抽《ひ》き碧心は合蟬の如し）。畳羅（中心は瑣砕にして羅紋の如し）。一捻紅（昔日貴妃面を匀《ととの》ふに、脂手に在りて、偶《たまたま》花上に印す、来年花生じ、皆指甲に紅痕有り、今に至りて以て異と為すと称したり）。

紫色　計二十六品

朝天紫（金紫なり、夫人の服の如し）。腰金紫（腰間の囲みは黄鬚有り）。金花状元（微に紫たり、葉に黄鬚有り）。紫重楼（千葉楼なり。最も開き難し）。葛巾紫（円正、富麗にして巾の如し）。紫雲芳（千葉、花中の包みに黄蕊あり）。紫羅袍（千葉にして弁薄し、陽を宜しくす）。丁香紫（千葉、小楼子たり）。茄花紫（千葉、楼は深紫、即ち藕糸のごとくなり）。瑞香紫（浅紫なり、大弁にして香る）。舞青倪（千葉、五青弁有り）。駝褐紫（大弁なり、色は褐衣に似たり、陰を宜しくす）。紫姑仙（大弁、楼子、淡紫たり）。煙籠紫（千葉、浅淡にして交りて映える）。潜渓緋（叢中より特に出でる緋は一、二なり）。紫金盤（千葉、深紫なり、陽を宜しくす）。紫繡毬（即ち魏紫なり、千弁、楼子たり、葉は肥大にして円転し愛すべし）。檀心紫（中に深き檀心有り）。葉底紫（墨紫花に似たり、叢中にて旁らに必ず一枝生ず、葉を引き上を覆へば軍容の紫なり）。洸墨紫（深紫なり。色は墨葵に類す）。鹿胎紫（千葉にして紫弁の上に白点有り、儼なること鹿皮紋の若し、陽を宜しくす）。魏家紫（千葉にして大花なり、魏を産じ家を相《たす》ける）。平頭紫（即ち左は紫なり、千葉、花は大きく尺を径《わた》し、而して斉は截の如し。陽を宜しくす）。乾道紫（色は稍《やや》淡く、而して暈紅たり）。紫玉（千葉、白弁中に深紫色の糸紋有り、陰を宜しくす）。錦団縁（其の幹乱りに生じて叢と成る、葉の斉は小さくして短し。厚花は千弁たり。粉は紫色、合紐撮るが如くして弁は細紋たり）。

白色　計二十二品

玉天仙（多葉なり、白弁にして檀心なり）。慶天香（千葉、粉は白色なり）。玉重楼（千葉、高楼子なり、陰を宜しくす）。縁辺白（弁辺に緑暈有り）。蜜嬌姿（初め開くときには微かに蜜あり、後に白し）。万巻書（即ち玉玲瓏なり、千弁は細長し）。銀粧点（千葉、楼子たり、陰を宜しくす）。水晶毬（弁円く、倶に垂下す）。玉剪裁（平頭、葉辺は鋸歯の如し）。白青猊（中に五つの青弁有り）。蓮香白（平頭、花の香は蓮の如し）。伏家白（姓を以て名を得たり、猶姚黄の如し）。凰尾白（中に長弁有りて特出す）。玉盤盂（多葉大弁なり、開くに早し）。玉版白（単葉、細長く拍板の如し）。鶴翎白（多葉にして長し、檀心なり）。金糸白（弁上に淡黄糸有り）。羊脂玉（千葉、楼子、大白弁なり）。青心白（千葉、青色の心なり）。玉碗白（単葉、大円の花なり）。平頭白（花は大尺ばかりなり、開き難し、陰を宜しくす）。一百五（弁長く多葉なり、黄蕊、檀心なり、花は最大なり、此の品曾て一百五日にして先づ開く）。

青色　計三品

仏頭青（一名欧碧、群花謝して後、此の種始開く）。緑胡蝶（一名萼緑華。千弁、色は微に緑を帯す）。鴨蛋青（花色蛋殻の如し、陰を宜しくす）。

牡丹花の五色燦爛、其の形、其の色、其の態度変幻、原《もとも》と名状すべく莫し。後の名を命するは。亦人の喜好に隋ひ、数百種を約するに、然れども雷同する者亦少なからず。茲に一百三十種を存す。尚疑似の処有れば、博雅之を栽せることを望む。

〈口語訳〉

牡丹は花の中の王である。北地に最も多い。花には五色ある。花弁の多いものと何重にもなっているものの違いがある。黄紫のものを最も良いとする。欧陽修が『洛陽牡丹品序』を書いた後、人々は皆その名を広く知ることとなり、遂に『牡丹譜』ができた。そこで、今、その百三十一種を取り上げ、以下詳しく解説する。その性質は涼しいことを好み、熱いことをおそれる。乾燥を喜び、湿気を嫌う。根の穴は新しい土を得ることを好み、それによって茂る。烈風酷日を懼れる。高い屋根があり太陽に向かっているところに植えれば、花は大きくあざやかになる。移植は八月の社（立秋後の第五の戊《いぬ》の日）前である。あるいは秋分の後でも良い。土壌に盛る土は少なく留め、どうしても細い根を掘って折ってしまうことのないようにしなければならない。植えすぎたら、まず白斂（びゃくれん）の粉一斤を新土の中にかきまぜ整え（その根は甘く、カイコやスクモムシを多く寄り集めてしまうため白《カガ》斂《ミグサ》でこれを殺すのである）、再び小麦数十種を撒いて、その後、花を上に置いて土で覆い、また牡丹を手に持って地面と平にし、その根をまっすぐにすればよく育つ。踏んではいけない。したがって雨水または河の水をこれに注ぐ。（牡丹の）子は母丁香に類して黒い。六月には風に向けて置いて一日陰干しをしたら、瓦盆で湿った土に入れてかきまぜ、これに盛り、八月半ばになったら水に落して沈むものを取り、これを区切って植えていく。その春、芽が育つのを待ち、五、六月に葦のすだれで日を遮り、夜はこれを出してさらして、次の年になったら移植するべきであろう。けれども、実を区切って植えていくのは、根の上の部分の生苗を分植《めわけ》するほど簡単ではない。その接換《わきかえ》もまた秋分の後の第五の戊の日前後に行う。種を植えてから五年以上の小牡丹を取り、地面から一、二寸のところで、鋭い刀で斜めに半分を切り、再び良い種の色の美しいものを一区切りのところで斜めに半分に切る。上は二、三寸を残し、小さい樹に貼り付け一本の木のようにして麻で縛り、湿った土をその縛ったところに塗って、二つの瓦でこれを合わせ、中を湿った土で埋め、来春驚蟄を待って瓦を土に出し、草のむしろで之を囲んで、まだ活気がないものは、其の花はますます囲んでやれば匂うようになる。

昔、張茂卿は、牡丹を椿の樹に移植した。開くたびに楼に登って宴を開いて愛でた。今に至ってもこれをたたえている。夏に田畑に水を引くのは必ず早朝または夜の八時前後にしなければならない。必ず地面が涼しくなるのを待って注ぐべきである。八、九月は、五日から七日に一度注ぐ。十月、十一月は三、四日に一度注ぐ。十二月になり、地面が凍ったら、ただ猪の糞でこれを塞ぐべきである。春分の後は肥料をやってはならない。花が咲いた後になったら、ずっと軽肥を用いる。六月は最も田に水を引くのを忌む。注げば根を損じてしまう。来年には花は咲かない。花が咲かない時は、その瘠せた雄しべと雌しべを取る、これを打剥という。花が咲こうとしている時は、必ず高いところに幕をして日を遮れば、花は長いこと耐えることができる。開いて残ったら切る。実を結ばせてはならない。実を残すと来年はたくさん咲かない。冬至の日、鍾乳粉を硫黄に少し混ぜ、根の下に置くと益がある。もし枝に虫や蛙がついたら、その蛙の眼を尋ね、硫黄で塞いだり燻したりするといい。或は杉の木で針を作り、これに釘のように打ち付ければ自ら死んでしまう。性質はジャコウジカの香り、桐油、生漆の気を畏れる。そばに麝草を植えるとよい。なければ、にんにく、ねぎ、にらを植えてもよい。スキで土を浸食したり、熱い手で撫でたりしてはならない。もし枝を折って瓶に挿す時には、まず断ったところを焼いて蠟を溶かしてこれを封じてしまえば数日貯え枯れずにおくことも可能である。或は蜜を養うとさらにおいしくなる。（花が枯れた後も蜜は用いることができる、芍薬も同じである）。もし枯れそうになっていたら、下の部分を切り去り、竹でくくって水に浸し、一晩おけばまた新鮮になる。一つの方法として、オケラの粉末を根元に置けば、様々な花の色はみな金色を帯びてくる。北方のようなところは地面が厚いので、肥料の糞がなくてもまめかすでこれを覆う肥料も盛んである。一例で論じてはならないが、ただ、犬の糞は忌み嫌う。八月十五日は牡丹の誕生日である。都の名園では牡丹を数千本植える者もある。毎歳盛んに開き、主人は酒を置いて鑑賞する。もし天気が良ければ、花はたちまちくるくるまわって飛んで舞う。香は常に異なり、ここに花神がやってくる。主人は起きて必ず酒と干し肉を用意し、花の前で拝礼する。時を経て初めて定まる。毎年行うことが常となる。

牡丹の釈名をここに附す。全部で百三十一種である。（※「牡丹百三十一種」については原文・訓読参照。）

牡丹の花の五色はあざやかで輝いている。その形、その色、その態度はたちまち出たり消えたりして、もとのありさまを表現することができない。後の名を命ずるのは、人の好みにしたがって数百種となっているが、同調する者も少なくない。ここに百三十種存するが、まだ似たものがあるのであれば、博雅の人がこれを植えることを望む。

【書誌】個人蔵。半紙本巻六冊。原貼刷簽「秘伝花鏡」、見返しに「園林雅課／西湖　陳扶揺彙集／日本　平賀先生校正／重刻　秘伝花鏡／花暦新歳　課花十八法　写生図譜　花木類考　培養秘伝　附獣魚蟲考

花説堂梓行」とあって、平賀源内が関わったこと、及び全巻の内容を知ることができる。次いで、「康熙戊辰立春後三日」の丁澎の序、自序、本文、「康熙戊辰」の張国泰の序で綴じられている。刊期は「安永二年癸巳春／皇都書林　京間之町御池上ル丁　林権兵衛／同二條通東洞院東江入丁　林伊兵衛／東都書林　江戸日本橋南三丁目　須原屋平助」である。同書は人気があったらしく、文政元年版、文政十二版が出版された。

## 『女用文章糸車』

孝行《かう〳〵》

○いきとし生《いけ》けるもの誰《たれ》か子を愛せざらん。梁《うつばり》の燕《つばめ》やけ野の雉子《きゞす》は更《さら》なり、虫螻《むしけら》に至《いた》るまで子に惑《まよ》ふならひ、自然《しぜん》に出て貴賤《きせん》のへだてはあらじ。さるゆへ親《をや》の恩《をん》の高《たか》き事、泰山《さん》も何ならず、蒼海《そうかい》も浅《あさ》かるべし。誰《たれ》しも我身を愛《あい》せさるものなし。我身を愛する心をもつて父母《ちゝはゝ》を愛し敬《うやま》ひ侍《はべ》らば、おのつから神の訓《さとし》、聖《ひじり》の教《をしへ》、仏の法にもかなひ侍《はべ》らん。孝行《かう〳〵》は万行の長たりといへば忽《ゆるかせ》にすべからず。

慈悲《じひ》

○物を育《めぐ》み慈《いつくし》む心の深《ふか》きを慈悲《じひ》といふ。我召《めし》つかひの下人下女に慈愛《じあい》あるはいふまでもなし。至極《しごく》の道理なくば虫螻《むしけら》の命も絶《たつ》まじきなり。されば西行《さいぎやう》の詞にも、山ふかくわけ入て心を澄《すま》さんより大悲《ひ》の深からんはまさりて覚ゆるといへり。品〳〵に千々《ちゝ》の草《くさ》木の種《たね》は多けれとも、たゞひとつの雨《あめ》にめぐみ初《そめ》て春の花に仁愛の徳《とく》の色をあらはす。譬《たとへ》ば父母の子を育《めぐ》み養《やしな》ひて生長《をゝし》給へるがごとく、外より強《しい》たるにも非《あら》ず名聞《みやうもん》の為にも非ず、慈悲心《じひしん》の厚《あつ》き所也。

貞節《ていせつ》

○女の心操貞《みさほたゞ》しく、かりにも不義不道《ふぎふだう》のふるまひなく志《こゝろさし》を固《かた》く守《まも》りて夫《をつと》に仕《つか》ふるを貞節《ていせつ》といふなり。されば貞《てい》女は二を更《かへ》ずとて、一度嫁《ひとたびか》しては其夫《をつと》に忠《まめや》かに仕《つか》へ其心に従《したが》ひ背《そむ》かず、富貴《ふうき》の時は富貴を偕《とも》にし、貧賤《ひんせん》なれば貧賤を共にす。これ婦《ふ》人《じん》の定《さだ》まれる法《のり》なり。富貴《ふうき》の時は従《したが》ひ、貧賤《ひんせん》の時を忌悪《いみにく》みて夫を軽《かろ》しめうとみて偕老《かいらう》の約《やく》を変《へん》じ同穴《どうけつ》の誓《ちかひ》に背《そむ》き異夫《ことをつと》を重《かさ》ぬるなど、二を更《かゆ》るといふものにて、全《まつた》く貞節の道理を弁《わきま》へぬあやまり也。

教育《けういく》

○婦人懐胎《ふじんくはいたい》して未《いま》だ産《むま》れざる内より胎教《たいけう》とて母親《はゝをや》の身をつゝしみ、仮初《かりそめ》にも悪《あし》き事を見ず聞《きか》ず身に触《ふれ》ず、正《たゞ》しき道《みち》を我身に行《をこな》ふて胎《たい》内の子に教《をしゆ》る道理《だうり》を胎教《たいけう》といふ也。既《すで》に産《むま》れ出ては襁褓《むつき》の中の教《をしへ》有。成人《せいじん》するにしたがひ父《ちゝ》の教《をしへ》は母《はゝ》に十倍《ばい》すといへ共、其子の悪《あし》き習《なら》はしを陰《ひそか》に諌化《いさめくは》する事は母の教《をしへ》父《ちゝ》よりも十《ばい》すといへり。誠に父母の教正《をしへたゞ》しからざれば其子よき道《みち》をしらず、悪《あし》き方《かた》に引《ひか》れやすきならひにて悪《あく》人となる者なり。父母に不孝《ふかう》なるは父母の正《たゞし》き教《をしへ》なき故《ゆへ》也。

## 礼譲《れいじやう》

○今の人の礼といふは、躬容《なりかたち》の威儀《いき》をかい刷《つくら》ふ事より膳《せん》のすへやうはいかゞ、食《いゐ》の喰《くゐ》やうは角《かく》するものと其法を弁《わき》まへ侍《はべ》るを礼と思へ共、これらは皆《みな》礼譲《れいじやう》の第二義《ぎ》にて表《おもて》一ト通りの事也。誠の礼譲といふはつゝしみ敬《うやま》ふ事を本《もと》とす。我父母より舅《しうと》姑《しうとめ》兄夫を初として、惣《すべ》て我より上《かみ》ざまなる人に対《たい》して真実心《しんじつしん》をもつてつゝしみ敬《うやま》ひ、我身をへりくだりて其人に先だゝぬを礼譲《れいじやう》の第一義とする也。然《しか》れども、さまで尊敬《そんけい》すまじき人に礼譲の過《すぎ》たるも諛《へつら》ひなれば、其分限《ぶんげん》をしるべきもの也。

## 忍容《にんよう》

○忍容《にんよう》といふは物事に耐忍《たへしの》ふ事にて、堪忍《かんにん》するをいふなり。たゞ世の中は順逆《じゆんぎやく》二ツの宿《やどり》なれば、彼《かれ》に順《じゆん》なる時は此《これ》に逆《ぎやく》なり。我に順なる事は誰《たれ》しもよろこび笑《わら》ひ楽《たのし》め共、少しにても我心に逆《さか》ふ事あれば怒《いか》り腹《はら》立る。此時、男女共に堪忍《かんにん》の二字をもつて怒りの気を押《おさ》へ止《とゞ》むれば、大事破《やぶ》れず万の事成《じやう》就《じゆ》する也。式部卿局《しきぶきやうのつぼね》の詞に、上つかたは無理の給ふものと思へば我に恨《うら》みなし、下《しも》ざまなる者はおろかなる者としれば我に怒《いか》りなしといへり。此詞、万事の上にわたりてよきいましめなるべし。

## 三従《さんじう》

○女は一生《しやう》我家と定まりたる所なし。娘の時分《じぶん》は父母に従《したが》ひ、既《すで》に嫁《か》しては夫に従《したが》ひ、年老《をひ》ては我子に従ふ。是を三従《さんじう》といふ。此三従の中、一ッにても背《そむ》く時は其身一生の便を失《うし》なふ也。渚局《なきさのつぼね》の詞に、女ほど世に便《たより》なきものはあらじ。若く盛《さか》んなる時は人も懸想《けさう》し思ひかけぬ幸を得《う》る事も浮《うか》べる雲《くも》の氷《こほり》の山にかゝるにひとしく、年老て色も荒《すさ》み香《か》も失《うせ》行にしたがひ世にも人にも捨《すて》られ、うき草の根《ね》を絶《たへ》てさそふ水のあはれをなき跡《あと》までもとゞめし女のあぢきなき世のさまにて是《せ》非《ひ》なけれ。三従《さんしう》の法《のり》は今更《さら》ならぬ物を、と云り。

## 七去《きよ》

○婦《ふ》人《しん》嫁《か》してても去《さら》るべき道理七つあり。これを七去《きよ》といふ。第一舅《しうと》姑《しうとめ》に不孝《ふかう》なれば去《さる》。第二淫乱《いんらん》なれば去。第三盗心あれば去《さる》。第四口がましく詞多《をゝ》き者は去《さる》。第五悋気《りんき》ふかく物妬《ねたみ》するものは去。第六癩病《らいびやう》などの悪《あし》き疾《やまひ》あれば去。第七子なければ去《さる》といへり。然《しか》れ共、子なきとて心正《たゞ》しく貞節《ていせつ》なれば去事なし。又子を産《むま》さる女を石《せき》女といふ。悋気嫉妬《りんきしつと》のふかき女は常《つね》〳〵人を疑《うたか》ひ少しの事にも怒《いか》りの念慮深《ねんりよふか》き故《ゆへ》、おのづから怒の火元気《ひげんき》を燃《もや》すをもつて精液《せいえき》涸《かれ》て子なし。

## 黒棚《くろだな》の図説《づせつ》

○黒棚《くろだな》と名《な》付る事は、五色の中にても白き色《いろ》は清浄《しやうじやう》の本色《ほんしき》なり。黒《くろ》き色は既《すで》に物に染《そみ》て不浄《ふじやう》の色にかたどる也。されば此棚《たな》には女の常平生《つねへいぜい》に取あつかふけがらはしき道具類《だうぐるい》をかざるゆへ、黒棚と名付る也。又一説《せつ》に女は陰《ゐん》にして北方《ほくはう》を主《つかさ》どる。北の方は五色に取ては黒《くろ》し。これを表《へう》して黒棚といふと也。又御厨子《みづし》、黒《くろ》棚に貝桶《かいをけ》をそへて三光《さんくわう》の錺《かざり》といふ。

○黒棚のかざり様、第一段の棚にかつら箱、歯黒箱、髻《もとゆひ》箱の類を錺《かざ》る。次《つぎ》に昆布《こぶ》箱、次に鉄《かね》付筆、次にわたし金《かね》、次に香箱匂《にほひ》箱の類を錺《かざ》る。次《つぎ》に眉作《まゆつく》り箱の内にいろ〳〵あり。第二段の棚には杦《すぎ》原、硯《すゞり》、硯屏《けんびやう》、みだれ箱の類《るい》をかざる。次にやは〳〵の紙、次に眉作《まゆつくり》り筆一対《つい》、次に角赤《すみあか》の箱、内にいろ〳〵入る。次に耳《みみ》だらゐ又は漿子《じやうづ》、爪《つめ》切箱の類をかざるなり。

化粧《けしやう》の間《ま》の図説《づせつ》

○女は高《たか》きもいやしきも髪《かみ》をそろへ化粧《けはい》し、あるひは衣服《ゐふく》をあらため身だしなみの事はみだりに人に見せまじき事、女常《つね》々のたしなみなり。それゆへ貴《き》人の御前方《ごぜんがた》には御婚礼《こんれい》の時より化粧《けしやう》の間《ま》を別《べつ》にしつらひ給ひ、輿《こし》入と化粧《けしやう》の間へ入給ひ、衣服《ゐふく》を改《あらた》めて座敷《ざしき》に出て婚礼《こんれい》あるなり。其前日に嫁《よめ》の方の女中方《がた》参りて案内《あんない》を能覚《よくおぼ》へ置《をく》事也。

○化粧の間の屏風《びやうぶ》は布袋《ほてい》に唐子《からこ》遊《あそ》びの絵を用ゆる事、故実《こじつ》ありしぞ。其前の右の方に花瓶《くわびん》を置《をく》也。花は真《しん》の松竹梅を用ゆ。中央《ちうおう》には卓《しよく》をすへ、卓の右の方に香炉《かうろ》香合《かうばこ》を錺《かざ》り、左の方には香箸《かうばし》と焼《たき》がら入とをかざる。其次《つぎ》には鏡台《きやうだい》に手拭《てぬぐい》を打掛《かけ》てをくなり。猶巨細《なをこさい》の事は学《まな》びてしり給ふべし。

貝桶《かいをけ》の図説《づせつ》

○嫁《よめ》入の時貝桶《かいをけ》を輿《こし》の前後《ぜんご》に相添《あひそへ》て持ち行く事は、貝合《かいおゝひ》の遊びは陰陽和合《ゐんようわがう》の表事《ひやうじ》にて片《かたがた》の貝《かい》をはなして外の貝に合《あは》し見れども千万の中にて一つも逢《あは》ざるがごとく、女も一度嫁入《たびよめいり》しては外の男に逢《あは》ざる掟《をきて》に相《あひ》かなふ物なるゆへ、外の道具《だうぐ》は跡《あと》になれども貝桶《かいをけ》斗は輿の前後に相添《あひそゆ》る也。これ、婚礼は陰陽和《ゐんやうわ》合《がう》の始《はじ》めの寿《ことぶき》なればなり。

○貝桶《かいをけ》の高さ二尺八寸、内の広《ひろ》さ一尺二寸廻《まはり》り也。蓋《ふた》は少し山形にして、家の定紋《ぢやうもん》を金にても銀にても付る也。桶《おけ》の廻りにも家の紋を付る。足は四つ足にして少し反《そり》足にする。緒《を》はから打也。貝の数三百六十は地の三十六禽《きん》に表《ひやう》し、二百八十は天の二十八宿《しゆく》に表《ひやう》す。置貝《ちがい》は男也。出貝《だしがい》は女也。置貝桶結《ちがいをけむす》び様輪《わ》の方《かた》を上へ取り、出貝《いだしがい》は下へ取也。

しみ物落《おとし》やう

○惣じて水に入がたき物に油かゝりたらば、滑石《くわつせき》を粉《こ》にしてふりかけ紙を敷《しき》て火熨《ひのし》にてひたとのすべし。滑石《くはつせき》を仕《し》かへて右のごとくすれば皆々落《おつ》るなり。

○雨《あま》もりのかゝりたるには布苔《ふのり》をたきてもみ付洗《あら》ふべし。

○煙草《たばこ》の脂《やに》の付たるにはたばこのすいがらをもみ付洗ふべし。奇妙《きめう》なり。
○渋《しぶ》の付たるには抹香《まつかう》の灰《はい》を灰汁《あく》にたれて洗《あら》ふべし。
○酒のしみ付たるに明凡《めうはん》を水にたて、あらふべし。
○漆《うるし》の付たるには味噌汁《みそしる》を煎《せん》じ洗《あら》ふべし。
○鉄漿《おはぐろ》の付たるには酢《す》をばあたゝめ洗《あら》ふべし。
○黄栢山梔子《きはだくちなし》などの付たるには梅酢《むめず》にて洗《あら》ふべし。
○膿血《うみち》の付たるには小豆粉《あづきのこ》をもみ付て洗ふべし。又飯粒《めしつぶ》をもみ付てあらふもよし。
○衿垢《えりあか》の付たるには湯取餅《ゆとりもち》にて上をなづれば此餅《もち》に垢《あか》付ても落《おつ》るなり。
○藍《あい》の付たるは石灰《いしはい》にて煮《にる》べし。

文《ふみ》の道《みち》しるべ

○女の文《ふみ》はひらかなにてよめよきやう、ことわりのよく聞ゆるやうに書《かく》べし。文言《もんごん》の前後《ぜんご》せぬやうに書《かゝ》ぬさきに工夫《くふう》して書《かく》べし。文言跡先《もんごんあとさき》になればことわりも聞へがたく文章《ぶんしやう》の体《てい》をうしなふ也。手うつくしく書《かき》なす人の文章《ぶんしやう》いやしくふつゝかなるは其人の心ざままで見おとさるゝ物なれば、常《つね》々よく書《かき》なしたる文《ふみ》を手本とすべし。又当世《たうせい》の時花《はやり》詞、あるひは傾城《けいせい》遊女《ゆうぢよ》などのいひなれたる詞《ことば》、又は艶書《えんじよ》がましくいたづら文《ふみ》などの詞をかならず書まじき也。文言《もんごん》はたゞすら〳〵として和《やは》らかなるべし。又我分限《わがぶんげん》よりは先《さき》をうやまひて書《かく》べし。我を高ぶり先《さき》をいやしめたる詞《ことばを、》多き時は人の恨悪《うらみにく》みを受《うく》るもの也。つゝしむべし。
○婚礼《こんれい》、其外正月節句《せつく》などの祝儀《しうぎ》文は墨《すみ》のうすからぬやうにしたゝむべし。又貴《き》人主人《しゆじん》へつかはす文に色《いろ》紙を用ゆべからず。一切《さい》の祝儀文にも用ひぬものなり。墨《すみ》の薄《うす》きは慮外《りよぐわい》なり。別《べつ》して婚《こん》礼の文に忘《わす》れても書《かく》まじき詞は、又々、かへす〳〵、御もどり、御帰り、かさね〳〵、これらの詞をいむべし。
○弔《とむら》ひ文は墨《すみ》うすく文言《もんごん》のくどからぬ様にざつと書《かく》べし。紙の背《うら》に書《かく》事故実《こじつ》也。これも書まじき詞は、段《だん》々、打つゞき、追《おひ》々、かさね〳〵、なを〳〵、をつて、これらの詞を忌《いむ》べし。封《ふうし》目に墨《すみ》を引《ひか》ず。
○墨《すみ》つぎの法は主人《しゆじん》貴《き》人の名、其外、御祝言《しうげん》、御法体《ごほつたい》、御元《げん》服《ぶく》、御隠居《ゐんきよ》、御本腹《ほんぶく》なんどの所にては墨《すみ》を継《つぎ》て筆の枯《かれ》ざるやうに書《かく》べし。又御煩《わずらひ》、御死去《しきよ》、御過《すぎ》、御怪我《けが》なんどの不祝《ぶしう》儀《ぎ》事を書《かく》時は墨を継《つが》ず、上より書《かき》くだす墨《すみ》にて書《かく》べし。常《つね》の墨《すみ》つぎは濃薄《こくうすく》入まぜに書《かき》て、墨継《すみつぎ》の相ならばぬやうにすべし。
○文の内に音物《ゐんもつ》を書つかはす事あらば、山の物を第一に書《かき》、次《つぎ》に海の物、其次に川の物を書《かく》べし。
○文《ふみ》の封《ふう》じやうにさま〳〵あり。左のごとし。右はひねり文也。我より上なる方へ用ゆべし。右は封《ふう》じ文也。遠方《えんぱう》へつかはすか又は密々《みつ》の用事をいひやる時用《もち》ゆ。右はいにしへの腰《こし》文《ぶみ》の略《りやく》也。俗《ぞく》に切封《ふうじ》といふ、是也。右はむすび文也。心安き方へ用ゆ〆も表《おもて》斗にてよし。

亥の子餅

○十月を無神《かみな》月といふは、此月は陰気《いんき》のみにて陽気《やうき》なきゆへ也。陽《やう》の字をかみと訓《よむ》也。又、時雨月、初霜《はつしも》月、小《こ》春月なんどいふ也。扨又亥《い》の子の祝《いわ》ひは御玄猪《ごげんじょ》共いひて大内《をゝうち》にても内《く》蔵寮《られう》より五色《ごしき》の餅《もち》を奉るとなり。十月は亥《い》の月にあたる。亥《い》の月の亥《い》の日を祝《いは》ふ事は、亥《い》は一年に十二の子を産《うむ》ものなれば女子のうらやみて祝《いわ》ふ也。又亥子餅《いのこもち》の飾《かざり》は餅《もち》一重《かさね》の上に五色《しき》の餅をのせ、菊《きくの》花末廣《すへひろ》を添《そゆ》る也。

八朔

○八月を葉《は》月といふは木の葉色づく故に紅染《こぞめ》月ともいふ。又秋風月、月見月、中秋《なかのあき》なんどゝいふ也。八朔《さく》を田の面《も》の祝《いは》ひといふは田の実《みの》らん事を祝ひ、菓《くだもの》などを互《たが》ひに送りてことぶく也。禁中《きんちう》にても官女《くはん》達早稲《わせ》の焼き米を色《いろ》紙に包みて送りかはさるゝと也。又武家《ぶけ》にて絵行器《ゑほかい》を送りかはす家も有と也。景物《けいぶつ》、葡萄《ぶどう》、棗《なつめ》、初紅葉《はつもみぢ》、刈萱《かるかや》、鶏頭《けいとう》、紫苑《しをん》、露草《つゆくさ》、鳥頭《とりかぶと》、漆《うるし》の花、梅もどき、竜胆《りんだう》。

○八朔《さく》を天中《ちう》の節《せつ》共いふ。俗《ぞく》に名残《なごり》の盆《ぼん》といふなり。

【即座之占《そくざのうらなひ》】かしらさきにむかふ図／かしらひだりにむかふ／かしらみぎにむかふ／かしらまへにむかふ

【善悪《よしあし》・願望《ねがひのぞみ》】よし・かなふ／あし・かなふ／半吉・半吉／よし・かなはず

【日《ひ》　月《つき》　時《とき》　方角《はうがく》】（子・辰・酉）／（巳・午・申）／（丑・戌・未）／（寅・卯・亥）

【失物《うせもの》・有無《ありなし》】かくす・あり／いでず・なし／はやくいづる・あり／人とる・有てもあしし

【遅速《おそしはやし》・歳《とし》】おそし・二三年よし／はやからずおそからず・らいねんよし／はやし・ことしよし／はやし・ことしよし

【勝負《かちまけ》・昼夜《ひるよる》】かち・よる／まけ・よる／まけてかち・ひる／かち・ひる

【待人《まちひと》・縁定《えんさだめ》】きたる・よし／きたらず・あしし／きたる・よし／おそくきたる・中ぶん

【夢合《ゆめあはせ》・神仏《かみほとけ》】いきものよし・かみよし／くさ木よし・ほとけ／道具よし・かみ／山うみ川よし・ほとけ

即座《そくざ》占《うらなひ》

此うらなひは、先合掌《まづがつしやう》し其内《そのうち》にかんざしをはさみしめ、餘《よ》ねんなく心を空《くう》にして、手《て》を少しゆるめてかんざしをたゝみの上におとし、落《おち》たる模様《もやう》にて卦《け》の図《づ》と見合せうらなふ也。扨《さて》此かんざしを用る事、易《ゑき》の蓍《めとき》をみるに同意《どうい》也。めときは数《かず》定《さだま》り有て左右《さいう》の手に取わけ、残数《のこるかず》にてうらなふ也。かんざしも有合にまかせて用るときは、少しもかはる事なし。又あふぎにても何にても本末《もとすへ》有ものを用るは同じかくなり。うらなひやうは其条下《そのでうか》にて吉凶《きつけう》を見る。たとへば、ゑんさだめならば此卦《け》（）にあたりて吉也。但《ただ》し善悪《よしあし》願望《ねがひのぞみ》の所など見合、よく〳〵吉凶《けう》をかんがうべし。待人《まち》の時は（）此卦《け》にあたらば来《きた》る也。しかれども又遅速《ちそく》の所へ引付《ひきつけ》て見る時はおそしとあり。餘《よ》もこれになぞらへてしるべし。信心《しんじん》にして占《うらな》ふときは髪筋《かみすじ》も違《たが》ふ事なし。

【書誌】

個人蔵。大本一冊。表紙は薄縹色無地。外題は原貼刷（子持ち枠）「益　女用文章糸車　全」、中央に「目録」（原刷）が貼られている。見返し「年中文章尽婦人日用重宝集／女用文章糸車／浪花　称觥堂蔵版」。よく流通したようで、後印本が数種ある。『大阪出版書籍目録』に「以前「女文要悉皆嚢」と題し板元は泉屋喜太郎なりしを此度板木を柏原屋清右衛門にて買受改題板行の旨願出／板元　柏原屋清右衛門（順慶町五丁目）／出願　明和五年三月」とあるので、『女文要悉皆嚢』（宝暦七年、田中友水子）の版木を泉屋喜太郎から買い受けて改題出版したものと思われる。巻末に「画工　北尾辰宣／明和九壬辰年九月吉日　浪華書林　心斎橋順慶町柏原屋　渋川清右衛門版」とあって作者は記さないが、作者は田中友水子である。口絵として、長谷川妙貞を含む女性の伝記と「女中風俗品定」「女いとなみ草」「女手わざ草」「女中大和詞」「色紙短冊の本説」「文の道しるべ」「染物の法」「しみ物落やう」「七夕歌尽」「薫物の方」「匂袋の方」が十九丁。別の口絵として、「婚礼略式」「御厨子の図説」「黒棚の図説」「化粧間の図説」「貝桶の図説」「四季衣桁錺の説」「女中名づくし」「有気《うけ》の事」「無気《むけ》の事」「男女相性の事」「不成就日」「願成就日」「教訓おきな草」が十一丁ある。

本文は六十一丁、内題は「女用文章糸車」、上下二段で、下段が女用文章、上段に年中行事と故事。巻末に「即座之占」が附録される。末尾に「板元　大坂心斎橋筋順慶町北へ入　かしはらや清右衛門」による「女中の見給ひ益有書物目録」が附されている。江戸中期の代表的女用文章書として、『往来物大系』、『日本教科書大系往来編』などに複製がある。

## 参考文献一覧


『今昔物語集』（校注・訳：馬淵和夫　国東文麿　稲垣泰一『日本古典文学全集三十六　今昔物語集（二）』、小学館、二〇〇〇年・『日本古典文学全集三十八　今昔物語集（四）』、小学館、二〇〇二年）

映画『もののけ姫』（原作・脚本・監督宮崎駿　配給東宝、一九九七年、©スタジオジブリ）

「閑度雑談」（『続日本随筆大成6』、森銑三・北川博邦、吉川弘文館、一九八〇年）

「南総里見八犬伝」（『新潮日本古典集成別巻　南総里見八犬伝4』濱田啓介校訂、新潮社、二〇〇三年）

「本領曾我」（『近松全集7』藤井乙男、朝日新聞社、一九二六年）

「天保年間　犬狗養畜伝」（『日本農業全集』60巻、松尾信一・白水完児・村井秀夫校注、農山漁村文化協会、一九九六年）

『翁丸物語・犬の草子』（「絵入文庫」第二十三巻、絵入文庫刊行会、一九一七年）

大野瑞男「駿府在番・加番について」（『静岡県史研究』第一二号、静岡県教育委員会文化課県史編纂室、一九九六年三月）

横山邦治「白狗幻想」（『江戸文学』第一二号、ぺりかん社、一九九四年七月）

柳田国男・関敬吾・大藤時彦編『増補　山島民譚集』（東洋文庫、一九八六年）

「太平記」（『新編日本古典文学全集56』、長谷川端校注・訳、小学館、一九九七年）

「和漢三才図会」（早稲田大学古典籍総合データベース、請求記号「文庫 31 E0860」、大野木市兵衛板）

今井秀和「犬の伊勢参りと転生」（『日本文学研究誌』第七輯、大東文化大学大学院文学研究科日本文学専攻編、二〇〇九年三月）

斎藤弘吉『愛犬ものがたり』（文芸春秋新社、一九六三年）

版本地誌大系四『河内名所図会』（臨川書店、一九九五年）

松尾恵善「日蓮宗梅龍山観成院之記」（一九八一年一月）

長友千代治『近世上方作家・書肆研究』（東京堂出版、一九九四年）
『天保山名所図会』（『日本名所風俗図会』大阪の巻（角川書店、一九八〇年））
『摂津名所図会大成』（『浪速叢書』第七・八（名著出版、一九七八年復刻））
白水完児「暁鐘成著述〔犬狗養畜伝〕」（『日本獣医史学雑誌』第二五号、一九八九年十二月）
斎藤弘吉『日本の犬と狼』（雪華社、一九六四年）
『日本園芸会雑誌』七十八号「成田屋のこと」（日本園芸会、一八九六年）
板坂耀子「『採薬記』の世界」（『福岡教育大学紀要　第一分冊　文科編』三十八号、一九八九年）
平野満「『諸州採薬記抄録』の書誌的検討」（『明治大学人文科学研究所紀要』第四十冊、一九九六年）
国立歴史民俗博物館『伝統の朝顔』、一九九九年
国立歴史民俗博物館『伝統の朝顔Ⅲ―作り手の世界―』、二〇〇〇年
平野恵『十九世紀日本の園芸文化』（思文閣出版、二〇〇六年）
同「多色刷り図譜時代の幕開け～文化・文政期の〝朝顔図譜〟から見た文化史～」（国立歴史民俗博物館「〝朝顔図譜〟をよむ『あさかほ叢』」所収、二〇〇八年）
同「小野蘭山が園芸文化に果たした役割」（小野蘭山没後二百年記念誌編集委員会編『小野蘭山』二〇一〇年、八坂書房所収）
同『温室』（法政大学出版局、二〇一〇年）
同「近世採薬記の成立事情――享保・元文から幕末まで――」（『杏雨』二十一号、二〇一八年）
同「植木鉢の普及と園芸文化」（たばこと塩の博物館『江戸の園芸熱』所収、二〇一九年）
同「地誌の周辺――採薬記と案内記――」（『悠久』一六二号、二〇二一年）
同「採薬の実際」（『生活文化史』七十六号、二〇二一年）
真島望『近世の地誌と文芸――書誌、原拠、作者――』（汲古書院、二〇二一年）
岡嶌偉久子・山根陸宏校訂『花月日記　第二』（八木書店、二〇二〇年）

岡嶌偉久子・山根陸宏校訂『花月日記　第二』（八木書店、二〇二一年）
杉本行夫『秘伝花鏡』（一九四四年、弘文堂書房）
大木康『明末のはぐれ知識人　馮夢龍と蘇州文化』（一九九五年、講談社）
佐藤武敏編『中国の花譜』（一九九七年、平凡社）
伊欽恒校注『花鏡』（一九七八年、農業出版社）
福田安典『平賀源内の研究——大坂篇——』（二〇一三年、ぺりかん社）
古勝正義「湖上扶揺子陳淏」（『北九州大学外国語学部紀要』八九号、一九九七年三月）
金文京『中国小説選』（角川書店、一九八九年）
『新鑑草』（「寛政四壬子年十一月／大坂書林／心斎橋通菊久宝寺町／河内屋八兵衛／同　／同八助」）（筑波大学蔵本）（初印本は「宝永八辛卯歳孟陽穀旦／帝都書林　岡本半七／江城日本橋　舛屋五郎右衛門／寿梓」）
『醒世恒言』（『古本小説集成』所収、天啓七年葉敬池刊、影印本）
『古今小説』（『馮夢龍全集』所収「古今小説」（鳳凰出版社））
美濃部重克・榊原千鶴編『女訓抄』（二〇〇三年、三弥井書店）
青山忠一『仮名草子女訓文芸の研究』（一九八二年、桜楓社）
稲田篤信・木越治・福田安典『都賀庭鐘・伊丹椿園集』（二〇〇一年、国書刊行会）
天野晴子『女子消息型往来に関する研究』（一九九八年、風間書房）
朝倉治彦・大和博幸編『新訂版 享保以後 江戸出版書目』（一九九四年、臨川書店）
大阪図書出版業組合編『享保以後大阪出版書籍目録』（龍溪書舎、一九九八年復刻）
井上隆明編『改訂増補 近世書林板元總覧』（日本書誌学大系七六、青裳堂書店、一九九八年）
小泉吉永編『女用文章倭錦 女手習教文 女童子用文章』（江戸時代女性文庫 補遺十一、大空社、二〇〇〇年）
石川松太郎監修・石川謙編『女子用往来』（往来物大系九十三、大空社、一九九四年）
谷村玲子「江戸時代の女性の稽古事からみた日本意識の形成」（『国際日本学』一三号、二〇一五年一二月）

中野三敏「近世の人物誌」（新日本古典文学大系九七『当代江戸百化物・在津紀事・仮名世説』解説、岩波書店、二〇〇〇年）
丸井貴史『白話小説の時代――日本近世中期文学の研究――』（汲古書院、二〇一九年）
大野出『元三大師御籤本の研究――おみくじを読み解く――』（思文閣出版、二〇〇九年）
佐藤貴裕「辞書から近世をみるために――節用集を中心に」（鈴木俊幸編『書籍の宇宙――広がりと体系』（シリーズ〈本の文化史〉2、平凡社、二〇一五年）
鈴木則子『江戸の流行り病』（吉川弘文館、二〇一二年）
上田正昭ほか編『講談社日本人名大辞典』（講談社、二〇〇一年）
天野晴子「江戸時代の女子教育について――往来物を通史手みる女性の教育と生活――」（『生活文化研究所年報』第二一輯、ノートルダム清心女子大学生活文化研究所、二〇〇八年）
国文学研究資料館 日本古典籍総合目録データベース（http://base1.nijl.ac.jp/~tkoten/）
阿部秋生ほか校注・訳『源氏物語』（新編日本古典文学全集、小学館、一九九六年）
石川松太郎監修・石川謙編『女子用往来』（往来物大系九十三、大空社、一九九四年）
『女重宝記』（国立国会図書館蔵本、請求記号 159.6-0691-y）
国文学研究資料館 日本古典籍総合目録データベース（http://base1.nijl.ac.jp/~tkoten/）
吉川圭三『概説古文書学 近世篇』（吉川弘文館、一九八九年）
『近世古文書事典――米沢領――』（国書刊行会、一九八八年）
『日本教科書大系　往来篇　女子用』（講談社、一九七三年）
屋代弘賢『古今要覧稿』玄猪
中山圭子『事典　和菓子の世界　増補改訂版』（岩波書店、二〇一八年）
橋爪伸子「近世京都における禁裏御所の玄猪餅にみる菓子の機能――霊力が宿る媒体――」『食文化研究』一二（二〇一六年）

参考文献一覧


日本古典文学全集四八『英草紙・西山物語・雨月物語・春雨物語』（小学館、一九七三年）
高田衛、森山重雄、種村季弘、中村博保、松田修、小松左京『秋成』シンポジウム 日本文学一〇（學生社、一九七七年）
近衛典子「「女訓物」としての『雨月物語』」『国文学　解釈と鑑賞』（至文堂、二〇〇五年）
宮本祐規子『時代物浮世草子論――江島其磧とその周縁――』（笠間書院、二〇一六年）
速水香織『近世前期江戸出版文化史』（文学通信、二〇二〇年）
長谷あゆす『『西鶴名残の友』研究――西鶴の構想力――』（清文堂、二〇〇七年）
中村綾『日本近世白話小説受容の研究』（汲古書院、二〇一一年）
近衛典子『上田秋成新考――くせ者の文学――』（ぺりかん社、二〇一六年）
藤川玲満『秋里籬島と近世中後期の上方出版界』（勉誠出版、二〇一四年）
篠原進・岡島由佳『新選百物語』（白澤社、二〇一八年）

# おわりに

現在、ペットとともに寝起きし、花を愛でる生活は、もはや当たり前のような風景となっている。しかし、昔は、動物は外で飼うものであったし、花は四季の移り変わりとともにある「自然」のもので人智の及ぶものではなかった。

ところが、人間は生活が落ち着くにつれ、ペットを飼うようになり、その飼育法や治療法を求めるようになった。花に対しても、より美しさを求め、品種改良に智恵と努力を注ぐようになる。それが興隆した時代こそ江戸時代であった。現代の感覚でエッと驚くようなペット飼育法、一見奇抜にも見える多様な花々の開発。それら江戸の人々の興味と関心の一端を、本書で楽しんでいただければと思う。

ところで、本書を「江戸の実用書」と銘打ったのは、江戸の「くらし」そのものについても触れてみたかったからである。現在でも、「江戸」と銘打つ展覧会、商品は数多い。それだけ、「江戸」に憧れや共感を持つ人が多いということになる。それでは、現代社会に生きる我々が、時折り触れてみたくなる「江戸」に生きる感覚、その正体はなんなのか。すこし江戸時代の暮らしぶりを覗いてみることができれば、現代を生きるわたしたちの、便利で合理的でいて、そのくせどこか感じる味気なさの原因がわかるのではないか、などということをメンバーで話しているうちに本書の構想が固まってきた。特に、本書後半では、女子教育に視点を置くことで、「女訓書」から当時の生活に密着した「くらし」の情報を拾い出した。占いや季節の行事など、現在の我々の知っているものとは少し違う知識は、江戸時代の豊かな生活を垣間見た気分になるだろう。

さて、文中にも触れているが、執筆陣は、基本的に日本古典文学や歴史学を専門にしており、現代の風潮では「文系」に配分され、およそ実用とは無縁のように思われる者の集まりである。しかし、本邦で初めて本格的にガーデニングを解説した『花壇綱目』、現代では農学部という「理系」が扱う書物になるが、その「寛文四甲辰仲秋」の序を持つ八戸市立図書館本写本には次のような執筆動機が記されている（文章は適宜用字を変えた）。この紹介をもって本書の結びにかえたい。

下愚の身のくせとしてよき事にはとかく怠ることやすし。しかのみならず、いとまあれば必ず無量の欲心を動かし、世楽を求むるも知りまさりやすく、かつはゐならぬ他の非を改めなどして、わが身ながらうたてくたびれものの、所詮せめてこの草花を愛し、心悪き念慮の出来る隙をまぎれかし、しばしもやすからんにはしかじと思ひよりぬ。

自分は、暇があればろくなことをしない非常に愚かな人間なので、そのような悪い考えが出てこないように花壇を愛するのだ、という。そして、されどよき事がましく花実の植え取りを事とする物からきはめて不根なれば、それぞれの時節をたどり侍るゆへ、栽花の品々を四季に分けて書きあつめ、『花壇綱目』と「あだ名」付けはべる。もし、こと人のためにもならばなほ幸いなり。よしなき長物語、是や無用の故実なるべき。ゆるさしめ。

と、『花壇綱目』が「あだ名」(虚しいかりそめの名前)であり、しかも「無用の故実」だと卑下しているのである。同じ農業といっても、人間の生命維持に必要な食品につながる植物栽培とは違い、人の心を慰めるだけで腹がふくれるわけでもない花の栽培は無用の知識だ、と語っているのである。

そう、江戸時代の農学者も「無用の知識」を楽しんでいたのである。文系・理系など、現代になって作り出された区別は不要である。どの分野を専門にしていようが、どの時代に生きていようが、人間とは、ペットや花で心を潤しながら、楽しんで生きて「くらし」ていくものなのだ。そんな「くらし」の面白さが伝わることを願っている。

最後に、本書を出版するにあたり、ぺりかん社及び小澤達哉氏には多大なご尽力を賜った。篤く御礼申し上げます。

二〇二三年五月

(61 ～ 65 ページ)・コラム 4「「豆本」の世界」(107 ～ 109 ページ)。

藤川玲満　お茶の水女子大学准教授。専門領域は近世小説。『秋里籬島と近世中後期の上方出版界』(勉誠出版、2014 年)。担当箇所、第一章第一節「8　シロと鐘成」(39 ～ 41 ページ)、コラム 2「鐘成による大坂案内」(47 ～ 49 ページ)。

宮本祐規子　白百合女子大学准教授。専門領域は近世小説・演劇。『時代物浮世草子論――江島其磧とその周縁――』(笠間書院、2016 年)。担当箇所、第一章第一節「1　犬の献身」18 ～ 22 ページ)、第四章第四節「3　亥の子餅」(172 ～ 175 ページ)・コラム 5「役者評判記と漢文」(133 ～ 135 ページ)・「おわりに」(233 ～ 235 ページ)。

翻刻担当　『和談三細図会』
大崎園夏　小澤桃子　都築里花子　堀万佑子（日本女子大学大学院修了）

時田紗緒里　苫小牧工業高等専門学校講師。専門領域は近世女性文学、特に荒木田麗女。「宣長の擬古物語添削と批評の検討――『手枕』と『野中の清水添削』を通して」（『鈴屋学会報』（35）2018年12月）。担当箇所、第一章第一節「2　子育てする犬」（22～25ページ）、「4　主人の子供を育てる犬」（28～31ページ）。

中村綾　愛知学院大学講師。専門領域は近世小説と中国白話小説の比較。『日本近世　白話小説受容の研究』（汲古書院、2011年）。担当箇所、第三章第三節「牡丹」、「茱萸」（123～128ページ）。

長谷あゆす　大阪樟蔭女子大学准教授。専門領域は近世小説、特に井原西鶴。『『西鶴名残の友』研究――西鶴の構想力――』（清文堂出版株式会社、2007年）。担当箇所、第一章第一節「3　子猫の命を救った犬」（25～28ページ）、「6　その軍犬、有能につき。」（34～36ページ）。

速水香織　信州大学教授。専門領域は近世出版文化研究、特に17－18世紀の江戸出版文化。『近世前期江戸出版文化史』（文学通信、2020年）。担当箇所、第四章第一節「2　作者と板元」（142～145ページ）、第二節「女性に求められた理念」（145～153ページ）。

平野恵　台東区立中央図書館郷土・資料調査室専門員。専門領域は近世文化史・思想史、特に園芸・本草学史。『園芸の達人　本草学者・岩崎灌園』（平凡社、2017年）。担当個所、第二章「江戸のガーデニング――近世における変化朝顔流行の諸相」（66～106ページ）・附録『浪華朝顔作方聞書』翻刻・『蕣花秘書』翻刻（206～209ページ）。

福田安典　日本女子大学教授。専門領域は近世小説・医学史。『平賀源内の研究　大坂篇――源内と上方学界――』（ぺりかん社、2013年）。担当箇所、「はじめに」（5～14ページ）・第一章第一節「9　犬の愛し方」（42～46ページ）、第一章第二節『犬狗養畜伝』を読む（50～60ページ）・第三章「江戸の園芸書――『秘伝花鏡』の世界」（110～123・128～132ページ）、第四章第四節「4　八朔」（175～177ページ）、コラム1「江戸の流行病と戦う戯作」（15～17ページ）・コラム3「流行り病との戦い」

編者・執筆者紹介【あいうえお順】

天野晴子　日本女子大学教授。専門領域は近世女子教育史。『女子消息型往来に関する研究』（風間書房、1998年）。担当箇所、コラム6「女子用往来と女用文章」（154～155ページ）。

石橋明奈　駒澤大学大学院（修士課程）修了。専門領域は上田秋成。「『歌聖伝』における人麻呂考証――人麻呂像の変遷に注目して――」（『論輯』45、2019年5月）。担当箇所、第四章第三節「嫁入り道具・身だしなみ」（156～164ページ）。

小笠原広安　京華中学・高等学校常勤講師。専門領域は近世小説。「『斯波遠説七長臣』考」（『近世文藝』117号、2023年1月）。担当箇所、第四章第四節「1　しみの落とし方」（164～168ページ）、「2　手紙の作法」（168～172ページ）。

岡島由佳　青山学院大学ほか非常勤講師。専門領域は近世小説。「「化物屋敷」譚の化物と話型――仮名草子・浮世草子を中心に――」（『文学・語学』第230号、2020年12月）、『新選百物語――吉文字屋怪談本　翻刻・現代語訳』（白澤社、2018年）。担当箇所、第一章第一節「5　犬の恩返し」（31～33ページ）、「7　走れ黄耳」（37～39ページ）。

垣中（大野）絵美子　岡田紅陽写真美術館・小池邦夫絵手紙美術館学芸員。専門領域は近世小説。「『諸道聴耳世間狙』考――巻四－二・巻五－二を中心に――」（『駒澤國文』49号、2012年2月）。担当箇所、第四章第五節「女訓と江戸の小説」（181～186ページ）。

近衛典子　駒澤大学教授。専門領域は、近世小説、特に上田秋成。『上田秋成新考　くせ者の文学』（ぺりかん社、2016年）。担当箇所、第四章第一節「1「女訓書」とは」（136～141ページ）、第四章第四節「5　占い」（177～180ページ）、コラム7「パロディにされた辞典」（187～190ページ）。

装訂——鈴木 衛

江戸《えど》の実用書《じつようしょ》
ペット・園芸・くらしの本

2023年6月20日　初版第1刷発行
2023年8月25日　初版第3刷発行



編　者　近衛 典子
福田 安典
宮本 祐規子

発行者　廣嶋 武人

発行所　株式会社 ぺりかん社
〒113-0033　東京都文京区本郷1-28-36
TEL 03(3814)8515
http://www.perikansha.co.jp/

印刷・製本　閏月社＋モリモト印刷

Printed in Japan

ISBN 978-4-8315-1641-1